멜랑콜리아의 윤리

멜랑콜리아의 윤리

이정석 평론집

ETHICS
OF MELENCOLIA

작가와비평

책머리에서

"나는 이렇다 할 재능도 없고 이룩해야만 할 사명도 없으며, 반드시 전달하지 않으면 안 될 감정도 없다."(앙리 바르뷔스, 『지옥』) 그런데, 어쩌자고 문학을 평생의 업으로 삼게 된 걸까. 아마도 프로그레시브 락(Progressive Rock)과 헤비메탈(Heavy Metal)에 몰입하며 억압적인 병영－학교를 견디던 존재방식의 연장이었으리라. 입시생 시절 엉뚱하게도 노량진 사육신묘에서 「권태」와 『폭풍의 언덕』을 읽고, 갓 대학에 들어가 밤새도록 『아웃사이더』와 김현의 글들을 탐독하며, 문학과 비평의 매력에 푹 빠져들었다. 그러니까, 나에겐 사악한(?) 대중음악도 고상한 본격문학의 정전도 매일반의 존재로 다가왔을 뿐이다.

"미네르바의 부엉이는 황혼녘에야 날아오른다"고 했던가……

노을이 저물어 가는 황혼녘의 짧은 시간. 왠지 세상으로부터 유폐된 듯한 외로움을 잔뜩 안기건만, 나는 그 한가함이 주는 묘한 우울감에 매혹되고 고즈넉한 그 분위기를 사랑한다. 나의 비평 역시도 그러한 듯싶다. 나는 체질적으로 한낮의 어둠 속에서 웅크리고 있다가 저물녘에서야 뒤늦게 느릿느릿 무언가를 더듬어 보는 체질이다. 발 빠른 순발력과 얼마간의 전투적 계몽성이 요구되는 첨예한 비평의 현장에 그리 어울리지 않을 성싶은 사람인 것이다. 군데군데 성긴 부분이 눈에 띈다면, 그런 나의 게으른 성정 탓이리라. 특히, 본의 아니게 다소 완고한 입장을 드러내고 있는 듯싶어 멋쩍다.

고급문화와 대중문화의 위계는 사회·역사적 맥락 속에서 배치되는 사회적 구성물이다. 서구만 하더라도 19세기 후반에서 20세기 후반까지 엄격히 지켜지던 양자의 위계질서가 조금씩 허물어지다가, 21세기에 들어서 사실상 그 경계가 소멸되는 양상을 보인다. 이런 현상은 한국에서도 1990년대 들어 서서히 조짐을 드러내기 시작하더니, 2000년대에 들어와서는 본격문학이 대중문화를 적극적으로 흡수해 자기 변모의 자양분으로 활용한다. 이는 달라진 사회·경제·문화적 지형에 적응하고자 하는 문학적 변신의 시도로서 한국문학의 풍경을 좀 더 다양화하는 장점이 있다. 그럼에도, 나는 그러한 흐름이 자칫 문학 고유의 미덕을 잃게 하는 건 아닐까 하는 우려를 하지 않을 수 없었다. 왜냐하면 너무나 당연한 소리지만 모든 문화장르에는 그 나름의 고유한 결이 있기 마련이기 때문이다.

여기 있는 평문들을 쓰던 시기는 문학의 주변화와 왜소화가 눈에 띄게 진행되던 때였다. 심지어 '문학의 종언'이라는 유령이 한동안 문학판을 떠들썩하게 하기도 했다. 하지만 그 와중에도, 작가는 쓰기를 게을리 하지 않았고, 많은 문학잡지와 도서가 출간되고 있었으며, 독자와 비평가는 읽기를 멈추지 않았다. 나 역시도 이 시간동안 내외적으로 부침을 거듭하면서 온전한 문학주의자이자 인문주의자가 된 듯싶다. 아무리 세상이 변해도 문학에서 기쁨과 즐거움을 찾고, 더 나은 세계를 향한 꿈과 열망을 담아내는 것이 문학이라고 믿는 사람들은 꾸준히 존재할 것이다. 그들에게도, 나에게도, 문학은 전성기를 구가하는 문화의 꽃이 아니어도 상관이 없을 것이다.

책의 꼴을 갖추기 위해 적잖은 글들을 도려냈다. 책을 묶으며 '존재는 구조의 산물'이라는 명제를 다시 한 번 실감하게 된다. 1부에는 총론격의 글들을 모았다. 내게 세상을 바라보고 문학을 평가하는 기준점이 있다면, 아마 여기에 숨어 있지 않을까. 2부에는 개별 작품론이면서 총론으로 나아가는 성격의 글들을 모아 보았다. 3부에는 작가론에 해당하는 글들을 배치했으며, 4부에는 계간평과 단평들을 모아 놓았다.

어쭙잖은 글들을 쓰느라 방기한 세상과 소홀히 한 사람들이 너무 많다. 그들을 생각하면 아득하고 먹먹하다. 이 자리를 빌려서나마, 그 모든 분들께 미안함과 감사의 말을 전한다.

목 차

목 차

제4부

제1부
part 1

자본의 제국, 기업사회 속 소설의 윤리

민주화 이후의 문학과 '근대문학의 종언' 테제

점점, 이 시대의 모든 가치와 질서를 주관하는 절대권력은 자본이 되어 가고 있다. 민주화 이후 자본과 기업의 논리가 한국사회를 빠르게 파고 들어갔다. 우리가 형식적 민주주의의 정착기로 알고 있는 시기는, 다른 한편으로 정치의 통제를 벗어난 자본이 자신의 절대성을 설파하며 모든 사회영역 곳곳을 장악해 들어간 시간으로 정의해도 크게 무리가 없을 것이다. 이제 공적 기구인 억압적 국가장치는 물론 이데올로기적 국가장치마저 사적 자본에 포섭되고, 기업의 헤게모니가 사회 전반을 강력하게 제어해 나가고 있다는 점에서, 한국을 '기업사회'[1]라 정의해도 그

1) 김동춘, 「'민주화 이후' 한국사회」, 『1997년 이후 한국사회의 성찰』, 길, 2006 참조.

리 이상할 것이 없다.

자본권력은 물리적 강제와 폭력보다 자발적인 동일시를 통해 주체를 포섭하는 전략을 구사한다. 이는 억압과 폭력에 의한 강제적 동일시에 비할 수 없이 부드러우면서도 훨씬 더 폭넓고 강력한 효과를 발휘하며 개개인의 자발적 동의를 이끌어낸다. 자본은 "이걸 하지 말라!"고 강제하지 않는다. 단지 "당신 스스로 선택하세요. 그건 당신의 자유니까요. 하지만 이렇게 하지 않는다면, 당신은 수많은 혜택에서 멀어질 뿐 아니라 커다란 손해를 보고 사회의 낙오자로 전락할 거예요"라며 친절하게 속삭일 뿐이다. 이처럼 자본권력은 한편으로는 그것이 줄 수 있는 화려한 혜택을 동경하게 만들고, 또 다른 한편으로는 그로부터의 소외가 가져올 불안과 공포를 상기시킴으로써, 매우 효과적으로 개인의 자발적 동일시를 유도해 낸다. 그것이 얼마나 효과적으로 작동하는가는 자본으로부터 소외된 당사자들마저 시장의 구조적 모순에 비판의 눈길을 주기보다 시장의 실패자로서의 자신의 무능을 자책하는 현상에서 쉽게 인지된다.

이처럼 사회의 모든 영역이 자본권력에 의해 제어되는 상황에서 더 이상 문학만 자신의 고유한 존재성을 고집하며 저 홀로 자본의 논리로부터 자유로운 영역으로 남아 있을 수 없게 된다. 이전까지 문학은 시장에 포괄되어 있으면서 그 나름의 고유한 존재성을 존중받았다. 그러나 이제 문학의 위상마저도 전적으로 시장에서의 성패에 의해 결정되는 추세다. 애초에 동일선상에서 비교될 수 없는 일본 대중문학의 인기와 비교하여 본격문학의 무능을 은근히 힐책하거나, 문학 자체의 존재성보다 문화콘텐츠로서의 그 가능성에 더 주목하는 현실은 그러한 변화의 한 단면이다. 당연히, 이러한 상황에 직면한 본격문학이 거대한 시대적 흐름을 거스르며 보편타당한 윤리적 가치의 구현에 헌신하기란 여간 어려운 일이 아니다. 물론 문학이 그러한 상황에 넋을 놓고만 있지는 않았다. 본격문학 진영은 역사적 현실에 거리를 두려는 문학주의나 새로움의 미학으로 난국을 헤쳐나려고 했다. 그러나 결과적으로 이러한 움직임은 본격문학이 그 본원적 존재 의의를 잃고 더욱 빠르게 시장의 논리에 편입되게 하는 원인으로 작용한 감이 없지 않다. 역사적 현실로부터 등을 돌리고 문학 고유의 글쓰기에 몰입하려는 문학주의는 문학과 보편적 가치와의 연결지점을 상실케 함으로써, 문학이 사회 전체에 강한 파급력을 발휘하는 문화의 전위로서의 위상을 상실하고 왜소화 내지는 게토화의 길로 들어서는 데 일조를 한다. 또 새로움의 강박에 사로잡힌 자본의 논리에 맞선 미학적 새로움은 보다 생산적인 미학적 윤리적 가치를 제시하지 못한 채, 이전의 것에 비해 나을 것이 하나 없는 그저 그런 새로움만을 남긴다. 특히 그것은 자본의 논리를 추종하기 위한 알리바이로 변질되어 버린 감도 없지 않다.

불가항력적인 자본의 위력 앞에서 무력하게 현실에 편승하려는 문학은 더 이상 사적 자본에 맞서 보편적 가치와 공동체의 운명을 숙고하는 서사장르가 아니다. 이제 본격문학은 왜소화의 단계를 지나 문화상품으로서 자신의 생존에 급급할 뿐이어서 대중문학과의 구분조차 점점 무의미한 지경에까지 이르고 있다. 소설서사가 처해 있는 이런 현재적 상황을 생각하면 '근대문학의 종언'을 외친다고 해도 하등 이상할 것이 없다. 그러므로 여기에서는 소설이 처한 현재적 상황을 염두해 두고, 자본의 제국,

기업사회 속에서 힘겨운 생존을 모색해야만 하는 근대의 대표적인 서사장르 소설의 윤리적 과제를 다시금 성찰해 보는 시간을 가져 보도록 하겠다.

인간은 고대의 신화에서 현대의 영화에 이르기까지 다양한 서사양식을 통해 쉼 없이 수많은 이야기들을 만들어 내고 있다. 끊임없이 이야기를 지어내고 향유하는 존재론적 특성은 인간을 호모 나랜스(Homo Narrans)로 정의하게 만든다. 그렇다면, 왜 사람들은 끊임없이 이야기를 만들고 또 그 이야기를 향유하려 하는가? 이는 서사의 존재 의의를 묻는 질문에 다름 아니다. 서사는 실존적 상황에 대한 인간의 역동적 반응의 소산이다. 즉 세계의 혼돈과 결핍을 체험한 인간이 자신의 실존적 체험을 바탕으로 세계의 존재양상을 이해 가능한 형태로 그려내는 동시에 개인적 고통과 소망, 그리고 집단적 공포와 비원을 총체적으로 담아내려는 욕망의 산물이 바로 서사인 것이다. 이는 결국 서사의 본원적 존재 의의가 불분명한 세계의 인식적 지도 그리기(cognitive mapping)와 공통감각을 바탕으로 '더 나은 삶에 관한 꿈'(에른스트 블로흐, 『희망의 원리』)으로서의 유토피아적 욕망을 지향하는 데 있다는 것을 뜻한다. 그동안 근대를 대표하는 서사양식으로서의 소설은 이 두 가지 서사 본연의 존재 이유를 충실히 달성하려 노력했다고 평가할 수 있다.

근대의 소설서사는 남으로부터 자신을 고립시킨 고독한 개인의 글쓰기라는 점에서 전래의 이야기와 다르다. 그럼에도, 어떤 식으로든 개인의 경험이 공동체의 기억과 연관되어 있다는 점에서 전통서사의 맥을 잇고 있기도 하다. 달리 말해서, 그것은 개인적인 감성의 표현체이자 공동체의 구성원이 체득한 공통감의 저장고인 것이다. 이는 근대소설이 단순히 사적 감성의 발현체에 불과한 것이 아니라 지적 윤리적 책무까지 떠맡은 사회의 공적 매체였음을 뜻한다. 그런데 어느 순간부터 점점 소설서사는 지적 윤리적 과제의 무거운 짐을 내려놓고 사적 유희의 폐쇄회로에 갇혀 간다. 따라서 소설서사의 윤리적 과제를 성찰하기 위해서는 먼저, 1990년대 중반부터 현재에 이르는 문학적 흐름에 대한 좀 더 세밀한 검토를 거쳐 그로부터 소설서사의 윤리적 과제를 도출해 볼 필요가 있다.

자유주의 문학과 유희적 문학의 결락점들

형식적 민주주의의 정착 이후 한국문학은 민족·민중문학적 경향에서 벗어나 탈민족적 탈민중적 방향 속에서 새로운 진로를 모색한다. 집단적 주체에 기초한 이념적 경향에서 탈피해 개인의 자유를 중시하는 내면성의 문학으로 무게 중심을 이동하게 되는 것이다. 이러한 변화의 저변에는 민족·민중문학이 근대적인 개인의 문화, 즉 도덕적 관습으로부터의 자유와 진정성에 근거한 자아 발전을 이상으로 삼고 그 이상의 실현에 합당한 정치·사회·문화의 형식들을 요구하고 추구하는 개인의 문화를 누락시키고 있다[2]는 반성적 인식이 자리하고 있다. 실제로 내면적 실존의 탐색에 소홀한 채 역사적 실천으로만 내달리는 것이 민족·민중문학의 최대 약점이라는 사실[3]을 감안한다면, 개인적

2) 황종연, 「민주화 이후의 정치와 문학」, 『문학동네』 2004년 겨울호, 406쪽.

3) 최원식, 「90년대에 다시 읽는 요산(樂山)」, 『문학의 귀환』, 창작과비평사, 2001,

내면의 탐색에 집중하는 문학은 그 문제성을 보완한다는 측면에서 적지 않은 의의가 있다. 그러나 돌이켜 보면, 그것은 민족·민중문학의 결핍만큼이나 커다란 결락점을 남겨 놓고 있다.

1990년대 내면성의 문학이 가꾼 존재의 내면이 풍요롭기만 한 것은 아니다. 그것이 보여준 내면적 욕망은 사적 정염의 좁은 울타리에 갇혀 있기 일쑤고, 그것이 고민하는 자아와 집단의 관계는 가족이라는 한정된 테두리를 넘어서지 못하는 경우가 대부분이다. 이는 개인의 내면성을 구성하는 다양하고 복합적인 현실을 고려하지 못하고, 그것을 지나치게 고립적이고 폐쇄적으로 접근한 나머지 발생한 부정적 결과다. 개인의 내면성은 단절적으로 존재하지 않고, 사회의 다양한 기제와 교차하면서 그 무엇으로도 환원될 수 없는 나름의 고유한 독특성을 만들어낸다. 그러므로 제대로 된 내면성의 탐색은 자율적인 개인을 성립시키는 동시에 그것의 형성을 교란하는 외적 현실에 대한 고려 없이 이루어질 수 없다. 특히, 유럽 근대국가의 태동과정에서 형성된 민족주의가 개인주의에 바탕을 둔 정치공동체를 지향했다는 것에서도 알 수 있듯, 민족 혹은 민족국가의 일원이 된다는 것은 신분적 질곡에서 벗어나 독립성과 자기결정권을 가진 개인으로 거듭나는 것이라는 점에 주목할 필요가 있다.[4] 그럼에도, 귀속된 집단으로서의 민족을 도외시 한 채 개인의 자유만을 주장하는 것은 정치권력의 합리적 통제마저 벗어나버리고 오직 사적 이윤의 확대에만 집중하려는 자본의 논리를 구조적으로 닮아 가는 것인지도 모른다. 실제로 1990년대 문학의 탈민족적

400쪽.

4) 김동춘, 「시민운동과 민족, 민족주의」, 앞의 책, 483쪽.

경향은 그 긍정성에도 불구하고, 탈민족 내지 세계화의 논리가 공동체의 붕괴와 존재의 고통에는 무심한 채 오직 이윤 추구에만 골몰하는 국제자본의 자유로운 이동과 확장을 용이하게 하는 이데올로기적 기제가 된다는 점을 성찰해내지 못한다. 결과적으로, 내면성 중시의 문학은 민족이나 국가로부터 간섭받지 않는 소극적 자유주의에 머물러 있을 뿐 민주적 시장경제에 부합하는 자율적이고 책임 있는 시민주체의 형성에 기여하는 적극적 자유주의로까지 나아가지 못함으로써, 탐욕적인 자본의 논리가 확산되는 것을 방관했다는 비판에서 자유롭지 못하다.

내면성으로의 경도와 더불어 대중문화와의 활발한 접속을 통해 전 시대의 문학과 구별되는 자신만의 새로움을 구축하려는 경향도 1990년대 중반에 부상한 문학의 중요한 흐름 중 하나다. 제2의 자연이라고 해도 무방한 대중문화와의 교유를 통해 탄생한 키치적 문학은 한국문학을 무겁게 짓누르던 계몽주의와 엄숙주의를 타파하는 데 일정한 기여를 한다. 하지만 그로 인한 손실도 매우 커서 키치의 문학화는 그 반작용으로 문학의 키치화의 우려를 현실화시키고 만다.[5] 대중문화의 활력과 불온성을 수혈하여 문학적 갱신을 도모하려는 시도가 문학 고유의 미학적 자질을 사상하는 부정적 효과를 낳은 것이다. 더욱 심각한 문제는 그것이 부조리한 현실의 전복과 위반을 표방하면서도 실질적으로는 문화산업과 시장 만능주의에 포섭되는 결과를 낳게 된다는 사실이다. 고급문화와 대중문화의 경계 허물기는 각 영역의 질적 가치체계에 아랑곳하지 않고 동질적인 계량화를

5) 이광호, 「키치를 먹고 자라는 문학: 문학과 대중 문화의 접속」, 『움직이는 부재』, 문학과지성사, 2001.

용이케 함으로써, 교환가치에 따라 시장에서 모든 것을 획일적으로 재단하도록 만든다. 그리고 이는 필연적으로 사회 내의 부분체계를 이루는 동시에 그 나름의 자율성을 유지하는 문학의 존재양상에 심각한 균열을 야기하게 된다.

자율성을 확보한 예술만이 사회 비판적인 기능을 수행할 수 있다. 당연히 문화산업 시장을 구성하는 다양한 하부체계의 하나로 편입된 문학은 더 이상 비판적 기능을 수행하지 못한다. 근대문학의 종언테제는 이처럼 내적으로 문학 고유의 아우라(aura)[6]를 상실하고 외적으로 더 이상 사회 비판적 역할을 하지 못하는 문학에 대한 사망선고다. 이제 '대안 부재(There is no alternative)'라는 신자유주의의 신화가 거스를 수 없는 현실적 대세로 받아들여지고, 문예적 공론장마저 급격히 시장에 편입되자, 2000년대의 문학은 매력적인 문화상품으로의 탈바꿈을 시도함으로써 자기 생존을 모색한다. "내 꿈은, 영화만큼이나 빠르게 읽히면서 만화만큼이나 킥킥대는, 그러나 소설답게 독자를 깊은 생각에 빠뜨려 놓는 글을 쓰는 것이"(이만교)라거나, "고백하자면요, 저는 다른 이유로 소설을 쓰기 시작한 건 아니고요, 사실 여자한테 작업 거느라, 작업의 일종으로 소설을 쓰기 시작했어요."(이기호), "저는요, 작가는 결국 이야기를 만드는 사람이라고 생각해요. 사람들

6) 원작에서 풍겨져 나오는 독특한 분위기를 일컫는 아우라의 개념은 본래 자연적인 것이다. 벤야민으로부터 많은 착상들을 빌려온 아도르노 역시도, 자연미에 빗대어 예술을 개념적으로 파악되지 않는 수수께끼로 정의한다. "자연미는 진리와 밀접한 관계를 지닌다. 그러나 자연미는 가장 가까이 다가오는 순간 은폐되고 만다. 예술은 이와 같은 점도 자연미로부터 배웠다."(테오도르 아도르노, 홍승용 옮김, 『미학이론』, 문학과지성사, 1994, 205쪽) 그렇다면, 본래의 자연 대신 제2의 자연이라 칭해지는 대중문화 텍스트에서 많은 것을 빌려 오는 문학은 필연적으로 아우라의 상실을 초래하게 되며, 비자연적이라는 측면에서 비생태주의적이다. 그것은 마치 '환경적 감수성'을 '조경적 감수성'으로 대치하는 우스꽝스런 행위와 다를 바가 없다.

한테 재미있는 이야기를 해 주는 사람요. 소설을 보고 뭘 의미할까, 뭘 상징할까 생각하는 걸 말리지는 않겠지만, 저의 가장 큰 목표는 사람들이 읽고 재미있어 하는 이야기를 쓴다는 거예요.”(박형서)라고 말하는 2000년대 작가들의 발랄한 선언들은 그 모색의 주안점이 어디에 있는가를 잘 보여 준다.

2000년대의 초반부를 장식한 작가들이 보여 준 문학적 새로움은 대중의 요구에 적극적으로 부응하기 위한 새로움이라는 점에서, 시장으로부터 탈주하려는 미적 모더니티의 새로움과 달리 매우 시장 추수적이다. 공공연하게 대중 추수주의와 시장 영합주의를 표명하는 이 새로운 문학의 특징은 무엇보다도 본격문학에 부과된 어떤 형태의 지적 윤리적 과제도 받아들이지 않은 채 유희적 감각을 통해 대중과 소통하려는 점에 있다. 여기서는 흔히 전복과 위반으로 해석되는 저항의 제스처가 근본적인 비판의식을 대신하지만, 대체로 자기 위안의 몸짓에 불과한 경우가 대부분이다.[7] 더구나 그것이 유발하는 웃음 역시도 역사성을 상실하고 지나치게 사적인 영역으로 후퇴한 나머지 세계의 본질을 파악하고 세계관적 전망을 확보케 하는 건강한 활력에까지 이르지 못하고 있다.[8] 이 ‘강요된 경쾌성’(테오도르 아도

7) 지배권력의 입장에서 이런 저항은 조금도 위험하지 않는 무해한 반항에 불과하다. 최근에 문제가 된 국방부의 불온서적 목록에 현기영의 『지상에 숟가락 하나』, 김남주의 『꽃 속에 피가 흐른다』, 권정생의 『우리들의 하느님』은 있어도 불온한 전복과 위반을 외치는 이들 작품은 단 한 권도 존재하지 않는다는 것이 이를 잘 말해 준다. 오히려 국방부의 불온서적에 비추어 보면, 아직까지도 현실적 파급력을 갖고 있는 것이 민족·민중문학이다. 그렇다면, 서사의 위기는 민족·민중문학의 성과를 발전적으로 계승하기보다 그것을 너무나 손쉽게 단절적으로 폐기처분 하려는 태도에도 그 원인이 있다.

8) 미하일 바흐찐, 이덕형·최건영 옮김, 『프랑수아 라블레의 작품과 중세 및 르네상스의 민중문화』, 아카넷, 2001, 165쪽.

르노)으로서의 웃음은 아이로니컬하게도 유희의 문학이 그토록 원하는 대중과의 원활한 소통에 이르게 하지 못하게 하는 주요한 요인으로 작용한다. 그것은 현실적 삶과의 밀착에서 촉발된 보편적이고 내밀한 공감을 줄 수 없는 문학이 맞닥뜨릴 수밖에 없는 필연적 현상이다.[9] 구체적인 삶의 질감이 현저히 사그라진 지극히 개인적이고 주관적인 환각들이 넓고 깊게 확산되는 상징으로서 보편적 공감을 얻기란 쉽지 않은 일이다.

결론적으로 말해서, 자본의 논리를 극단으로 밀어붙이는 신자유주의의 광풍이 한국사회 전반을 휘몰아치는 상황에서, 문학은 이를 근원적인 비판의식에 입각해 서사화하기보다 그에 속절없이 동화됨으로써, 인식적 지도 그리기와 공감의 공동체를 형성하는 데 실패했다고 볼 수 있다. 1960년대 최인훈의 『광장』, 1970년대 조세희의 『난장이가 쏘아올린 작은 공』, 그리고 1980년대 조정래의 『태백산맥』이 폭넓은 공감을 불러일으키며, 그러한 역할을 충실히 수행했다는 점에 비추어보면, 이는 매우 아쉬운 일이 아닐 수 없다. 이처럼 소설서사가 제 역할을 못하고 독자와의 내적 소통에 실패하며 현저히 위축되어 갈 때, 오히려 타 영역에서는 문제의식이 살아 있는 글쓰기를 통해 시장 만능주의와 자본의 논리를 비판적으로 성찰함으로써 대중의 호응을 불러일으키고 있다는 점에서, 소설서사의 실패를 외재적 상황의 탓으로만 돌릴 수만은 없다. 이를테면, 장하준은 대중과의 소통이 녹록치 않은 경제학의 영역에서 설득력 있게 신자유주의 서

9) 그에 비추어 보면, 카프카의 『심판』을 읽어주자 청중들이 포복절도했다는 일화나, 고리키가 체호프의 「골짜기」를 읽어주자 농민들이 그의 낭독을 듣고 함께 울고 웃었다는 일화는 많은 것을 생각게 한다. 이는 그만큼 카프카와 체호프의 작품이 인간의 삶에 밀착되어 있기 때문에 생기는 현상일 것이다.

사의 허구성을 날카롭게 논파하여 폭넓은 호응을 받으며 활발하게 대항담론의 모색에 주력한다. 또 우석훈·박권일은 '88만원 세대'라는 신조어까지 만들어 내며 신자유주의가 지배하는 사회·경제적 상황에서 구조적으로 어려움에 빠질 수밖에 없는 20대의 삶을 진지하게 고민한다. 심지어 〈아고라〉의 시민논객 '미네르바'는 스스로 '천민'을 자처하며 영혼 없는 전문가들의 안일함과 무책임 속에서도 냉소적이고 염세적인 어투로 미국발 금융위기를 적절히 예측·경고함으로써 누리꾼의 폭발적인 반응을 불러온다. 이때, 그에 대한 많은 사람들의 호응이 단순히 현실적 이해관계에 기인한 것이 아니라, 한 누리꾼의 말처럼 그들의 처지와 아픔을 함께 하며 삶의 방향성을 찾으려는 치열한 문제의식에 있다는 점을 유념할 필요가 있다.[10)]

실재를 향한 열망, 그리고 고통을 환기시키는 상징의 힘

소설서사의 위기를 초래한 원인을 문학 내재적 측면에서 찾으면, 무엇보다도 우선 실재(實在)에 대한 욕망을 망실한 문학 언

10) "제가 생각하는 지식인의 의무는 화려한 수식어와 전문용어를 남발하며 상대방을 제압하거나 지식을 뽐내거나 하는 게 목적이 아니라, '중생계도' 이게 바로 주목적이자 의무라 생각합니다. 아고라의 경방은 장기자랑 하는 곳이 아니지 않나요? 지식인이란 그 분야의 지식을 접하지 못하거나 이해 못하고 어려워하는 사람들을 위해 어려운 말을 쉽게 풀어 가르쳐주고 이해시켜 더 나은 방향으로 인도하는 사람이 아닌가요? 또 하나 덧붙인다면 우리 눈팅들이 천민이라 불리면서도 수긍하며 미네르바님의 다소 거부감이 느껴지는 글에 공감의 추천 클릭을 하는 건 대신 거친 말로 토로해 주는 '바로 내가 그 말이 하고 싶었어…. 맞아… 당신이 내 기분을 아는구나… 그래 정말 우리 서민을 이해하는 구나'하는 그 진솔함이 느껴져서 이지 않을까요?"('마니207', 「아까 열 받은 아줌마가 여러 경방고수들께 한 말씀 드립니다」, 〈아고라 경제방〉(agora.media.daum.net), 2009.9.18)

어에 그 책임을 물을 수 있다. 서사의 발생학적 기원에는 실재에 대한 열망이 자리하고 있다. 끊임없이 이야기를 만들어 내고 쉼 없이 서사를 탐닉하는 행위의 근저에는 실재에 가 닿으려는 인간의 불가능한 욕망이 내재되어 있는 것이다. 서사에 인식적 윤리적 가치를 부여할 수 있는 것도 바로 이 실재에 대한 욕망이 있기에 가능하다. 따라서 가능한 한 실재에 가깝게 다가가려는 서사의 욕망은 그렇게 손쉽게 포기될 수 있는 성질의 것이 아니다. 그럼에도 유희의 문학은 과감히 그 욕망을 뒤로하고 그 대신 삶과 유리된 기표의 유희에 탐닉하기를 즐겨한다. 당연히 그것은 그 반대급부로 말미암아 현실의 모순과 갈등을 재현하고 존재의 실존적 고통을 상징화하는 데는 취약성을 드러낼 수밖에 없다. 그러므로 소설서사의 위기를 탐문하기 위해서는 자유주의 문학의 자폐성과 더불어 유희적 문학의 몰진리성을 어떻게 극복할 것인가에 대한 성찰이 요구된다.

인간은 상징적 동물(Homo Symbolicus)로 정의되기도 한다. 왜냐하면 "정신이 그것을 통해서 외부 세계 혹은 내부 세계를 이해하고 관계하는, 그리고 의미를 지닌 매개물"11)인 상징이 있음으로 해서, 인간은 시공간적 제약에서 벗어나 추상을 사고하고, 구체적인 사물의 세계를 넘어 이상의 세계로 나아갈 수 있기 때문이다. 인간의 현실적 경험과 지각을 조직화하고 의미화하는 상징의 형식들에는 신화, 예술, 언어, 과학 등 다양한 형태가 있다. 이 중에서도 예술은 인간의 감정을 표현하는 감각적 상징이라는 점에서 다른 다양한 상징적 형식과 차이를 갖는다. 이때, 훌

11) 최명관, 「옮긴이의 말」, 에른스트 캇시러, 『인간이란 무엇인가: 문화철학서설』, 서광사, 1989, 4쪽.

륭한 예술은 유기적이며 인간의 이해에 감정을 조화롭게 결합시킬 줄 안다.[12] 예술의 목적은 '통찰', 즉 감정의 본질적 삶을 이해하려는 데 있으며, 예술이 감정을 보편적 설득력을 지닌 객관적 형식으로 제시하므로 인해, 인간은 자신의 감정을 반성적으로 성찰할 수 있게 된다. 여기서 우리는 아동의 유희에 결여되어 있는 것, 그래서 단순한 유희와 예술을 가르는 경계선은 즉각적인 만족의 추구에만 갇히지 않는 자유로운 태도, 그 의식적이고 반성적인 태도에 있다는 것을 알 수 있다.[13] 그러나 소비산업사회의 매스미디어 환경은 비판적 성찰을 결핍한 감각적인 이미지로 넘쳐나는 문화상품들을 끊임없이 쏟아 낸다. 당연히 시장의 논리에서 자유롭지 못한 문화상품은 애초에 구체적인 현실적 경험과 거리를 두고 실재와도 무관한 자의적 기호와 공허한 이미지로 이루어진 시뮬라크라의 세계에 갇힐 위험성을 안게 된다. 유희적 문학 역시도 그와 같은 위험으로부터 자유롭지 못하다.

근대문학은 인간의 감성에 기초하면서도 지적 도덕적 측면을 간과하지 않음으로써 단순한 취미나 오락 이상의 역할을 한다. 그것은 실재와의 소통을 위해 전력하는가 하면, 인간의 실존적 내면세계를 표현하는 데 주력한다. 이때, 근대문학의 언어는 구체적인 현실적 삶의 경험에 근거한 언어적 상징을 통해, '삶의 의미에 대한 욕구'를 충족시키려 했을 뿐 아니라 시대적 책무까지 감당했다. 하지만 자본의 논리가 사회를 압도하고 매스미디어 환경이 급변하는 사이에, 문학의 언어는 자신만이 가질 수

12) 수잔 K. 랭거, 이승훈 옮김, 『예술이란 무엇인가』, 고려원, 1982, 37쪽.

13) 에른스트 캇시러, 앞의 책, 255쪽.

있는 고유한 아우라를 점차 상실해 간다. 자신만의 아우라를 상실한 언어는 상징적 환기력의 부재로 말미암아 필연적으로 기표들의 유희를 펼치게 되고, 이는 인식적 윤리적 가치의 방기로 이어져서 문학이 진리와 무관한 취미와 오락으로 전락하게 하는 요인으로 작용하게 된다.

예술은 애초에 미에 대한 욕망이나 오락적 요구에 앞서 절실한 삶의 갈구로부터 발생하였다. 이를테면, 고대의 예술은 영적인 소통의 매개체였다. 거기서의 언어는 단순히 의사소통의 수단에 그치는 것이 아니라 이 세상 너머의 초월적인 세계와 관계하는 주술적 힘을 내장한 상징이 된다. 그에 비한다면, 모더니즘은 지나치게 자율성을 고집한 나머지 예술을 삶의 맥락으로부터 떼어놓는 우를 범하고 말았다. 유희의 문학에 오면 그 문제성은 더욱 커진다. 그것은 인식적 도덕적 가치로부터의 자유를 고집하면서도 정작 자신을 포박하는 족쇄에 다름 아닌 시장의 논리에는 자발적 순응도 마다하지 않는 것처럼 보인다. 우리는 마르케스가 『백년의 고독』에서 모더니즘을 현실의 땅에 되돌려 놓으려 한 일을 알고 있다. 그가 보여 준 마술적 리얼리즘은 삶과 유리된 형식 실험의 소산이거나 주관적 망상의 결과물이 아니다. 그건 자신이 몸담은 공동체로부터 유래한 매우 인간적인 이야기의 방식인 것이다.

그러므로 이 시대의 문학은 좀 더 인간이 몸담고 있는 공동체의 현실적 경험에 기반한 언어를 구사할 필요가 있다. 인간의 내면적 실존에 밀착된 보다 생생한 감정의 상징을 사용할 필요가 있다. 재치와 유희보다 근원적인 비판의식을 발휘해야만 한다. 시장에서의 외재적 소통에 골몰하기보다 좀 더 독자와의 내면적 소통에 힘을 기울여야만 한다.

황석영의 『손님』(창작과비평사, 2001)과 반레(Van Le)의 『그대 아직 살아 있다면』(실천문학사, 2002), 그리고 토니 모리슨의 『빌러비드(Beloved)』(들녘, 2003)는, 각기 다른 공동체의 역사를 배경으로 하고 있으면서도 실제 사건을 바탕으로 유령을 등장시켜 존재의 고통과 한을 재현하고 진혼한다는 점에서 동질적이다. 황석영은 『손님』에서 "삶의 흐름에 가깝게 산문을 회복할 수는 없을까 하는"(「작가의 말」) 진지한 고민 끝에 죽은 자를 서사의 무대로 불러들이고, 베트남의 작가 반레는 『그대 아직 살아 있다면』에서 자신이 "전쟁에서 체험한 사실과 느낌을 정확하게 체현해 내려고"(「작가의 말」) 이승과 황천 사이를 떠도는 원혼을 등장시켰으며, 토니 모리슨은 『빌러비드』에서 인간이 아니라 노예로 죽어간 "6천만 명 그리고 그 이상"의 흑인이 맞아야 했던 비극적 운명을 재현하며 그 "사랑받지 못한 자들을 사랑받은 이들이라 부"(「로마서」, 9장 25절)를 수 있는 진혼의 공간을 창출하고자 유령을 되불러 들인다. 여기서 유령은 산 자도 죽은 자도 아닌 그 무엇, 아니 죽고 싶어도 죽을 수 없고 살고 싶어도 살 수 없는 존재다. 달리 말해, 그 유령들은 역사적 상처의 응고물이자, 실재하는 악몽의 그림자이며, 현실의 차단막을 뚫고 나오는 존재의 고통스런 절규다.

결국, 시공간을 달리 하는 작품들임에도 불구하고 이들 세 작품은 모두 유령이라는 비가시적 존재를 통해, 지배권력이 규율하는 공식적 담론의 매끄러운 은폐의 봉합선에 균열을 일으키며 현실의 모순을 가시적으로 드러낸다. 여기서 이들 작품은 역사적 사건과 그것이 존재에 남긴 상흔을 사실적으로 재현하려 하지 않는다. 사실 실증적 자료들을 총동원하여 아무리 정확히 사실을 복원한다고 하더라도 그 재현의 그물망이 실재를 재현하는 최상의 서사전략이라고 말하기는 어렵다. 오히려 리얼리즘은 실재에 접근하는 다양한 서사방식을 단일한 코드로 제약하는 폭력성을 내장하고 있다. 그에 비한다면, 비가시적인 것을 가시적으로 형상화하는 서사전략은 어떤 사실적 서사보다도 부조리한 현실 속에서 지상의 인간이 겪는 고통을 드러내는 데 더욱 효과적일 수 있다. 따라서 정서적 상호작용의 미메시스(mimesis)적 능력에 기초해 드러낼 수 없는 존재의 고통을 드러내고, 묘사할 수 없는 실재를 묘사하려는 다양한 서사적 시도가 요구된다. 다시 말해, 오늘의 문학은 '사물이나 사건을 재현해내는 인간의 원초적인 능력이자 존재론적 닮기의 시도'[14]라 정의될 수 있는 미메시스적 소통능력을 회복해야만 한다.

요즘의 대중은 계몽이 요구되는 무지한 주체가 아니다. 오히려 "자기가 하고 있는 것을 잘 알지만, 여전히 그렇게 행동한다"고 말하는 냉소적 주체에 가깝다. 냉소적 주체의 변화를 이끌어내기 위해서는, 인식론적 차원에 국한되지 않는 좀 더 내밀한 차원에서의 소통이 요구된다. 자본의 제국으로부터 소외되어 상처를 안고 살아야 하는 타자의 고통을 섬세하게 묘파하고 농밀하게 서사화해서, 냉소적 주체의 내면 깊숙한 곳으로부터 일어나는 내밀한 소통을 유도해야 한다. 이는 소설언어가 끊임없이 고통을 환기시키는 상징이 되어 자기 이해와 타자 이해를 매개하는 미메시스적 소통능력을 회복할 때 이루어질 수 있다.

14) 진중권, 『현대미학강의: 숭고와 시뮬라크라의 이중주』, 아트북스, 2003, 18쪽.

개인과 공동체를 사유하는 문학을 위하여

2007년을 기점으로 한국사회는 레짐 체인지(Regime Change)와 함께 더욱 가파르게 민주주의적 파시즘[15] 사회로 치닫고 있다. 자본의 논리가 사회의 모든 영역을 규율하는 절대적 가치로 군림하는 이러한 형태의 사회가 무엇보다도 무서운 점은, 어떤 변혁도 불가능한 사회에 살고 있다는 자괴감과 무력감에 빠져들게 함으로써, 그에 대한 비판과 대안적 사유를 포기하고 불평등과 부조리가 만연하는 현실에마저 순응하게 만든다는 점이다. 그러나 아무리 사회구조가 주체를 강하게 지배한다고 하더라도, 인간은 상대적 자율성을 가지고 있어서 구조의 힘으로부터 벗어나 그 구조를 변화시킬 수 있다. 특히 체제가 정상적으로 작동할 때는 구조적 결정력이 개인과 집단의 자유의지를 능가하지만, 위기와 이행의 시기에는 자유의지가 중심적 역할을 할 수 있다.[16]

그렇다면, 이 시대의 작가는 시장 만능주의와 자본의 논리를

---

15) '민주주의적 파시즘'은 세계체제론자 이매뉴얼 월러스틴이 예측한 자본주의 체제 이후의 사회형태 중 하나다. "그것은 카스트제도처럼 세계를 두 개의 계층으로 나누고, 어쩌면 1/5 가량의 세계인구가 그 상위계층에 편입되는 그런 체제가 될 것이다. 이 상위계층 내에서는 상당한 정도로 평등주의적인 분배가 이루어질 수도 있다. 이처럼 커다란 집단 내부의 그런 이익공동체를 기반으로 하여, 이 계층은 나머지 80%의 세계 인구를 완전히 무장해제된 노동프롤레타리아의 지위에 묶어둘 힘을 갖게 될 것이다. 히틀러의 새로운 세계질서도 바로 이 같은 전망을 품고 있었다. 그것은 실패였다. 그러나 그때 그것은 상위계층의 범위를 너무나 좁게 잡는 식으로 된 것이었다."(이매뉴얼 월러스틴, 나종일·백영경 옮김, 『역사적 자본주의/자본주의 문명』, 창작과비평사, 1993, 175쪽)

16) 이매뉴얼 월러스틴, 백영경 옮김, 『유토피스틱스』, 창작과비평사, 1999, 93쪽.

근본적인 지점에서부터 비판적으로 성찰하고 존재의 고통을 미메시스하며, 자본의 외부를 사유하는 체제의 망명자가 되어야 한다. 더 이상 작가란 존재가 사회를 계몽하는 지식인의 위상을 부여받지 못하는 세상이고, 그들에게 주어질 경제적 자본과 상징적 자본조차 그다지 많지 않을지라도. 작가가 자본의 세상에 뿌리를 내리고 살면서도 그에 굴복하지 않고 소수자로서 기꺼이 은둔을 감내하면서 고독한 글쓰기를 감행한다는 것은 곧, 문학이 아방가르드적이 되어야 한다는 것을 뜻한다.[17] 이것이 결코 비현실적인 몽상은 아니다.[18] 일찍이 우리의 문학은 소규모의 동인지활동으로부터 비롯되었다. 물론 아방가르드 지향이 과거로의 회귀를 의미하는 것은 아니다. 그것은 한국문학의 시원 속에서 새로운 문학적 갱신의 씨앗을 찾고 돌파구를 마련하려는 고육책이다.

이제, 마지막으로 한국문학이 지향해야 할 가치를 탐문해 보자. 앞으로 한국문학이 지속적으로 지향해야 할 가치가 무엇인가는 비교적 자명해 보인다. '개인과 공동체의 조화로운 관계'의 모색이 바로 그것이다. 아직도 한국사회에 가장 취약한 것 중의

17) 이미 황지우가 그러한 주장을 제기한 바가 있다.
"문학은 키치, 펄프 시장으로부터 철수해야 한다. 문학은 〈문화자본〉의 부가가치에 의해 계량화되고 교환되는 시장으로부터 은둔해야 한다. 문학은 비록 끼리끼리라고 할지라도 그것을 진정으로 알아보는 사람들의 회로에 올려지고 결국 문학의 역사 속에 저장될 수 있는 어떤 가치일 뿐이라고 인식될 필요가 있다. 문학은 다시 언더그라운드로 내려가야 한다." (황지우, 「이제 문학은 은둔하자」, 김기택 외, 『21세기 문학이란 무엇인가』, 민음사, 1999, 109쪽.)

18) 실제로 최근 젊은 작가들이 문학동인을 결성해 2000년대 문학을 규정짓는 시장과 문학제도의 완강한 지배력으로부터 자유로운 자연발생적이고 자발적인 소규모 문학공동체를 실험하고 있다고 한다. (이광호, 「(소수) 문학 공동체는 가능한가?」, 『문학과사회』 2008년 여름호.)

하나가 바로 자율적인 개인의 독립적이고 성숙한 내면성이다. 지난날 권위주의에 대항한 투쟁에만 몰입한 나머지 개인의 자율성과 내면적 자유를 중시하는 자유주의적 가치나, 시민적 휴머니즘을 핵심으로 하는 공화주의적 가치를 발전시킬 여지를 갖지 못했다는 점[19]은 현재까지도 한국사회에 적지 않은 부담으로 작용하고 있다. 더구나 IMF 구제금융 이후 사회적 심성은 심각하게 왜곡되고 뒤틀려져 왔다. 건전한 시민사회의 미덕으로 예찬되는 성찰, 자유의지, 독립성, 비판적 이성, 신중함은 하찮은 가치로 전락하거나 내면 속까지 썩어 들어가고 있다.[20] 진정한 자기 자신으로 존재하기 위해 갖추어야 할 개인의 고유한 내면성마저 자본의 논리에 의해 식민화되는 현상이 급속하게 진행되고 있는 것이다. 그러므로 '존재망각' 속에 묻혀 있는 개인의 실존적 내면을 발견하고 지켜내는 것은 본격문학의 중요한 과제로 떠오른다. 이때, 1990년대 문학의 내면성을 발전적으로 계승·심화시키기 위해서는 사회적 정의의 결여 즉, 분배의 왜곡과 복지의 결핍이 개인의 내면을 어떻게 황폐화시키며 가족이라는 사적 공동체에 어떠한 과부하를 일으키는가를 성찰해야만 한다.[21]

---

19) 최장집, 『민주화 이후의 민주주의』, 후마니타스, 2005, 229쪽.

20) 테오도르 아도르노, 최문규 옮김, 『한줌의 도덕』, 솔, 1995, 50쪽 참조.

21) "부의 평등한 분배가 이루어진 사회에서는 — 그리하여 전반적으로 애국심, 덕, 지성이 존재하는 사회에서는 — 정부가 민주화될수록 사회도 개선된다. 그러나 부의 분배가 매우 불평등한 사회에서는 정부가 민주화될수록 사회는 오히려 악화된다. 부패한 민주정치는 부패한 독재정치보다 그 자체로 더 나쁘지는 않지만 국민성에 더 나쁜 영향을 미치기 때문이다. (…중략…)
그러나 부패한 민주정에서는 언제나 최악의 인물에게 권력이 돌아간다. 정직성이나 애국심은 압박받고 비양심이 성공을 거둔다. 최선의 인물은 바닥에 가라앉고 최악의 인물이 정상에 떠오른다. 악한 자는 더 악한 자에 의해서만 쫓겨날 수 있결국, 자율적 개인을 역사의 주역으로 상정하는 자유주의 문학은 외적 권력의 원치 않는 간섭으로부터 개인의 독립과 권리를 옹호하는 소극적 자유주의의 단계를 넘어, 자신이 몸담고 있는 공동체의 운영과 의사결정에 주체적으로 참여하는 적극적 자유주의로까지 나아가야 한다. 이때, 이행의 단계에서 자유주의 문학은 필연적으로 개인이 몸담고 있는 공동체의 문제와 맞닥뜨리지 않을 수 없게 된다. 자유주의 문학은 공동체에 도사린 악덕과 그 악덕의 전체주의로의 전화가능성을 우려한다. 실제로 공동체의 규범이 개인의 사적 감정을 침해하고, 민족과 국가의 공동체가 개인의 자유와 권리를 억압한다는 점을 상기한다면, 이러한 우려는 지극히 정당한 문제제기다. 그러나 개인은 공동체로부터 벗어나 존재할 수 없으며, 민중 역시도 손쉽게 포기될 수 있는 개념이 아니다. 민족과 국가의 경계선을 손쉽게 넘나드는 신자유주의의 광풍은 고전적 자유주의가 개인의 자유와 사적 재산권을 일정 정도 유보하고서라도 지켜주어야 한다고 생각한 주택, 건강, 교육의 권리마저 심각하게 위협하고 있다.[22)]

다. 국민성은 권력을 장악하는 자, 그리하여 결국 존경도 받게 되는 자의 특성을 점차 닮게 마련이어서 국민의 도덕성이 타락한다. (…중략…)
가장 미천한 지위의 인간이 부패를 통해 부와 권력에 올라서는 모습을 늘 보게 되는 곳에서는, 부패를 묵인하다가 급기야 부패를 부러워하게 된다. 부패한 민주정부는 결국 국민을 부패시키며, 국민이 부패한 나라는 되살아날 길이 없다. 생명은 죽고 송장만 남으며 나라는 운명이라는 이름의 삽에 의해 땅에 묻혀 사라지고 만다."(헨리 조지, 김윤상 옮김, 『진보와 빈곤』, 비봉출판사, 1997, 515~516쪽)

22) 대한민국 헌법은 자유 시장주의가 아니라 '사회적 시장주의'를 표방한다. 시장 만능주의자들이 폐기를 요구하는 헌법 119조 2항 '경제민주화' 조항이 바로 그것이다. "국가는 균형 있는 국민경제의 성장 및 안정과 적정한 소득의 분배를 유지하고 시장의 지배와 경제력의 남용을 방지하며, 경제 주체간의 조화를 통한 경제의 민주화를 위하여 경제에 관한 규제와 조정을 할 수 있다." 한미 FTA는 이 조항을 무력화할 뿐 아니라, '투자자－국가제소'라는 독소장치가 있어 대외경제정책을 제약하고 한국경제의 미래를 영·미형으로만 한정하는 심각한 문제점을 안고 있다.

그 와중에 민중은 자신이 받아야 할 정당한 몫을 받지 못하면서 그 어떤 존재보다도 더 고통의 위험에 노출된 자들이라는 점에서 여전히 문제적 존재가 되지 않을 수 없다. 그럼에도, 민중의 요구가 반영될 여지를 그다지 열어놓고 있지 않은 현 정치·경제·사회시스템을 답습해, 공동체의 문제를 소홀히 하거나 민중을 문학 속에서 퇴출시킨다면 이는 지극히 유감스러운 일이 아닐 수 없다.

그러므로 문학은 무차별적으로 영토를 확장하는 자본의 제국에 맞서 어떻게 공동체 성원의 인간다운 삶을 지켜내면서, 내부에 도사린 악을 씻어내고 다양성과 차이를 존중하는 공동체를 세울 것인가를 고민하고 또 고민해야 한다. 이때, 문학이 추구하는 공동체는 개인의 자유의지에서 유래하는 윤리 이외의 공동의 무엇을 전제하거나 목적으로 하지 않는 '무위(無爲)의 공동체'[23]를 추구할 필요가 있다. 물론, 대내적으로는 공공적 합의에 기초한 '공화주의'를 지향하면서도 그에 대한 항상적 비판을 허용하는 '비판적 공동체'[24]를 상정할 수 있다. 또 대외적으로는 사회·경제·문화적 차이를 인정한 상태에서 대화와 타협에 의해 공동의 번영을 모색하는 유연한 내포를 지닌 공동체를 지향함으로써, 동아시아 공동체의 연대를, 더 나아가 전지구적 공동체의 연대를 가능하게 할 수 있다. 하지만 궁극적으로는 지극히 주관적인 미적 판단이 보편적 동의를 유발하듯이, 어떤 전제나

(이정우, 「한국 경제, 제3의 길은 가능한가」, 최장집 외, 『우리는 무엇을 할 것인가: 민주화 20년, 한국 사회를 돌아보다』, 프레시안북, 2008 참조.)

23) 장-뤽 낭시, 「무위의 공동체」, 장-뤽 낭시·모리스 블랑쇼, 박준상 옮김, 『밝힐 수 없는 공동체/마주한 공동체』, 문학과지성사, 2005 참조.

24) 김우창, 『자유와 인간적인 삶』, 생각의나무, 2007.

목적이 없이 그 누구와도 차이를 존중하면서 연대할 수 있는 공동체를 지향해야만 한다. 그렇게, 문학은 더 나은 미래를 위해 불가능한 공동체를 꿈꿔야 한다. "인간사회의 구조 자체—자본주의 경제의 사회적 토대들 가운데 일부까지 포함해서—가 인류의 과거로부터 물려받은 것의 잠식을 통해서 이제 막 파괴되려 하고 있다. 우리의 세계는 외적 폭발과 내적 폭발 둘 다의 위협에 처해 있다. 세계는 바뀌어야 한다."[25]

25) 에릭 홉스봄, 『극단의 시대: 20세기의 역사』(하), 까치, 1997, 799쪽.

소통의 딜레마, 그리고 글쓰기의 어려움

우리는 우리에게 상처를 주고 우리를 찌르는 그런 종류의 책들만을 읽어야 한다고 난 생각한다. 만일 우리가 읽고 있는 책이 머리를 치는 일격으로 우리를 깨우지 않는다면, 우리가 그 책을 뭣 때문에 읽지? …… 그 대신 우리는 우리에게 재앙과도 같은 영향을 주는, 우리가 우리 자신보다 더 사랑하는 어떤 사람의 죽음처럼, 모든 이들로부터 멀리 숲 속으로 추방당한 것처럼, 자살처럼, 우리를 깊게 비탄에 젖게 하는 그러한 책들을 필요로 한다. 책이란 우리 내부의 얼어붙은 바다를 깨기 위한 도끼가 되어야만 한다. 그것이 나의 믿음이다.

—「카프카가 친구 오스카 폴락에게 보낸 편지」 중에서

'인문학의 위기'와 소통의 문제

유령이 떠돌고 있다. '인문학의 위기'라는 유령이 대학가를 배회하고 있다. 이 유령은 한국 인문학이 즐겨 내세우는 배타적 학제의 울타리를 어렵지 않게 타고 넘을 뿐만 아니라, 인문학자들 내면의 완고한 빗장마저 손쉽게 파고들어 가서 골머리를 앓게 만든다. 인문학이 학문적 전문성이나 미학적 자율성의 성채 안에서 안온한 일상을 영위하던 시절은 훌쩍 지나가 버린 것이다. 이제 현실에 민감하게 반응하는 실천적 지식인이든, 외부의 일들에 둔감한 은둔형의 지식인이든 상관없이, 이 땅의 모든 인문학자들이 그 유령과의 싸움에서 자유로울 수 없는 입장에 처해 있는 것이 부인할 수 없는 사실이다. 더불어 이 난감한 싸움을 앞에 두고 세상과의 소통이 한국 인문학의 가장 중요한 화두로 부상하고 있기도 하다. 한 국문학도가 문학판의 글쟁이들에게 권하는 다음과 같은 언설은 그 화두의 중요성을 생생하게 일깨운다.

> 그리고 소설가들은 당장 예쁘게 홈페이지부터 만들어야겠다. 이제껏 발표한 소설들을 읽기 좋게 단락 나누기도 좀 자주 하고 글씨 크기도 큼직하게 해서 html로 띄워 놓아야 하겠다. 잘 안되면 인터넷 카페의 소설 좋아하는 사람 모임에라도 얼른 가입해야 할 것이다. 가서 쭈뼛대며 '눈팅'만 하지말고 빨리 자기 소개글부터 써라. 그들은 님을 진심으로 반길 것이다. 단락 나누기도 자주 하고 재밌게 써야 할 것이다. 더 능력 있는 분들은 〈오마이뉴스〉나 〈네이버〉, 〈다음〉, 〈프레시안〉 등에 소설이 링크되도록 기획해 봐야 할 것이다.
>
> —천정환, 「2000년대의 한국 소설 독자」, 『파라21』 2004년 여름호, 384쪽

바야흐로 인문학의 위상마저도 시장에 의해 결정되는 추세로

접어든 분위기다. 어쩌면 인문학은 달라진 시대적 분위기를 뼈저리게 절감하면서 대중의 기호를 맞추기 위해 온갖 수단을 다 동원해야 할 절박한 상황에 빠져 있는 건지도 모른다. "내 꿈은, 영화만큼이나 빠르게 읽히면서 만화만큼이나 킥킥대는, 그러나 소설답게 독자를 깊은 생각에 빠뜨려놓는 글을 쓰는 것이"(이만교)라거나, "저는요, 작가는 결국 이야기를 만드는 사람이라고 생각해요. 사람들한테 재미있는 이야기를 해 주는 사람요. 소설을 보고 뭘 의미할까, 뭘 상징할까 생각하는 걸 말리지는 않겠지만, 저의 가장 큰 목표는 사람들이 읽고 재미있어 하는 이야기를 쓴다는 거예요."(박형서)라고 말하는 젊은 작가들의 고백은 그와 같은 상황에 적극적으로 대처하려는 의지의 표명으로 읽힌다. 실제로 요즘의 작가들은 작품 자체의 논리보다 영상 이미지에 대한 집착이 서사전개의 강력한 동기로 작용하는 소설이나 인과론적 필연성과 무관하게 유희적 상상력에 의해 추동되는 작품을 선보인다. 또 간결한 문장을 선호하고 글 자체 내재적 필요성과 상관없이 단지 시각적 효과를 위해 자의적으로 단락 나누기를 행함으로써, 대중의 감각적 요구에 적극적으로 부응하려 한다. 특히 최근의 소설적 글쓰기는 가벼운 입담을 통해 독자에게 즐겁고 경쾌한 웃음을 선사하려는 노력으로 충만해 있다. 이는 결과적으로 현저히 위축된 존재론적 위상에도 불구하고 그나마 오늘의 문학이 대중과의 소통에 일정 부분 성공할 수 있게 하는 미덕을 발휘한다.

한편, 문학 연구의 분야에서도 좀 더 대중에게 가깝게 다가가려는 글쓰기가 힘차게 기지개를 켜고 있다. 고미숙의 『열하일기, 웃음과 역설의 유쾌한 시공간』(그린비, 2003), 권보드래의 『연

애의 시대: 1920년대 초반의 문화와 유행』(현실문화연구, 2003), 천정환의 『근대의 책읽기: 독자의 탄생과 한국 근대문학』(푸른역사, 2003) 등이 바로 그 새로운 연구동향의 결과물들이다. 이들 연구물은 문학이라는 한정된 연구영역에서 탈피해 문화 연구로 시야를 확대하면서 인문학의 위상 변화에 기민하게 대처해 세상과 소통의 장을 마련하려는 소장학자들의 참신한 노력의 산물이라는 점에서, 적잖은 의의를 지니고 있다. 좀 더 구체적으로 말해, 그것은 정전주의에서 벗어나 대중소설은 물론 신문기사와 잡지의 광고삽화까지 폭넓게 섭렵하여 한국 근대성이 형성되는 시발점의 풍경을 입체적으로 탐사한다. 그리고 이 역시 과거와 현재, 고전문학과 현대문학, 고급문화와 대중문화, 전문작가와 아마추어작가 등 갖가지 단절의 벽을 허물고, 양자 사이의 풍요로운 대화를 이끌어 내는 동시에 일반대중에게 글 읽는 재미를 일깨우는 데도 가시적 성과를 거두고 있다.

외재적 소통의 위험성

그러나 인문학의 장에 불어오는 새로운 글쓰기의 물결이 얼마나 바람직한 것인지는 근본적인 시각에서 찬찬히 되짚어 볼 필요가 있다. 그것은 고답적인 인문학적 글쓰기를 갱신하는 신선한 바람인가? 아니면, 알게 모르게 인문학을 상업주의의 마성에 들려 타락으로 치닫게 하는 트로이의 목마인가?

근대 학문과 예술은 각 영역의 구분과 경계의 설정에 기초해 있다. 이때, 각 영역의 전문성은 외부로부터 밀려드는 수다한 억압기제와 교란요인으로부터 개별 장의 자율성을 지켜주는 든든한 방패막이 역할을 한다. 물론 때때로 각 장의 전문성이 현실의 첨예한 요구를 회피하는 교묘한 핑곗거리가 되는 경우도 없지는 않다. 그러나 그렇다고 해서 각 공론장의 자율성을 지켜주는 전문성의 방패를 허술하게 취급한다면, 그것은 빈대 잡으려다 초가삼간 태우는 꼴이 되고 말 것이다. 아직까지도 한국 인문학에 부족한 것은 각 장의 자율성과 그 자율성을 내부에서 지탱하는 전문성이다. 그런 상황에서, 새롭게 부각된 대중과의 소통이라는 화두는 한국 인문학을 더욱 어려운 입장에 빠지게 하는 난감한 숙제가 아닐 수 없다. 게다가 대중과의 소통이 상업성과의 결탁에 불과할 수도 있다는 점을 감안한다면, 그 문제의 심각성은 더욱 커질 수밖에 없다. 그렇다면, 문학과 문학 연구의 분야에 부는 새로운 글쓰기의 물결이 결코 긍정적인 효과만을 낳는 것은 아닐 것이다.

엄밀히 말해서, 본격문학은 명확히 정의되어 질 수 있는 개념도, 홀로 자신의 정체성을 유지할 수 있는 그 무엇도 아니다. 이를테면, 그것은 대중문학과 자신을 구분 짓는 명확한 기준을 갖지 못한 채 단지 타자의 부정을 통해 자신의 정체성을 확립할 수 있을 뿐이다. 그런 본격문학이 이제껏 부정의 대상으로 취급했던 대중문화라는 타자와의 적극적인 교접을 통해 자신의 정체성을 일신해 나가려는 행보를 보인다는 것은 일견 긍정적이라 볼 수 있다. 하지만 그것은 그 긍정적 미덕에도 불구하고, 문학의 자기 혁신을 가져오기보다 오히려 그것의 고유한 특성을 무화시키는 동시에 문학을 시장논리에 무차별적으로 편입시키는 부정적 기제로 전락할 수 있다는 점에서, 문제적이다.[1] 따라서 본격문학과 대중문화의 융합작업은 문학적 아우라를 훼손하는 내부로부터의 자해행위가 아닌가를 자문하면서, 좀 더 진지하고 치밀하게 전개될 필요가 있다. 하지만 요즘의 문학적 글쓰기는 문학을 단지 재미를 주는 오락물로 간주한 채 지나치게 독자의 흥미를 자극하는 데 초점을 맞추고 있는 듯이 보인다.

그와 같은 현상은 풍속·문화론적 문학 연구의 경향에서도 동일하게 발견되는 사실이다. 이들 연구물들은 상투적인 시각과 획일적 문장으로 규율된 기존의 문학 연구 관행에서 탈피하기 위해, '연애'나 '우정' 등 대중이 흥미를 느낄만한 코드를 중심으로 텍스트들을 계열화하고 이를 간결하고 경쾌한 문장에 실어 나른다. 이는 새로운 사유의 공간을 창출하는 데에 기여하지만 특이하고 흥미로운 요소의 도출에 지나치게 집착함으로써 여러 가지 문제를 노출하기도 한다. 일례로 그것은 문학의 자율성에 너무 무관심하고 텍스트의 미적 자질에 지나치게 둔감한 채 좋은 작품과 함량 미달의 텍스트를 동등한 자격으로 취급함으로써 문학성의 훼손을 야기한다. 또, 맥락의 차이를 무시하고 표면적 유사성만을 근거로 이질적인 것들을 동질화하는 오류는 학문적 엄밀성을 훼손하고, 대중적 소통을 위한 가벼운 문체에 대

---

1) 문학이 시장논리에 침윤될 때, 어떠한 일이 발생할지는 불을 보는 뻔하다. 모든 것을 상품화하는 시장논리가 어떻게 교양문화의 몰락과 미국의 저력을 훼손하는가를 우울하게 진단하고 있는 모리스 버만(Morris Berman)의 『미국 문화의 몰락: 기업의 문화 지배와 교양 문화의 종말』(심현식 옮김, 황금가지, 2002)은 그 현실의 구체적인 양상을 잘 보여준다. 아래의 신문기사도 대중성을 앞세운 자본의 논리가 어떻게 출판 및 문학의 자율성과 다양성을 훼손하는가를 잘 알려 주고 있다.
"5개 거대 복합기업이 미국 도서판매의 80%를 좌우한다. 1999년 상위 20개 출판사의 매출액이 전체 도서시장의 93%를 차지했고, 그중 상위 10개사의 점유율이 75%나 됐다. 또 1986~96년 '북비즈니스' 통계에 따르면 소설 베스트셀러 100종 가운데 63종이 톰 클랜시, 존 그리샴, 스티븐 킹 등 여섯 스타의 작품에 집중됐다."(≪부산일보≫, 2004.11.2.)

한 집착은 때때로 선정적이고 즉물적인 서술을 낳는다.

고전의 현대화와 대중화에 의미 있는 일보를 디딘 것으로 평가받는 고미숙의 『열하일기, 웃음과 역설의 유쾌한 시공간』을 통해 그 문제점을 좀 더 구체적으로 살펴보자. 이 책은 경쾌하고 신선한 시각으로 고전을 다룸으로써 읽는 재미를 선사하지만 너무 자의적인 해석이 난무함으로 인해, 새롭고 튀는 해석에만 집착하지 말고 원전에 대한 엄밀한 독해와 시대의 문맥에 더 깊은 관심을 가져 달라는 주문을 요구받는다.[2] 사실 이 책에서 다루어진 내용 중 연암에 대한 전기적 사실은 김명호의 「연암 박지원의 삶과 문학」(『역사비평』 1992년 봄호)을, 텍스트에 대한 언급은 정민의 『비슷한 것은 가짜다』(태학사, 2003)의 테두리를 벗어나지 못한다. 즉, 학문적으로 별다른 성과를 보여주지 못하고 있는 것이다. 따라서 '유목'과 '우정'과 '웃음'을 코드로 연암의 고전을 가볍고 경쾌하게 횡단하고 있는 이 책은, 신변잡기가 섞인 자의적 해석에 한창 유행하는 철학적 개념의 외피를 입혀 대중을 유혹하고 있다는 가혹한 비판에서마저 자유롭지 못하다.

그렇다면, 전문화된 장(문학, 철학, 예술 등)과 저널리즘 장에서 이중적으로 소속되어 "두 세계의 특수한 요구를 교묘히 피하면서 한쪽에서 얻은 권력을 다른 한쪽에서 사용"(피에르 부르디외, 『텔레비전에 대하여』)하는 데 능한 사람을 지칭하는 부르디외의 '지식인-기자' 개념을 빌려, 대중과의 소통을 도모하는 새로운 글쓰기를 향해 부정적 시선을 던지는 것도 지나친 우려만은 아닐 것이다.[3] 어쩌면, 머지않은 장래에 학자들이 비좁은 대학의

2) 김영, 「유목적 텍스트로서의 열하일기」, 『창작과비평』 2003년 가을호, 413쪽.
3) 손정수, 「트로이의 목마」, 『문학동네』 2004년 여름호, 355쪽.

울타리와 고루한 학술지의 무덤에서 나와 대중매체를 통해 대중과 직접적으로 소통하는 일이 흔하게 벌어질지도 모른다. 어쩌면, 학자들이 TV의 단골패널로 등장해 공인(共人) 아닌 공인(公人)을 자처하는 연예인 못지않게 대중적 인기를 누리는 날이 올지도 모를 일이다. 그쯤 되면, 시장원리로부터 상대적 자율성을 유지해왔던 학문영역은 시장원리에 오염될 대로 오염될 테고, 그에 비례해서 '지식인들이여! 텔레비전에서 사라져라'는 질타의 목소리가 불거져 나올 것이다.[4)]

그러므로 시장과 무관한 영역처럼 보이는 학술분야에서조차도 대중화의 바람이 불어와 대중의 기호와 눈높이를 고려한 저술의 출간이 하나의 흐름으로 자리를 잡아가는 최근의 상황은, 오히려 세상과의 소통 못지않게 각 공론장의 전문성과 자율성을 지키려는 노력이 더욱 긴요해지는 시기라 판단된다.

글쓰기를 둘러싼 요철(凹凸)들

이제, 좀 더 미시적인 관점에서 글쓰기와 소통의 문제를 생각해 보자. 글쓰기는 상호 독립적이면서도 분리 불가능한 관계를 형성하는 두 영역 즉, 생활세계와 공론장 사이에 걸쳐 있다. 이때, 글쓰기가 이루어지는 공론장이 전(前)개인적인 규범이 관통하는 장소라면, 생활세계는 글쓴이의 물리적 실존이 위치해 있는 장소다. 생활세계 속에 몸담고 있는 주체의 육체적 심리적

4) 이는 프랑스에서 실제로 벌어진 현상이다. 그와 관련해서는 레지 드브레(Régis Debray)의 『지식인의 종말』(강주헌 옮김, 예문, 2001)을 참조할 것.

상태는 물론 다양한 관계의 망들이 직접적으로 글쓰기에 영향을 미친다. 이 지극히 사적인 영역이 그와는 다소 동떨어져 있는 세계에서 이루어지는 글쓰기라는 공적 활동에 무시 못할 영향을 미치게 되는 것이다. 그러므로 쓰는 자는 쓸 수 없어도 써야 하고, 쓸 말이 없어도 써야 하고, 쓸 말이 있음에도 불구하고 침묵해야 한다. 더구나 공적 활동으로서의 글쓰기는 먼저 각 전문적인 장이 요구하는 규범적 원칙을 충실히 따라야 하는 어려움이 있다. 이를테면 학술논문을 쓸 경우, 글을 쓰는 사람은 주체에 앞서 글쓰기를 규율하는 원칙에 자신을 맞추어야 한다. 그러나 또 한편으로 글쓰기의 장을 지배하는 규범적 원칙에만 매몰될 때 참신한 글이 나오지 못한다는 것도 분명한 사실이다. 따라서 그에 위배되지 않으면서도 생활세계에서 발효된 주체적 문제의식을 적절히 녹여내며, 세계와 존재에 대한 독창적 사유를 심도 깊게 표명할 수 있어야 한다. 이를 위해서 글쓰기의 주체는 글쓰기를 선규정하는 규범들과 비판적 거리를 유지할 필요가 있다.

비판적 거리를 갖는다는 것이 현실로부터의 후퇴를 의미하지 않는다. 그건 글쓰기를 둘러싼 제반조건을 비판적으로 성찰하며 현실을 향해 보다 진취적으로 나아가기 위한 방법론적 물러섬이다. 그것은 자기 반성에 입각한 주체의 존재론적 개방이자, 학술과 문예의 공론장을 미리 조건짓는 구조적 틀에 대한 저항이다. 그러므로 진정한 소통을 위한 필요충분조건은 바로 이 비판적 거리의 확보라고 할 수 있다. 우선 글쓰기가 행해지는 공론장과 글쓰기의 주체가 몸담고 있는 생활세계를 형성하는 기초적 지반인 역사적 현실과의 비판적 거리는 필수적이다. 왜냐하면 인문학은 이데올로기에 기반해서 성립하고 이데올로기가 작동할 수 있는 영역이기 때문이다. 이 자명한 사실을 부정하는 순간, 인문학은 하나의 이념적 도그마로 변해 억압적 기능을 수행하게 되고 만다. 아울러, 자본주의 시장체제의 압력이 문예와 학문의 공론장을 점점 강하게 압박해 들어오고 있는 현시점에서는 시장과 비판적 거리를 갖는 일이 그 무엇보다도 더 중요해지고 있다. 시장은 각 장의 전문성과 자율성을 시장의 입맛에 맞게 재편하려 든다. 다시 말해 시장은 문학 내재적 요구에 의해서보다 대중의 흥미와 시장에서의 성공 가능성에 최우선의 가치를 둠으로써 문학의 자율성을 훼손하게 된다. 그와 같은 문제점은 글쓴이의 내면적 진실이 시장의 자력에 포박된 '주례사 비평'에서 극명하게 드러난다. 또 어떤 철학자의 지적처럼, 시장은 즉각적인 이해를 위해 지식을 상품화하고 철학마저 광고 카피로 전락시키기도 한다.

그러므로 새로운 사유를 촉발하는 새로운 글쓰기의 성패는 제반현실로부터 어떻게 비판적 거리를 확보하느냐? 그리고 비판적 거리를 확보한 상태에서 글쓰기의 주체 자신의 내밀한 실존을 얼마나 밀도 있게 담아낼 수 있느냐의 여부에 달려 있다. 하지만 그것이 얼마나 어려운 일인가는 체제저항적이고 심지어 시장에 무연한 글쓰기마저도 역사적 현실에 함몰되는 광경에서 절절히 체감할 수 있다.

김정한은 일제의 탄압과 독재정권의 핍박에 굴하지 않고 올곧은 민족정신을 견지한 지사적 문인으로 널리 알려져 있다. 특히, 카프(KAPF)의 위세가 사그라진 시기에 도리어 민중의 삶을 리얼리즘의 화폭에 담는 데에 매진하다, 일제의 폭압이 기승을 부리자 단호하게 붓을 꺾고 오랜 시간 침묵 상태로 지내고, 다시 1966년 「모래톱 이야기」로 작품활동을 재개해 민족문학의 활성화에 기여한 행적은 이제 하나의 신화가 되어 버린 감이 없지 않다. 하지만 친일문학 논란을 야기한 그의 희곡 「인가지(隣家誌)」(1943)는 올곧은 저항적 문인의 신화에 균열을 야기한다. 그에 대해 이미 진보진영의 한 논객은 다음과 같은 제언을 내놓은 바 있다. "일제말과 정부수립 이후 그가 겪은 굴욕의 경험을 괄호침으로써 자신의 생체험의 중대 부분이 결락한 것이다. 그런데 이는 단순히 개인적인 것이 아니라 집단적 추억이요, 그래서 더욱 음습한 그늘에 두어 그대로 묵혀버릴 것이 아니라 그 의미를 궁구하여 고통스럽지만 양명한 햇볕 아래 드러내 의식화해야 할 추억일 것이다."[5] 그러나 역사적 현실과의 충돌이 일상적 삶에 남긴 고통의 편린을 접할 수 있게 하는 그의 적잖은 글들 어디에도, 자신이 겪은 굴욕에 대한 실존적 고백이 담겨 있지 않다. 이는 역사적 현실에 대한 비판적 거리를 상실한 채 오직 현실변혁에만 몰두하다 내면적 실존의 문제를 방기한 결과일지도 모른다. "왜 묵묵할 수밖에 없었는지. 그 침묵의 공간을 사유하는 자기 인식의 치열성에 기초하지 않은 채, 바깥으로만 향하는 문학이 흔히 빠지는 실존적 감각의 결여".[6] 그처럼 역사적 현실에 자기의 전부를 던져 넣는 과정에서 내면적 실존이 무화되어 버린 글쓰기는 김정한 문학의 한계일 뿐만 아니라 민족문학이 지닌 한계이기도 하다.

5) 최원식, 「90년대에 다시 읽는 요산(樂山)」, 『문학의 귀환』, 창작과비평사, 2001, 245쪽.

6) 위의 글, 246쪽.

내재적 소통을 도모하는 글쓰기

인간은 주관적 자아의 내밀한 실존을 통해 보편적 공감을 불러일으킬 수 있는 능력을 갖고 있다.[7] 글쓰기는 그와 같은 인간의 능력이 구체적으로 실현될 수 있는 대표적인 영역의 하나일 수 있다. 그러므로 모든 글쓰기는 그 무엇으로도 환원될 수 없는 쓰는 자의 내면적 실존에서 출발해야 한다. 쓰는 자는 우선 글쓰기를 둘러싼 다양한 기제들과 비판적 거리를 유지함으로써 그에 함몰되지 않고 내면의 소통을 도모해야 한다. 우리는 그러한 글쓰기의 몇 가지 범례를 들 수 있다.

먼저, 대중서사와 교환될 수 없는 묘사와 에세이적 서술을 통해 대중문화 장르가 흉내낼 수 없는 본격문학 고유의 특성을 살려 나가려는 글쓰기가 있다. 시대의 폭력에 폭력으로 맞서야만 했던 자가 광기의 시대를 기억하며 쓴 성찰과 참회의 기록도 있다.[8] 또, 복잡하고 난해한 문장들로 자신의 논리를 전개함으로써 손쉬운 이해를 거부하고 힘든 과정을 거쳐 자신의 사유에 닿기를 요구하는 어떤 학자의 고집스런 글쓰기[9]처럼, 대중과의

7) "美的 藝術의 最高度의 完全性이 목표인 한, 一切의 美的 藝術에 대한 豫備學은 準則들에 있는 것이 아니라, 人文的 學藝 humaniora라고 불리어지는 素養에 의하여 心意力들을 陶冶하는 데에 있는 것으로 생각된다. 推測컨대 그 이유는 人間性이란 한편으로는 普遍的인 關與의 感情[同感]을 의미하며, 또 한편으로는 자신을 가장 誠實하게 그리고 普遍的으로 傳達할 수 있는 能力을 의미하기 때문이다. 그리고 이러한 特性들이 함께 뭉쳐서 人間性에 알맞은 社交性을 이루며, 이 社交性으로 말미암아서 人間性은 動物의 偏狹性과 구별되는 것이다."(임마누엘 칸트, 이석윤 옮김, 『판단력 비판』, 박영사, 1998, 246쪽)

8) 문부식, 『잃어버린 기억을 찾아서: 광기의 시대를 생각함』, 삼인, 2002.

9) "그렇지만 변증법 계통의 책들은 그 문체가 불명료하고 부담스러워 쉽게 소화해

소통이 중시되는 현실과 긴장관계를 유지하며 인문학적 정신을 잃지 않으려는 노력도 존재한다. 그리고 "어디서든 강의나 강연을 한 적도, 어떤 공식적 자리에 나타난 적도, 그 누구와 논쟁을 한 적도 없고, 인터뷰도 없으며, 하다 못해 사진도 없는 작가"[10]의 글쓰기도 있다. 그는 '나'의 내밀한 실존을 텍스트 속에 산포(散布)하고 그것의 나눔을 통해 공동체와 소통의 문제를 진지하게 탐색해 나간다. 그렇게, 그의 글쓰기는 단일한 명제로 환원되지도 고정된 틀에 갇히지도 않으면서 내면적 실존의 미묘한 움직임을 섬세하게 드러내려 한다.

이러한 글쓰기들이 타자의 이해를 경유해 자기 이해에 도달하는 진정한 소통을 가능케 할 수 있다.[11] 인문학은 '이중의 도

내기 힘들며 추상적이라는—한마디 간편한 구호로 요약하자면, '독일어투'라는—널리 퍼져 있는 생각이야말로 변증법에 대한 영미 전통의 적의를 가장 분명히 드러내준다. 물론 이 책들의 문체가 학교에서 가르치는 명석하고 유려한 저널리즘 문장의 규범에 들어맞지 않는다는 것은 인정할 수 있다. 그러나 만일 현재 우리의 여건에서 명석함과 간소함이라는 그 이상들이 원래 데까르뜨가 염두에 두었던 바와는 전혀 다른 성격의 이데올로기적인 목적에 봉사하게 되어버렸다면 어찌할 것인가? 인쇄물이 과잉생산되고 속독법이 만연되어가는 이 시대에 있어, 그런 이상들은 독자로 하여금 문장을 재빨리 읽어나가면서 스쳐지나가는 기성품 사상을 아무 힘 들이지 않고 맞이하도록 만들고, 따라서 진정한 사고를 하려면 언어의 질료성 속으로 들어가서 문장 형태를 취한 시간 자체에 동참할 필요가 있음을 간과하게 만들고 있다면 어찌 할 것인가? 이 중 가장 세련된 변증법적 지성이며 가장 세련된 문장가라고도 할 수 있는 아도르노의 언어를 살펴보면 거기서는 밀도 그 자체가 바로 비타협적인 태도의 산물임을 알 수 있다. 추상관념과 전후참조가 빽빽이 밀집해 있는 것도, 주위에서 값싼 쉬움을 내세우는 데 맞서 진정한 사고를 하려면 댓가를 치러야 한다는 점을 독자에게 알리는 경고로서 상황적으로 읽히려는 엄밀한 의도에서 나온 것이다."(프레드릭 제임슨, 여홍상 외 옮김, 『변증법적 문학이론의 전개』, 창작과비평사, 1997, 7쪽)

10) 박준상, 「모리스 블랑쇼, 얼굴 없는 "사제"」, 장-뤽 낭시·모리스 블랑쇼, 박준상 옮김, 앞의 책.

11) 아무리 적극적으로 의미의 생성에 관여하더라도 존재의 이해와 맞닿지 않는 한, 그건 추상적 읽기와 관념적 해석의 회로에서 벗어나지 못한다. 읽기와 해석은 의미론적 차원을 넘어서 존재론적 차원으로의 도약이 되어야 한다(폴 리쾨르, 양명수 옮김, 『해석의 갈등』, 아카넷, 2001, 5~29쪽 참조). 하나의 텍스트를 읽고 해석

약'에 성공해야 진정한 소통에 도달할 수 있다. 시장에서 팔리느냐 팔리지 않느냐는 말 그대로 '목숨을 건 도약'이다. 그러나 특이하게도 인문학의 영역에서만큼은 시장에서의 성공이 곧장 그것의 성공을 보장하지 않는다. 시장에서의 도약이 다시 독자의 영혼과 정신을 일깨우는 또 다른 '목숨을 건 도약'에 성공할 때야 비로소 인문학은 진정한 소통에 도달할 수 있게 되는 것이다.

하는 것은 새로운 삶의 현장을 통과하는 일이며, 그 과정을 거치면서 독자는 존재 이해의 폭과 깊이를 더 하게 되는 것이다.

공동체를 허물고 세우는 소설 건축술

정보화시대, 소설의 운명은?

이야기는 정보와 어떻게 다른가. 시시각각 조여 들어오는 전체주의의 폭력에 내쫓기다 공동체와 공동체의 경계선상에서 스스로 자신의 삶에 종지부를 찍어야만 했던 불운한 지식인은 말한다. "정보는 그것이 새로운 것일 때에만 가치가 있다. 정보는 오로지 그 순간만을 사는 것이다. 그것은 한시도 지체 없이 그 자신에 대해 설명을 해야 하며 또 그 순간에 완전히 복종해야 한다. 그러나 얘기는 그렇지 않다. 그것은 스스로를 완전히 소모하지 않는다. 얘기는 자신이 지닌 힘을 집중된 상태에서 그대로 유지하고 있을 뿐만 아니라 또 많은 시간이 지난 후에도 여전히 다시 펼칠 수 있는 능력을 지니고 있다."[1] 그렇다면, 이야기로서의 근대소설은 어떤가. 근대소설은 자신을 남으로부터 고립시킨 고독한 개인의 글쓰기라는 점에서 전래의 이야기와 구분된다. 그럼에도, 어떤 식으로든 개인의 경험이 공동체의 기억과 연결되어 있다는 점에서, 소설은 근대를 대표하는 이야기 장르로 내세우기에 손색이 없다.

공동체의 자취를 간직한 근대의 이야기 장르를 소설이라고 한다면, 그것의 종말을 알리는 목소리는 공동체에 토대를 둔 글쓰기의 소멸 내지 쇠락을 선포하는 공식적 타종이라 하지 아닐 수 없다. 공동체의식과 현실의 질감이 현저히 수그러든 근자의 소설을 보노라면, 또 문학장이라는 한정된 영역에 머무는 글쓰기를 해야만 하는 작가를 보노라면, 근대문학의 종언이 허언만은 아님을 실감하게 된다. 그러나 또 한편으로, 정보가 일회적 소비의 대상이 되기를 그치고 아예 주변부로 내몰린 근대소설을 대신해 우리의 기억과 체험을 지배하는 보편적 이야기의 지위를 차지하려는 상황에도 아랑곳하지 않고, 끊임없이 새로운 소설들이 쏟아져 나오고 있는 것이 요즘의 현실이기도 하다. 공동체의 전위로서 다방면에 걸쳐 강력한 파급력을 미치는 이야기가 되지 못하고 점점 소소화(小小化) 내지 사사화(私私化)의 길을 걷고 있음에도 불구하고, 여전히 공동체의 기억과 삶의 지혜를 펼쳐 보이며 존재의 성찰과 타자 사이의 소통을 매개하는 것은 소설 고유의 몫이라고 외치듯이. 그리고 그 와중에 더 이상 이야기의 테두리에만 머물지 않으려는 이야기, 공동체의 바깥을 사유하는 글쓰기가 부상하고 있기도 하다.

---

1) 발터 벤야민, 반성완 편역, 「얘기꾼과 소설가」, 『발터벤야민의 문예이론』, 민음사, 1983, 173쪽.

성찰, 공동체 내·외부의 경계에 서서

우리의 공동체는 결백한가? 혹은 국가나 민족은? 민중은? 우리의 공동체 내부에는 떨칠 수 없는 악덕이 숨겨져 있는 것은 아닐까? 이와 같은 물음들은 근대소설에서 때로는 의식적으로 때로는 무의식적으로 회피되어져 왔다고 볼 수 있다. 소설이 근대의 민족공동체와 국민국가 형성에 커다란 기여를 했다는 지적을 떠올려 보면, 그 회피의 불가피성을 어렵지 않게 짐작할 수 있다. 특히, 지난 시절의 문학이 민족이나 국가 혹은 민중이라는 초월적 중심을 호위하며 공동체의 체험과 열망을 총체적으로 담아내는 데에 온 힘을 집중했다는 사실을 감안하면, 더욱 그렇다. 그러나 이 시대의 문학은 집단의 열망과 변혁 의지를 표출하는 데 집중하기보다 그 와중에 묻힐 수밖에 없었던 단독적 개인의 사소한 목소리에 주목하려 한다. 적대적 모순에 분노하기보다 비적대적 모순을 차분하게 고민하고 섬세하게 그려내고자 한다. 그리고 이 같은 변모가 우리 시대의 문학이 난감한 질문들과 마주하며 공동체의 문제를 반성적으로 숙고할 수 있게 한다.

전성태는 『매향』(1999)과 『국경을 넘는 일』(2005)에서 전통적 농촌공동체를 우리 삶의 원형으로 아름답게 묘파해 낸 적이 있다. 이들 작품집에서 전통적 농촌공동체는 모든 구성원이 버성김 없이 상생의 관계를 유지하며 살아가는 지극히 평화로운 공간으로 형상화된다. 그의 작품들이 근대소설의 풍모에 앞서 전근대적 이야기의 향취를 물씬 풍기는 이유도 그와 관련이 있을 것이다. 그러나 지극히 아름다운 그 농촌공동체는 역사와 자본을 배제한 상태에서만 존재할 수 있다는 점에서, 근대적 개인의 실존을 탐색하는 데 있어서는 다소 한계를 노출할 수밖에 없다. 작가가 농촌공동체의 테두리를 벗어나 좀 더 넓은 국면에서 공동체와 개인의 문제를 탐색해 나아가도록 충동질하는 것도 그 문제성에 대한 자각일 터다.

전성태의 소설은 주체와 세계 사이에 조금의 균열조차 상정하지 않는 자연 친화적인 농촌공동체를 떠나 근대적 공동체의 영역으로 진입하면서 예기치 않은 문제와 맞닥뜨린다. '나는 내가 생각하는 나가 아니다. 나는 단지 공동체의 집단무의식의 산물일 뿐이다.' 「국경을 넘는 일」에서도 「코리안 솔저」에서도, 공동체를 월경(越境)하는 자기 인식의 서사는 개인을 지배하는 공동체의 집단무의식을 강하게 환기시킨다.

> 그리고 이들 군대는 나라를 세운 뒤 한 번도 전투를 경험해보지 못했다. 거기에 비해 우리나라 군대는 한국전, 베트남전, 걸프전, 그리고 최근에는 이라크전에까지 참전했다. 그뿐이랴. 이들도 한국이 남과 북으로 갈라져 싸우느라 세계적인 막강한 군사력을 보유하고 있다는 사실쯤은 알리라. 칭기즈 칸의 군대와 닮은 것은 오히려 한국 군대이지 너희들의 군대는 아니다.
>
> "나는 한국의 군인이었다!"
>
> —「코리안 솔저」, 『실천문학』 2005년 겨울호, 285쪽

세계화와 개방의 열풍으로 민족과 국가의 경계가 점점 엷어지는 시대의 외국체류. 아이로니컬하게도 전성태의 소설이 그로

부터 발견하는 것은 '우리들의 대한민국' 내부에 깊숙이 뿌리박혀 있는 파시즘의 망령이다. 이를테면, 무의식 깊이 자리잡고 있는 군대문화의 규율과 습속은 개인적 신념이나 가치관, 심지어 일상의 습관을 압도하는 영향력을 행사한다. "군대 체험은 어쩌면 그 삼십 개월에 그치는 게 아니라 제 인생을 통째로 삼키고 있는지도 몰랐다." 「코리안 솔저」의 주인공은 젊은 시절 한때 사회주의 이념에 빠져 든 적이 있는 지식인이고(자신이 머물 집이 러시아식 아파트라는 말에 금새 향수에 젖어 마음이 아늑해지는 모습을 떠올려 보라), 아직도 좋은 시를 쓰고 싶은 꿈을 포기하지 않고 있는 시인이건만, 순간적으로 돌출한 '코리안 솔저'였다는 맹목적 무의식이 자신의 존재양식을 좌우하는 결정적 요소임을 당당하게 자인한다. 이로써, 권위주의 국가체제의 퇴장 이후에도 우리의 일상을 배회하는 전체주의적 망령의 현실적 위력이 폭로된다. 또 다른 측면에서 보면, 그건 합리적 이성과 자유의지를 지닌 개인이 어우러져 성립하는 근대적 시민사회가 아직도 미완임을 암시하고 있는 것이기도 하다.

'나'는 공동체의 욕망을 욕망하는 존재에 불과한 것인가. 전성태와 이혜경의 소설은 이 물음을 공유하지만 문제를 풀어 가는 방식에 있어서는 미묘한 차이를 보인다. 전성태의 그것은 생활세계 속 개인의 존재방식으로부터 출발해 공적 영역으로 관심을 넓히는 원심적 형식을 취하며, 개인과 공동체의 관계성을 탐문한다. 반면, 이혜경은 일상생활의 영역에 집중하는 구심적 형식으로 개인의 단독성을 억압하는 사적 공동체의 구성적 메커니즘을 성찰한다. 특히 그녀의 소설은 가족공동체를 비롯한 생활공동체 내부에 도사린 악덕에 주목한다.

세상이 얼마나 무서운 곳인지 아냐? 어른들이 가지 말라는 곳에 갔다간 단박에 늑대에게 잡혀갈 거다. (…중략…)

마을 안팎을 마음대로 드나들 수 있는 어른 남자들은 아이들과 여자들이 안전하게 다닐 수 있는 곳에 말로 울타리를 쳤다.

— 「늑대가 나타났다」, 『틈새』, 창비, 2006

무릇, 공동체는 외부와 경계를 짓고 이질적 타자를 배제함으로써 그 정체성을 유지하려 든다. "여자의 품안에서 허물을 벗고 싶은 마을 청년들이 스며드는 곳", "어린이가 지나가기를 기다렸다가 배를 쩍 가르고 김이 모락모락 나는 날간을 씹어먹는다는 문둥이들이 무리지어 사는 뒷산"(「늑대가 나타났다」)이 공동체의 내외부를 가르는 경계선이다. 더불어 "철컷철컷 쇠가위 소리를 내는 엿장수", "고깔모자에 쩍 벌어진 입으로 웃는 삐에로를 앞세우고 풍악을 울리는 서커스단", "이름을 잃고 그 대신 '처제하고 사는 이'라는, 늑대 꼬리처럼 기다란 별명을 얻"은 병태 아저씨, 또는 내부의 이물로 존재하는 불법체류 외국인 노동자(「물 한모금」)가 호시탐탐 공동체의 성원을 위협하는 '늑대'로 간주된다. 여기서 공동체의 위계와 규범에서 가장 낮은 위치를 차지하고 있거나, 아예 그 어디에도 자리 잡지 못하고 부유하는 존재들이 공동체의 적으로 간주되고 있음을 쉽게 눈치 챌 수 있다. 그러니까, 공동체는 언제나 이방인이나 비천한 존재에게 이질적 타자라는 낙인을 찍고 배제해 버림으로써 자기 안전을 도모하는 것이다.

하지만, 이혜경의 소설은 공동체를 위협하는 악이 이질적 타자이기는커녕 바로 자기 동일적 존재 내부에 들러붙어 있는 그 무엇이라는 점을 숨기지 않는다. "아기늑대의 꼼질거림 같기도 한 그 무엇"(「늑대가 나타났다」)에 이끌려 마을 바깥으로 나갔던 '나'가 늑대의 친척쯤으로 알고 있던 병태 아저씨의 보호를 받으며 돌아올 때, "허연 이빨을 드러낸 무언가가 집에서 나를 기다릴 것만 같"이 느껴지거나, "내가 나 아닌 아기늑대인 것 같"이 생각되는 이유도 바로 거기에 있다. 또 공동체 내부에 도사린 그 악덕은 "아름다운 풍경 뒤편, 안락한 내 집 어딘가에 숨어 있을 바퀴벌레"(「망태할아버지 저기 오시네」)이자, "우리에게는 얼마든지 너그럽지만 그 테두리를 넘어선 대상에겐 언제든 날카로운 송곳니를 드러내고 살점이 떨어질 때까지 물어뜯"(「그림자」)는 충견이다. 따라서 공동체에 길들여진 늑대의 희생양이 되지 않기 위해서는 공동체의 내부에서 '어머니'나 '아내'로서든, 아니면 '친구'나 '직장동료'로서든, 적절한 상징적 위치를 부여받고 살아야 한다. 그렇다면, 가부장제에 강한 혐오감을 지니고 있으면서 핏줄을 잇기 위해 거짓임신 흉내를 내거나(「피아간(彼我間)」), 이혼으로 말미암아 아내의 자격을 상실한 상태에서 어머니와 시어머니의 위치나마 필사적으로 고수하려는(「망태할아버지 저기 오시네」) 인물들의 몸부림에도, 다 이유가 있는 셈이다.

통념과 인습의 공유를 강제하고, 이를 어길 시에 위반자를 냉혹하게 배제하는 공동체의 부정적 메커니즘. 그것은 이혜경의 인물로 하여금 가족의 일원이고 친구이고 "직장 동료이긴 하되 '우리'이고 싶지는 않은"(「그림자」) 마음의 완충지대를 설정하게 만든다. 하지만 그것은 "사람을 벌레처럼 밀쳐내게"(「섬」) 하는 경계지대이지만 동시에, 타인과의 내밀한 만남을 가능하게 하는 소통의 매개공간이 되기도 한다. 절멸의 나락으로 추락하기 위해 "날아오르는 새"의 절망적 몸짓과 타자에로의 도약을 위해 "언 땅을 뚫고 나오는 새순"(「틈새」)의 약동이 병존하는 완충지대. 지금, 이혜경의 소설은 그 '틈새'에서 개인과 집단의 공존을 사색하고 있다.

경쾌한 역설, 현실의 중력을 이겨내는

자본의 제국은 모든 공동체를 식민지화한다. 그것은 민족공동체와 국가공동체는 물론 직장공동체와 가족공동체, 심지어 연인이나 우정의 공동체마저도 그것의 충실한 속주로 편입시킨다. 그리고 자본이 모든 존재와 공동체를 아우르는 초월적 중심으로 자리 잡게 되면, 필연적으로 공동체 성원간의 연대가 느슨해지고 단자화된 개인이 부유하며 계층구조가 고착화되는 현상이 발생하게 된다. 그렇다면, 이즈음의 소설은 견고한 체제의 위용을 갖추고 장기 지속의 상태에 돌입한 자본의 제국 속에서, 허물어져 가는 공동체 안에서, 어떤 삶을 살아가고 있을까. 요즘의 소설은 자본의 제국이 이 시대를 지배하는 선험적 장임을 담담하게 인정한 상태에서 개인의 자율성과 단독적 존립의 가능성을 모색해 나간다. 공동체의 규범과 압력을 가뿐하게 넘어서며 오직 자신의 기준과 판단에 입각해 세계를 살아가고자 한다. 따라서 계몽에의 열정과 변혁에의 의지로 뜨겁게 달아오르지 않지만, 그렇다고 현실에 잔뜩 짓눌린 채 우울한 삶을 살아가지도 않는 것이 이쯤의 소설이다.

김애란의 소설은 근대소설의 문법에서 그리 크게 빗겨나 있지 않다. 그럼에도 그녀의 소설이 신선하게 느껴지는 것은 왜 일까? 이는 그녀의 소설이 현실을 가볍게 뒤집어엎기 때문일 것이다. 그녀의 현실 뒤집기는 자주 지적되고 있는 바처럼 상상의 전도작용에 기초해 있다. '나는 이렇게 상상한다.' 아버지는 '나'를 버린 것이 아니라 실종된 것이며(「사랑의 인사」), 도망간 것이 아니라 지구 곳곳을 달리고 있다(「달려라, 아비」). 또, 그녀는 상상적으로 세계를 재구성하는 이유에 대해 이렇게 말한다. "그게 사실이 아닐지라도 내가 그걸 사실로 만들어버리는 이유는 그러고 나면 내 처지가 덜 속상해지기 때문이다."(「나는 편의점에 간다」) 그러나 가족의 균열을 유쾌하게 봉합하며 자기 긍정에 이르는 이 상상의 자기 치유작용으로도 어쩔 수 없는 세계가 있다.

> 그동안 나는 '수학'이나 '내신' 탓이면 몰라도 내가 'IMF' 때문에 대학에 떨어지라고는 상상도 못했었다. 게다가 'IMF'는 태어나 처음 들어보는 말이었다. 그것은 마치 누군가 '네가 대학에 떨어진 이유는 올해 카시오페이아좌에 있는 7789 베타별이 자오선을 지나갈 때 반짝거렸기 때문이란다.'라고 말해주는 것과 똑같이 들렸다.
>
> —「베타별이 자오선을 지나갈 때, 내게」, 『창작과비평』 2005년 겨울호, 240쪽

가족공동체가 주는 억압을 경쾌한 상상으로 간단하게 넘어서는 김애란의 소설이 "상상도 못"한 현실이 있으니, 그건 바로 자신이 딛고 있는 사회·경제적 현실이다. 그 거대한 현실의 자각과 함께, 유쾌한 상상력에 동반되는 김애란식 유머가 꼬리를 감춘다. 이 갑작스런 웃음의 소멸은 그녀의 유머가 문화산업에 의해 '강요된 경쾌성', 즉 "인생이란 비극적이므로 경쾌하게 위로

받아야 한다는 투의 불길한 비극으로까지 빠져버린"[2] 경쾌함이 아님을 역설적으로 증거한다. 그럼에도, 부정적 현실을 뒤집는 상상의 전도전략이 그에 상응하는 물질성을 담보하지 못하거나 하부구조에 대한 인식을 게을리 하게 되면, 금방 막다른 벽에 부닥치게 되고 만다. 그런 측면에서, 김애란의 소설이 문화의 층위에 대한 관심에만 머물지 않고 점점 자신이 딛고 있는 삶의 물적 토대에까지 인식의 범위를 확대해 나가는 점은 주목되는 현상이다.

김애란의 인물은 "스스로 조금은 특별하다고 생각하는 사람"(「영원한 화자」)이다. 그러나 실상은? "하나의 오차도 없이 징그럽게 똑같은"(「노크하지 않는 집」) 취향과 똑같은 생활용품을 가진 많고 많은 사람들 속의 별다른 것 없는 존재일 뿐이다. 남다른 개성과 "세련됨이란 한순간에 완성되는 것이 아니며, 오랜 소비 경험과 안목"(「성탄특선」, 『창작과비평』 2006년 여름호)에서 나온다. 결국, 경제자본의 소유 정도에 따라 자기가 속한 계급이 결정되고, 소속된 계급이 어디냐에 따라 자신의 문화적 취향과 생활습속이 결정되는 현실에서, 자유롭고 독립적인 존재라는 생각은 현실을 기만하는 허울일 뿐이다. 그 실상을 깨닫는 순간, 상상력에 의한 현실 뒤집기는 불가능해진다. 공동체가 주는 중압감과 상처를 훌쩍 뛰어넘는 상상력마저 망연자실하게 만드는 것이 자본의 힘이라면, 김애란 소설 앞에는 자신이 몸담고 있는 삶의 지반을 담담하게 수용하는 길만이 있는 건지도 모른다. 그렇다면, 김애란식 상상의 전도전략이 자기 연민이나 원한 없이 이

2) 테오도르 아도르노, 김주연 옮김, 「예술은 경쾌한 것인가?」, 『아도르노의 문학이론』, 민음사, 1985, 158쪽.

난경(難境)을 헤쳐 나가기 위해서는 또 다른 무엇이 필요하다.

자본주의는 공동체 속의 개인을 탈영토화하는 동시에, 다시 그들을 재영토화한다. 이때, 자본의 제국에 포섭되는 존재는 그 무엇이든 자신의 독자성을 잃고 동질적인 존재로 호명되기 마련이다. "모든 주파수를 차단해버리고 오직 하나의 주파수만을 볼 수 있게 만드는"(「펭귄뉴스」) 코드화의 전략은 획일성과 효율성의 논리로 그 안에 속한 모든 존재를 지배하려는 자본의 속성을 잘 보여 준다. 김중혁의 소설은 그 같은 상황에 대해 공통감각을 타고 넘는 역설의 방식으로 대응한다.

> 컴퓨터 하는 사람들은 타자기가 종이를 낭비한다고 하는데 그건 정말 웃기는 소리입니다. 종이를 버리면서 생각을 정리하는 게 낭비입니까, 아니면 컴퓨터처럼 종이를 아끼면서 생각을 지우는 게 낭비입니까.
>
> —「회색 괴물」, 『펭귄뉴스』, 문학과지성사, 2006, 176쪽

김중혁의 소설은 "비경제적인 짓"은 "죄악"(「무용지물 박물관」)이라고 단정하는 자본의 논리를 향해 무용해 보이는 것들의 충만한 존재성과 절대적 필요성을 설파하고, 인간의 이기심을 가장 잘 활용한 자본주의 체제는 아예 그 이기심을 극단으로 밀고 나감으로써 교란할 수 있다(「바나나 주식회사」)는 발상을 내비친다. 그 와중에 자본주의 시스템에서는 무용지물로 간주되는 것, 다시 말해 실용성과 효율성을 상실한 사물들이 통념과 달리 체제와 삶을 풍성하게 하는 소중한 존재로 부각된다. 이를테면, "살아서 말을 거는 것 같은 느낌"을 주는 타자기(「회색 괴물」), 상

상력으로 길을 찾는 지도(「에스키모, 여기가 끝이야」), "바퀴도 없고 페달도 없고 안장도 없"는 시시한 자전거(「바나나 주식회사」) 등이, 그 무엇으로 환원될 수 없는 풍부한 결을 지닌 단독적 사물로서의 위상을 확보한다. 이처럼 김중혁의 소설은 언제나 모든 것을 코드화하려는 자본의 일률적 시스템에 포섭되지 않는 단독적 존재의 가능영역을 찾아 나선다. 기존 체제에 정면으로 맞서려 하지 않고 체제의 내부에서 독자적인 취향의 공동체를 모색한다는 점에서, 또 "창작하는 것이 아니라" 진기한 정보를 "발굴"(「매뉴얼 제너레이션」, 『문장 웹진』(webzine.munjang.or.kr) 2006년 6월호)해서 그 위에 서사의 옷을 덧입히는 듯한 소설 건축술을 보여 준다는 점에서, 김중혁의 소설은 자본의 시대에 걸맞은 문학의 한 양상을 구현하고 있는지도 모른다.

무위의 공동체, 서사를 지워 가는 기표의 발길이 향하는 곳은

배수아와 한유주의 소설은 개인을 동질적 집단에 옭아매는 최소한의 규범과 상징의 그물망조차도 버거워 한다. 가령, 배수아의 소설은 국적과 가족과 이름의 족쇄를 훌쩍 집어던지며 심지어 한국어의 문법마저 거리낌 없이 위반한다. 그렇게, 배수아의 인물은 기꺼이 "패밀리 네임을 버리고 이름을 바꾸고 가진 것을 버"(「집돼지 사냥」)린 채 기약 없는 방랑길에 오른다. 고만고만한 공통감각의 공동체를 벗어나려는 움직임은 한유주의 소설에서도 마찬가지로 감지된다. "한 가지 전파만을 송신하고, 그마저도 뒷면을 갖고 있지 않"(「그리고 음악」, 『달로』, 문학과지성사,

2006)은 상징의 네트워크, "실물보다 선명한 오백만 화소의 화면, 케이블을 타고 전송되는 0과 1의 이미지"(「죽음의 푸가」)와 정보의 스펙터클 사회는 "고통을 느끼기 위한 순간의 여유도 만들어내지 못"(「그리고 음악」)한 채, 개인을 죄의식과 수치의 구렁텅이에 파묻는다. 그래서 한유주는 자신의 소설이 이 시대의 야만으로부터 탈주하며 "고통이 표현되는"(「그리고 음악」) 장소가 되기를 바란다.

배수아와 한유주의 소설은 고전적인 의미에서의 탐색담이 아니지만, 그렇다고 목적지향적인 근대적 서사의 여정인 것도 아니다. 그건 "먼 곳에 있었으나, 만족하지 못하고 한 번도 가보지 못한 곳으로 떠나려"(배수아, 「양곤에서 온 편지」)는 정처 없는 유랑길이고, 이야기란 "이야기는 모두 증발"(한유주, 「세이렌99」)되는 기표의 더듬거림이며, 단일한 정체성을 와해시키는 끝없는 분열 속에서 수많은 '나' 혹은 타자와 조우하는 생성의 운동이다. 그러므로, 배수아와 한유주에게 소설은 글을 쓰기 위한 하나의 알리바이일 뿐이다.

배수아의 소설은 단일한 의미론적 중심을 향해 일사불란하게 전진하는 근대소설의 형식을 탈중심적으로 해체한다. 이때, '논리적 세계의 환상을 뒤흔들면서 현실을 정당화하는 모든 공식에 대항하는 반체계적인 충동을 내재하고 있는'3) 에세이의 형식적 속성은 탈중심적 해체운동을 가능케 하는 중요한 동력이 된다. 이로써, 그녀의 소설은 규범적 정체성을 강요하는 공동체의 바깥에서 단독자로서 존재하고자 하는 욕망, 다시 말해 공통감각

3) Theodor W. Adorno, "The Essay as Form", *Notes to Literature*, Volume one, New York: Columbia University Press, 1991, pp. 6~23.

을 지닌 존재들이 서로 부대끼며 살아가는 동일성의 공동체 바깥을 사유하는 '소설 아닌 소설'이 된다.

규범적 정체성과 동질적 집단의 공동체로부터 자유롭고자 하는 욕망은 탈근대적 소설문법에서 극명하게 드러난다. 「회색 時」에는 "나는 때때로 미래의 일을 '기억'하곤 했다"거나, "나는 앞으로 몇 년 뒤 수미를 만나게 되었고 그것에 대해서 쓰게 되었을 터였다"처럼, 불가역적인 선조적 시간관과 시제의 기본원칙을 고의로 위반하는 문장들이 담겨 있다. 이는 과거와 현재와 미래 속으로 흩어지는 '나'의 유동적 정체성을 통해, 문명의 가장 기본적인 공리체계에 기초해 형성된 주체의 자명성의 신화를 뒤흔든다. 「훌」은 또 어떤가. '친구 훌'과 '동료 훌', 그리고 '(나) 훌'이 서로 엇나가고 빗겨 가면서 "바로 나 자신이 타자"가 되고 있지 않은가. 그러니 배수아 소설 속의 '나'는 수많은 타자들 사이에서 끊임없이 배회중이라고 말할 수 있다.

한유주의 소설은 "일직선으로 씌어진 이야기들"(「달로」)에 절망하여 급진적으로 서사를 지워 나가는 '이야기 아닌 이야기'다. 의미의 완결점 없이 파편적 단상들이 흩뿌려지며 생성되는 서사적 개방성으로 말미암아 텍스트들 사이의 경계조차 모호해진 이야기 아닌 이야기. 이는 일사불란하게 돌진하는 유기적 서사의 진보적 논리에 무연한 채, 야만적 문명이 남긴 폭력의 잔해 앞에서 타자의 "형언할 수 없는 고통들을 비명 하나 지르지 않고 살갗마다 새"(「지옥은 어디일까」)기고자 하는 욕망의 표현일지 모른다.

한유주는 영민한 철학자의 당부처럼 "말할 수 없는 것에 관해서는 침묵해야 한다"[4)]는 것을 알고 있다. "우리는 함구해야 하지, 완전한 이해, 완전한 묘사는 불가능하니까."(「그리고 음악」) 그러나 이야기와 운명을 같이 해야만 하는 소설가로서의 숙명은 어쩔 것인가…… 그래서 그녀는 말없이 말하려 한다. "말로 표현될 수 없는 것"(「지옥은 어디일까」)을 드러내기 위해, 의미를 낯설어 하는 파편적 기표들의 유동적인 흐름 가운데 침묵의 골을 파놓는 말줄임표들을 곳곳에 심어 놓는다. 우리는 "그 침묵의 밑바닥에는 얼마나 많은 이야기들이 도사리고 있"(「세이렌99」)는지 알지 못한다. 다만, 의미 전달의 수단이라기보다 물질성을 구현하는 감각적 기표, 침묵하는 세이렌, 그것들이 한유주의 텍스트가 고정된 정체성을 확립하는 곳이 아니라 유동적 정체성의 틈 사이로 타자를 불러들이는 장소임을 희미하게 감지할 뿐이다. 거기에서 '나'는 '너'가 되고 '우리'가 되며, 시제마저 원칙을 상실한다("일주일 전 국경을 넘을 때 우리는 애써 가짜 여권을 내밀지 않는다"–「베를린·북극·곰」). 그렇게, 한유주의 텍스트는 타자의 고통에 다가서려는 감각적 기표의 미결정적인 운동에 몸을 실은 채, 고정된 의미와 닫힌 체계를 해체하며 공동체의 바깥을 향해 은밀하게 나아가고 있는 중이다.

> 그들은 서로 사랑하거나 증오하거나 하는 감정이 그다지 중요하지 않아 보이는 그런 종류의 관계를 유지하고 있었다. 그렇다고 해서 사무적이라거나 이해관계로 얽혀 있다거나 하지는 않았다. 언제나 만나면 따뜻한 차를 권하고 어려운 일이 생기면 돕고 싶어하고 친절하려고 노력했다. 명분이나 원칙이나 카톨릭 교회와 같은 단어

4) 비트겐슈타인, 이영철 옮김, 『논리: 철학 논고』, 책세상, 2006, 117쪽.

를 싫어하고 예술이나 스타일이나 무국적 등의 단어를 좋아했다.

—배수아, 「집돼지 사냥」, 『훌』, 문학동네, 2006, 215쪽

이제, 여기서 어렴풋하게라도 배수아와 한유주의 소설이 염원하는 공동체의 면모를 밝혀 보자. 이를 위해서는 집단의 악에 연루된 젊은 날의 과오를 되씹으며 공동체의 바깥에서 평생 은둔의 삶을 살다 간 글쟁이의 물음을 상기하는 것만으로도 족할 것이다. '왜 언제나 공동체는 단독적 개인을 집단의 일체로 환원하려 하는가? 왜 항상 공동체는 동질적 이념과 공통의 목적과 보편적 원칙을 상정하는가?'[5] 이 물음을 떠올리는 것만으로도 왜 배수아와 한유주가 공동체를 유지하는 공통의 이념이나 규범, 심지어 기본적인 문법체계와 장르의 영역마저 일탈하려 하는지 충분히 이해를 할 수 있다. 결국, 그녀들에게 '소설 아닌 소설', '이야기 아닌 이야기'는 어떤 공동의 목적도 전제하지 않기에 그 무엇이든 들어설 수 있지만 그 무엇도 배제하지 않는 무정형의 공동체, 자명한 주체의 사라짐 속에서 익명의 타자와 만나는 단독자들이 자유롭게 소통하는 무위(無爲)의 공동체를 향한 글쓰기의 실천이 된다.

열린 공동체 혹은 무위의 공동체를 욕망하는 소설의 미래

수많은 정보와 이미지를 쏟아내는 매스미디어의 시대에도 불

5) 모리스 블랑쇼, 「밝힐 수 없는 공동체」, 장-뤽 낭시·모리스 블랑쇼, 박준상 옮김, 앞의 책.

구하고 개인과 집단, 혹은 자본과 공동체의 문제를 사유하는 서사적 작업이 지속적으로 이어지고 있다. 무차별적으로 영토를 확장하는 자본의 제국에 맞서 어떻게 공동체를 유지할 것인가? 어떻게 내부에 도사린 악을 씻어내고 다양성과 차이를 존중하는 공동체를 세울 것인가? 공동체의 바깥, 혹은 공동의 무엇을 전제하지 않는 무위의 공동체는 어떻게 가능한가? 서사가 자신과 타자의 이해를 가능케 하는 디딤돌이자 공동체의 운명을 숙고하는 역할을 짊어지고 있음을 감안한다면, 오늘의 소설이 그와 같은 고민의 끈을 놓지 않는 것은 너무도 당연하다.

그러나 오늘의 소설이 그 고민들을 어떤 식으로 풀어 나갈지 예단하기는 쉽지 않다. 단지 고민의 방향에서, 또 그 고민을 드러내는 방식에 있어서도, 이전에 비해 훨씬 다양한 문학적 흐름이 형성되리라는 것만은 분명해 보인다. 근대문학의 계보를 잇는 소설들은 생활세계를 중심으로 개인과 집단이 조화로운 관계를 유지하는 바람직한 공동체를 모색하며, 좀 더 넓은 시야에서 '우리'와 그 내·외부의 타자와의 관계를 설정해 나가려 하고 있다. 이는 거대담론의 초월적 거점이 드리운 어두운 그림자를 걷어내면서도 현실에 대한 관심의 끈을 놓지 않고 있다는 점에서 소중하다. 앞으로 근대소설의 문법을 잇는 서사적 흐름이 어떻게 목적론적 서사구조에 내재된 의도의 과잉문제를 처리하며, 새로운 돌파구를 마련할지 좀 더 지켜 볼 필요가 있을 것이다. 또 한편으로, 개별 공동체를 해체·복속하는 자본의 압도적인 규정력에 주눅 들지 않고 그 내부에서 외부를 사유하려는 문학적 움직임도 활발해지고 있다. 그 모색의 도정이 자본의 논리를 경쾌하게 돌파해 나갈 수 있을지를, 또 소수자들의 산발적인 취향의 공동체가 새로운 생성의 힘을 도출할 수 있을지를, 지켜보는 것은 매우 흥미로운 일이 될 것이다.

소설의 미래에 있어 주목되는 흐름 중의 또 하나가 글쓰기의 자율성을 민감하게 의식하며 언어적 실천에 몰입하는 경우다. 그것은 통사의 구조를 해체하거나 무의식의 층위에 맞닿아 있는 기표의 감각성을 강조하며, 이야기의 세계를 넘어선 이야기, 장르의 영역을 넘나드는 글쓰기로 치닫는다. 이는 그동안 한국 문학이 꾸준히 천착하지 못한 길을 가려 한다는 점에서 흥미롭다. 더욱이, 그것은 이야기를 전유하는 정보화시대의 상품미학과 이데올로기에 함몰되지 않고, 기존의 규범과 지배적 가치체계에 균열을 도모할 수 있는 가능성을 내포하고 있기도 하다.

자전소설 열풍에 담긴 대중의 욕망

: 황석영·공지영·최인호의 소설을 중심으로

IMF 이후 출판시장의 흐름

IMF 경제위기가 한국사회에 가한 충격의 강도는 가늠할 수 없을 정도로 넓고 깊다. 경제적 국치로까지 여겨진 이 초유의 사태는 경제의 영역을 넘어 정치·사회·문화 등 한국사회 전 분야에 걸쳐 엄청난 변화의 바람을 몰고 왔다. 평화로운 정권교체를 통한 제도적 민주화의 진척이라는 긍정적 변화가 없는 것은 아니지만, 그 대부분은 실질적 민주화의 후퇴와 삶의 질의 저하를 유발하는 부정적 변화들 일색이었다. 가혹한 구조조정의 소용돌이 속에서 평생직장 개념은 사치스런 지난날의 추억이 되어 흔적도 없이 사라지고, 고용불안과 비정규직이라는 새로운 단어가 그 자리를 대신한다.

이러한 사회시스템의 급격한 변화는 필연적으로 그 사회 속에서 살아가는 사람들의 심성 자체의 변화마저 초래한다. 최소한의 사회적 안전망도 갖추지 못한 상태에서 불어 닥친 급격한 구조조정의 광풍은 사람들의 내면에 언제든 자신도 노숙자처럼 거리로 내몰릴 수 있다는 추락의 공포를 심어놓는다. 더구나 날로 더해가는 청년실업의 심각성은 오늘날 이 땅의 젊은이들에게 어떻게 해서든 살아남아야 한다는 생존본능을 강하게 자극하고 만다. 사회의 낙오자로 전락할 수도 있다는 불안과 공포로 말미암아 젊음과 패기를 저당 잡힌 채 지극히 현실 순응적인 애늙은이가 되어가고 있는 것이 요즘의 젊음인 것이다.

이렇게 IMF 외환위기가 초래한 사회구조와 심성의 변화는 출판시장의 풍경을 통해서도 손쉽게 감지할 수 있다. 우선 경제위기 상황에서는 개인이 기댈 수 있는 최후의 보루로서의 가족의 유대와 사랑이 중시된다는 것을 증명이라도 하듯이, 김정현의 『아버지』(1996)가 우리 시대 가장의 애환과 슬픔을 풀어내며 사람들의 눈물샘을 자극했다. 그리고 '부자 되세요'라는 광고카피를 시대의 유행어로 만든 사회적 심성은 어느새 평범한 직장인 아버지를 무능력한 가장으로 치부하며 재테크의 중요성을 설파하는 『부자 아빠 가난한 아빠』(2000)를 베스트셀러로 등극시킨다. 나아가 그것은 '간절히 원하면 이루어진다'는 자기 암시적 교훈을 앞세워, 사회의 구조적 모순과 부조리를 철저히 외면한 채 현실의 빈곤과 모순을 통째로 개인의 무능 탓으로 돌리는 『시크릿: 수 세기 동안 단 1%만이 알았던 부와 성공의 비밀』(2007)이라는 책에 2년 연속 베스트셀러의 영광을 안겨주기도 한다. 그 외에도 일일이 언급하기 힘들 정도로 많은 자기계발서와 재테크 도서가 지난 십여 년 동안 치열하고 숨찬 생존경쟁에서 살아남으려는 대중의 관심을 끌어 모았다.

이와 같은 출판시장의 흐름은 사실상 제2의 IMF 상태로 내몰린 현재에도 약간의 변주 속에서 반복되고 있다. 이를테면, IMF 때의 아버지 신드롬은 공지영의 에세이집 『네가 어떤 삶을 살든 나는 너를 응원할 것이다』(2008, 이후 『응원』으로 표기)와 신경숙의 소설 『엄마를 부탁해』(2008)가 불러일으키고 있는 어머니 신드롬이 이어가고 있으며, 1998년 법정 스님의 『산에는 꽃이 피네』를 비롯해 『영혼을 위한 닭고기 스프』, 『모리와 함께 한 화요일』 등 지친 마음을 위로해주는 따뜻한 에세이와 역경을 이겨내 자수성가하는 이야기를 담은 우화형 자기계발서의 인기는 좀 더 실용적 형태의 도서들이 바톤을 이어받고 있다(김진우, 「불황 고통 담긴 출판 키워드… IMF 땐 '아버지' 올핸 '어머니'」, ≪경향신문≫, 2008.12.7). 여기서 논하려 하는 에세이와 자전소설의 인기도 큰 범주에서 보면 그와 같은 출판시장의 흐름과 맥을 같이 하는 것으로 볼 수 있다.

에세이와 자전소설, 그 인기의 배후

최근 김훈의 『바다의 기별』(2008), 공지영의 『응원』, 최인호의 『산중일기』(2008), 이외수의 『하악하악』(2008) 등의 산문집이 인기를 끌고 있는 것은 그다지 새로운 현상이 아닐지 모른다. 이미 그들은 이전에도 적잖은 산문집을 출간하여 만만찮은 호응을 얻은 바가 있다. 이외수는 『말더듬이의 겨울수첩』(1985)에서부터 『여자도 여자를 모른다』(2007)까지 특유의 촌철살인적 아포리즘으로 적지 않은 독자층을 확보해 왔으며, 공지영도 『상처 없는 영혼』(1996), 『수도원 기행』(2001), 『빗방울처럼 나는 혼자였다』(2006) 등의 산문집을 펴내 독자의 관심을 받았고, 빠른 등단에 비해선 그다지 많은 산문을 쓰지 않은 최인호조차도 이미 신작 산문집과 크게 다르지 않은 에세이집 『나는 아직도 스님이 되고 싶다』(1999)를 갖고 있다. 특히, 김훈은 유명세를 타기 이전에 출간된 기행산문집 『자전거여행』(2002)에서 '한국 산문문학의 한 정점'이라는 평가가 무색치 않는 글쓰기의 진경을 보여주었고, 문단에 본격적인 발을 담그기 전에 발간된 『풍경과 상처』(1994)에서는 루카치가 말한 플라톤적 글쓰기로서의 에세이의 본질에 육박해 들어가는 산문의 세계를 펼쳐 보였다.

그러나 최근 산문집의 폭넓은 인기는 대중적 지명도가 높은 유명작가의 글을 보다 체계적인 마케팅을 통해 상품화한 것이 이 시대 대중의 욕망 및 사회·문화적 방향성과 적절히 맞아떨어져 일어난 문화적 현상이라는 점에서, 전지전능한 자본이 사회의 모든 영역을 관장하며 인간의 삶을 촘촘히 제어하는 신자유주의의 시대에 더 걸맞은 측면이 있다. 그것은 진솔한 체험담과 깨달음을 주는 잠언들을 통해 각박한 현실과 무한경쟁에 지칠 대로 지친 개인의 내면을 너그럽고 촉촉하게 위무해준다. 게다가 자신의 맨얼굴을 그대로 드러내는 글쓰기라는 에세이의 존재론적 특성은 덤으로 닿을 수 없는 곳에 위치한 대중적 스타의 은밀한 사생활과 삶의 편린, 그리고 내밀한 정신세계를 엿보는 듯한 쾌감을 안겨주고 있는지도 모른다. 따라서 최근 에세이의 인기에 대해 대중적 지명도가 있는 문인이 생산한 편안한 읽을거리를 통해 무겁고 고통스런 현실을 가볍게 초월하며 자기 위안과 만족을 찾으려는 대중적 욕망이 빚어낸 현상이라는 진단을 내릴 수 있다. 실제로 대개의 에세이들이 내부에서 외부를 사유하는 비판의 미덕을 결여한 채 현실 초월적 자세 내지 현실 추인적 태도로 일관한다는 점에서, 그것은 지극히 상식적이지만 대단히 적확한 진단이라 할 수 있을 것이다. 그러니까, 대중적 인기를 구가하는 대부분의 산문집들은 '논리적 세계의 환상을 뒤흔들면서 현실을 정당화하는 모든 공식에 대항하는 반체계적인 충동을 내재하고 있는' 에세이의 본질로부터 멀리 벗어나 있을 뿐만 아니라, "삶이란 무엇이고 인간이란 무엇이며 운명이란 무엇인가 하는 등의 직접적인 물음이 어디까지나 물음으로서만 존재하는"[6] 비평적 에세이의 본질과도 너무나 동떨어져 있다.

그럼에도 요즘의 에세이 읽기는 사회문화적 수용구조의 측면에서 모종의 변화를 내포하고 있다는 점에서 흥미를 끈다. 그러니까, 지금 에세이의 독자는 거기서 단순히 감성적 위안을 찾는 데에 그치지 않고 자기 성숙과 자기 계발을 도모하고 있는 것이다. 이쯤의 달라진 사회시스템과 독서시장의 흐름을 생각한다면, 이처럼 에세이가 넓은 범주의 자기계발서로 읽힌다는 사실이 그다지 이상할 것은 없다. 신자유주의적 사회시스템은 자기책임을 구현하는 주체의 자발적 선택이라는 미명 하에, 개인으로 하여금 달라진 환경에 걸맞게 존재를 재구성하도록 강하게 압박해 들어오고 있다. 이에 무차별적으로 약육강식의 생존경쟁에 내몰린 개인은 오매불망 목전의 생존을 위해 현실에 적응하려 필사적으로 몸부림을 치고 있는 것이 이쯤의 현실이다. 이제 존재와 세계를 성찰하며 현실 변혁의 길을 모색하는 것은 사치

6) 게오르그 루카치, 반성완·심희섭 옮김, 「에세이의 본질과 형식」, 『영혼과 형식』, 심설당, 1988, 15쪽.

에 지나지 않으며, 오직 생존을 위한 자기 개조의 길만이 선택의 여지없이 강제되고 있는 것이다. 이러한 상황 속에서 인문사회과학의 퇴조로 인해 생긴 빈자리를 자기계발서가 메우며 득세를 하는 것은 매우 자연스런 현상이라 하지 않을 수 없다. 하지만 '소유하는 삶이냐 존재하는 삶이냐'는 의문이 들어설 수 있는 틈을 조금도 주지 않는 현실에 내몰린 사람들이 끝내는 짙은 피로감에 짓눌리게 되는 것 역시도 필연적 현상이다. 그리고 개인의 고유한 개별성을 그다지 고려치 않는 자기계발서에 맞춰 자신을 변화시키려 발버둥 칠수록 쌓여만 가는 긴장과 피로에 지칠 대로 지친 사람들이, 자신의 내면을 위로하며 조금은 여유롭게 자신을 재구성하려는 욕구를 드러내는 것은 지극히 당연하다. 세상에의 적응보다 자신만의 주체적 존재방식을 더 중요시하는 이외수의 『하악하악』과 공지영의 『응원』에 대한 인기가 그러한 욕구와 관련이 있고, 세속적 삶을 진솔하게 정관하는 최인호의 『산중일기』에 대한 관심 역시 그러하며, 비루한 삶을 견딜 용기를 북돋우는 김훈의 『바다의 기별』에 대한 호응이 그러한 욕구와 그다지 멀지 않다.

자기계발서 열풍이 휩쓸고 간 자리

그렇게, 에세이를 읽는 독자의 욕망과 자기계발서를 읽는 독자의 열망 사이에 그다지 큰 차이가 없는 것과 마찬가지로, 에세이를 읽는 독자의 욕망과 자전소설을 읽는 독자의 욕망 사이에도 별다른 간극이 있어 보이지 않는다. 따라서 공지영의 『즐거운 나의 집』(2007)이나 황석영의 『개밥바라기별』에 쏠린 관심 역시도 본질적으로 자기 계발서 열풍과 동떨어져 생각할 수 없는 현상이다.

『개밥바라기별』은 황석영 자신이 겪은 젊은 시절 방황의 편린이 담겨 있는 전형적인 자전적 성장소설이다. 일단, 이 작품은 황석영이라는 이름 석 자만으로도 문학에 어느 정도 관심이 있는 독자에게는 구미가 당기는 책이라 하지 않을 수 없다. 황석영이 누군가. 문학이 사회·문화를 선도하는 중심적 역할을 담당하던 시절, 고등학생의 신분으로 당대 최고의 정론지 『사상계』 신인문학상을 거머쥐고 화려하게 등단하여, 한국문학을 풍요롭게 하는 많은 작품들을 발표하고, 아직도 왕성한 창작열을 불태우고 있는 얼마 남지 않은 한국문학의 마지막 거목들 중 하나이지 않은가. 그런 그가 오랫동안 꼭꼭 숨겨두었던 젊은 시절 삶의 편린을 공개했으니, 그 자체만으로도 관심이 가지 않을 수 없는 노릇이다.

하지만 말년에서야 조심스럽게 펼쳐 보이는 그의 청소년 시절은 그다지 화려하지도 순탄하지도 않았다. 편모슬하의 성장과 억압적인 제도교육, 그로 인한 자퇴와 방황 등도 그렇지만, 초반부와 종결부에 자리한 음독자살 장면은 그야말로 순탄치 않았던 그의 젊은 시절을 단적으로 드러내 보여준다. 그럼에도 불구하고, 『개밥바라기별』이 요즘의 청소년 독자를 사로잡은 동력 역시도 바로 그러한 것들에서 비롯된다고 말할 수 있다. 입신출세가 보장된 순탄한 인생항로를 기꺼이 벗어나 진정한 자아를 찾아 떠나는 무모하고 낭만적인 방랑의 여정은, 요즘 청소년들이 흔히 하는 말 그대로 '로망' 그 자체가 아닐 수 없다.

어른들은 모두가 신사의 직업을 우리들 앞에 미끼로 내세우지만 빵 굽는 사람이나 요리사가 되는 길은 얼마나 아름다운지요. 독 짓는 이는, 목수는, 또는 아무 일도 택하지 않는 것은. (…중략…)

모든 선택의 책임은 저에게 있습니다. 저는 학교를 그만두겠다고 결심하고는 두려움에 몸이 떨리기도 하지만 미지의 자유에 대하여 벅찬 기대를 갖기도 합니다. 물론 힘들겠지만 스스로 만든 시간을 나누어 쓰면서 창조적인 자신을 형성해나갈 것입니다.

저는 결국 제도와 학교가 공모한 틀에서 빠져나갈 것이며, 세상에 나가서도 옆으로 비켜서서 저의 방식으로 삶을 표현해나갈 것입니다. 선생님은 저에게 여러 가지 좋은 영향을 주셨고 이해해주시리라 믿습니다.

—황석영, 『개밥바라기별』, 문학동네, 2008, 89~90쪽

그러니까, "나는 궤도에서 이탈한 소행성이야. 흘러가면서 내 길을 만들 거야"라고 외치며, 일탈의 불안과 두려움을 온몸으로 떠안고 자기만의 길을 찾아 나서는 실존적 여정은, 지금 이 땅의 젊은이들이 한번쯤 꿈꿔보지만 결코 실행하지 못하는 삶의 구현이라는 점에서 매혹적이다. 더구나 그런 일탈과 방황의 여정에도 불구하고, 온갖 어려움을 딛고 다다른 작가의 세속적 성취의 광휘는 자기 변모의 동기를 강하게 자극할 뿐만 아니라, 구체적인 현실적 질감을 갖고 기존의 자기계발서가 주지 못하는 위안과 용기를 가져다준다. 결과적으로, 자전적 성장소설 『개밥바라기별』은 규격화된 틀에 맞추어 자기를 변화시키라고 압박을 가하는 대신 개인의 고유한 자기성을 포기하지 않으면서 자기의 내외적 성장을 도모할 수 있는 하나의 가능성을 보여주며, 이 시

대의 독자들에게 커다란 반향을 불러일으키고 있는 것이다.

『즐거운 나의 집』이 구가하는 인기의 어느 만큼은 대중적 스타작가의 자전적 기록이 담긴 성장소설이라는 측면에 기인한 바가 적지 않다. 작가 공지영의 굴곡 많은 사생활은 그 자체로 대중적 호기심을 충동질하는 흥밋거리임에 분명하다. 물론 작품 자체에 독자와 소통할 수 있는 코드를 내장하지 않고 작가의 브랜드적 가치만으로 대중적 성공을 구가할 수 있는 것은 아니다. 이미, 후일담소설과 페미니즘소설, 그리고 사형수를 다룬 소설 등으로 폭넓은 대중적 인기를 확보한 데서 알 수 있듯, 공지영의 문학은 그 자체로 대중의 폭넓은 공감을 자아낼 수 있는 힘을 지니고 있다.

『즐거운 나의 집』은 소녀를 주인공으로 내세우고 있다고 해도 자아 추구에 방점이 찍혀 있는 성장소설이라는 점에서, 외형상 『개밥바라기별』과 그다지 큰 차이가 없어 보인다. 하지만 조금 자세히 파고 들어가 보면, 자아 추구의 방향성에서 무시 못할 차이가 내장되어 있음을 알 수 있다. 『개밥바라기별』이 제도권사회로부터 일탈해 새로운 길을 내가며 자신의 삶을 개척해 나가려는 데 반해, 『즐거운 나의 집』은 주인공 소녀가 예사롭지 않은 가족관계에 둘러싸여 있으면서도 자신의 독립적 주체성을 유지하며 제도권 내부에 안정적 삶의 지반을 마련하려 한다. 이때, 흥미로운 것은 안정과 행복이라는 세속적 가치를 추종하면서도 세부적으로는 경직된 사회의 통념과 가치를 향해 비판적 시선을 던지고 있다는 사실이다. 『즐거운 나의 집』이 취하고 있는 그 애매한 균형이 대중독자에게는 『개밥바라기별』에 비해 훨씬 안정적이고 편안하게 느껴질 수 있다. 이것은 그만큼 공지영의 소설이 사회적 통념에 부합하는 가치관을 내장하고 있다는 표지이자, 왜 그녀의 작품이 뭇 독자에게 폭넓은 공감을 자아내는가를 이해케 하는 단서가 된다. 작품의 곳곳에 산재해 있는 삶에 대한 성찰적 조언도 고정관념의 허점을 지적하며, 독자에게 많은 교훈을 주지만 결코 일반적 가치체계에서 벗어나는 경우는 없다. 물론 이러한 특성들로 인해 『즐거운 나의 집』이 어떤 측면에서는 독자에게 한 권의 자기계발서를 읽는 듯한 만족감을 가져다주고 있는 건지도 모른다.

최인호의 『머저리클럽』(2008)도 지금 여기의 현실 속에 부재하는 것들을 향한 갈망을 불러일으키며 적잖은 위안의 기능을 발휘한다. 거기에는 이 시대의 젊은이가 상실했다고 말해지는 젊음의 패기가 있고, 낭만이 있고, 순수가 있다. 또 거기에서는 계층적 격차에 의한 분리는커녕 그 간극을 순수한 우정이 탄탄하게 메우며, 미래에 대한 불안 같은 것은 아예 범접조차 할 수 없게 만든다. 따라서 이 소설에 대한 독자의 호응 속에서 고단한 현실과 불투명한 미래에 대한 불안을 낭만적 향수에 기대어 상쇄시키려는 대중의 무의식적 욕망을 읽는다고 해도 그리 이상할 것은 없다.

사라지는 현실들, 사라지는 내면적 실존들

그러고 보면, 독자들은 『개밥바라기별』과 『즐거운 나의 집』, 그리고 『머저리클럽』과 같은 작품들에서 다른 무엇보다도 긍정의 힘을 얻으려 하고 있는 듯이 보인다. 각박하고 치열한 생존경쟁이 난무하는 현실을 이겨낼 수 있는 여유와 긍정의 힘. 이들 작품이 그러한 대중의 욕망에 적절히 부응하고 있다면, 그것을 가능하게 했던 주요한 요인 중의 하나는 적절한 배제의 원리가 작동한 결과라 판단된다. 즉, 시장에서의 원활한 소통에 장애가 되는 요소를 가급적 배제하면서 광범위한 대중과의 손쉬운 소통을 도모한 결과로 해석될 수 있다. 따라서 여기서는 이들 작품이 대중과의 소통을 위해 텍스트 내부에서 무엇을 솎아냈는지를 살펴봄으로써 역으로 상업적 성공의 비결을 탐문해 보도록 하자.

무엇보다도 『즐거운 나의 집』에서는 자아 내부의 갈등은 물론 자아와 세계 사이의 갈등이 축소 내지 배제되고 있다. 아버지가 다른 세 남매와 어머니만으로 이루어진 가정에도 불구하고, 주인공의 내적 갈등이 그다지 심각하게 다루어지지 않을 뿐만 아니라 세계와의 외적 갈등마저도 뚜렷하게 부각되어 있지 않은 것이다. 이는 기본적인 물적 지반을 확보한 상태에서 주어진 궤도를 따라 안정적으로 자율적 자아를 추구하기에 빚어지는 불가피한 현상이기는 하다. 그러나 어린 소녀의 시점이 어른 세계의 복잡하고 첨예한 갈등을 단순화시키고 있을 뿐만 아니라, 간간이 불거져 나오는 내면적 갈등이 엄마의 교훈적 언설에 의해 손쉽게 봉쇄당하는 건 문제다. 더구나 내면묘사를 피해 빠르게 질주하는 짧은 문장과 TV드라마를 연상시키는 장면전환이 애초에 실존적 내면에로의 깊이 있는 접근 자체를 불허한다. 그것은 『머저리클럽』에서도 마찬가지로 벌어지는 현상이다. 거기에는 낭만적으로 채색된 좋았던 옛 시절에 대한 향수만 가득할 뿐, 1970년대의 역사적 현실이 초래하는 폭력성은 고사하고 제도교육의 억압성마저도 아예 범접을 못하게 철저히 차단을 시키고 있다.

그렇게, 비루한 일상과 무거운 역사적 현실을 철저히 배제한 채 낭만적인 색채로 치장된 담백한 소설공간은 가볍고 부담 없이 읽히는 일본 대중문학을 떠올리게 한다. 일본 대중문학은 마치 살균 처리된 통조림과도 같다. 그것은 간결하고 산뜻한 문장 속에 적당한 슬픔과 적당한 고독, 그리고 적당한 온도의 사랑과 위안을 담아낸다. 따라서 거기에는 실제로 존재하는 구차한 현실과 비루한 삶이 부재한다. 당연히, 거기에서는 독자의 마음을 불편하게 하는 역사적 현실의 소용돌이에 휩싸인 존재의 고통스런 신음소리가 들리지 않는다.

> 목소리가 여자여서 나는 속으로 조금 놀랐다. 눌러쓰고 있던 파카의 모자를 뒤로 젖히자 단발머리가 나왔고 땀에 젖은 상기된 얼굴이 드러났다. 예쁘다기보다는 눈이 어글어글하고 웃을 때의 이도 가지런한 잘생긴 얼굴이었다. (…중략…)
>
> 작년에 학생들이 서울서 큰일 치렀지요? 그녀가 지나가는 말처럼 말했고 나도 아무렇지 않은 척하며 대답했다. 예, 친구가 죽었어요. 총 맞고……
>
> 이담에 역사에 물어보라 하는 건 다 헛소리예요. 사람들이 기억하려고 노력을 해야지요.
>
> 나는 그녀가 무슨 뜻으로 그런 말을 하는지 알 수는 없었지만 매우 깊은 인상을 받았다. 산에 자주 다니느냐고 물으니 일주일에 한 번씩 한라산엘 오른다고 그녀는 말했다. 전에 자기 식구들이 중산간에서 살다가 사변 나고 동네가 없어져서 지금은 시내에 나가 산다고

했다.

나는 나중에 베트남에 가서 산과 바다의 경치가 얼마나 밋밋하고 의미가 없는지 알게 되었다. 어디에서나 기억은 거기 있는 사람과 함께 남는다. 그녀는 배낭을 메고 다시 안개 속으로 사라져버렸다.

—황석영, 『개밥바라기별』, 174~175쪽

『개밥바리별』에는 언뜻언뜻 역사적 현실의 상흔이 고개를 내민다. 하지만 그 역시도 창작과정에 개입하는 자기 검열 탓에 낭만적 여운만을 남긴 채 슬며시 꼬리를 감춘다. 또 다른 한편으로, 여기서는 새로운 매체환경과 대중적 소통을 지나치게 의식한 나머지 서사 자체의 단절과 굴절이 일어나기도 한다. 작가 자신은 다소간의 곤혹감 속에서도 "담담하게 축약된 장면과 문장으로 묘사하고 지나가는데, 장과 장이 서로 끊어진 그 사이, 그 연결은 당신네들이 짐작"[7]하라, 그것이 독자의 능동적 개입을 위한 창조적 여백이 될 수도 있음을 위안으로 삼는다. 그러나 그것은 작품 내재적 요구에 의해서라기보다 시장에서의 소통 가능성에 무게 중심을 둠으로써 빚어진 문학적 자율성의 훼손이라는 점에서 상당히 문제적이다.[8]

결과적으로 『개밥바라기별』은 문학적 성취의 측면에서 일정한 실패를 담보할 수밖에 없게 된다. 그럼에도 황석영 자신은 한

7) 황석영·차미령, 「대담: 내가 잊은 그곳에, 버려져 있던 나를 찾아서」, 『문학동네』 2008년 가을호, 133쪽.

8) 더욱이 그것은 작가들이 이제 막 시작단계에 있는 인터넷 상의 글쓰기에 적응하기 급급하고 있는 상황을 드러내는 현상이라는 점에서 문제적이다. 앞으로 작가들은 글쓰기를 선규정하는 인터넷의 매체적 특성과 규범틀에 수동적으로 따라가기보다, 어떻게 그것들을 능동적으로 제어·활용할 것인가의 문제를 좀 더 심각하게 고민할 필요가 있을 것이다.

국 성장소설의 빈곤을 개탄하며 자신의 작품을 옹호한다. 그에 대해 한 평자는 외려 작품의 허점들을 지적한 후, 젊은 시절 그의 작품에 분출하는 길들여지지 않는 야성이 사라지고 있다며 작가의 노쇠화를 걱정한다.[9] 실제로 이 소설의 실질적 주재자인 노년의 황석영이 던지는 회고와 관조의 시선은 세계와 대결하며 성장하는 젊음의 패기와 치열한 긴장감을 희석시키는 감이 없지 않다. 게다가 그의 발언과 달리 일일이 언급할 필요가 없을 정도로 한국 성장소설의 성취는 만만치 않은 데가 있으며, 특히 이승우의 자전적 성장소설 『생의 이면』은 당분간 그 성취에 근접하는 작품이 나오기 쉽지 않을 정도로 눈부신 데가 있다. 그렇다면, 제2의 전성기를 구가하고 있다는 평가에도 불구하고 노년의 작가 황석영은, 늙어가지만 정신적으로는 민첩하고 금욕적인 평온함이나 향기로운 원숙함에 절대 굴복하지 않으며, 부르주아의 노화를 두고 보지 않고 계속 거리두기와 자발적 망명과 파국을 고집하려는 긴장이 내재되어 있는 '말년의 양식'[10]을 고민해야만 한다.

희망이라는 이름의 괴물

"주체가 스스로의 실천으로 자기 자신을 적극적으로 구성하는 방식에 대해 내가 관심을 갖고 있다 해도, 개인이 스스로 이

9) 오창은, 「상업적 성공이 문학적 완성을 보증하는가?: 황석영의 『개밥바라기별』 비판」, ≪프레시안≫(www.pressian.com), 2008.11.6.

10) 에드워드 사이드, 장호연 옮김, 『말년의 양식에 관하여』, 마티, 2008 참조.

러한 실천을 만들어내는 것은 아닙니다. 그것은 그가 속한 문화 속에서 발견한 양식이며, 그의 문화, 그의 사회, 그가 속한 사회적 집단들이 그에게 제의하고 부과한 양식들입니다."[11)]

그렇다. 사회가 요구하는 대로 개인의 몸과 마음을 바꾸려는 온갖 형태의 노력은 기실 개인의 자발성을 빙자한 은밀한 강제의 산물에 불과하다. 그 은밀하게 강제된 틀에 자신을 끼어 맞추며 생존을 도모하는 개인의 노력은 처절한 바가 없지 않으며, 자율적 자아의 위축이 초래하는 극도의 내면적 공허감 역시도 위험 수위에 다다른 듯하다. 그럼에도 아이로니컬한 것은 상황이 어려우면 어려울수록 그에 비례해서, 냉혹한 현실을 견디며 살아가야만 하는 대중은 더욱 절실하게 희망의 환상을 필요로 한다는 사실이다. 자전소설의 미덕은 세속적 가치질서를 근원적 차원에서 승인하면서도 독립적 자아를 추구할 수 있는 길을 펼쳐 보여줌으로써 대중들이 절실히 필요로 하는 바로 그 위안과 희망을 가져다준다는 점에 있다. 특히, 실제작가의 세속적 성취는 독자로 하여금 자전적 작품 속에서 구체적인 현실감이 묻어나는 자수성가의 신화마저 읽어낼 수 있게 만든다.

자수성가란 무엇인가. 그건 사회의 주류로부터 소외된 자가 갖고의 노력 끝에 주변부에서 사회의 중심부로 진입하는 데 성공한 상황을 이르는 말이지 않은가. 그런 측면에서 자수성가의 이야기는 자기계발 담론의 최정점으로 많은 사람에게 긍정의 힘을 북돋우는 효과를 낳는다. 하지만 모든 자기계발 담론이 그렇듯, 본질적으로 자수성가의 담론 역시도 사회의 구조적 모순

11) 미셸 푸코 외, 정일준 편역, 『미셸 푸코의 권력이론』, 새물결, 1994, 113쪽.

에 눈감은 채 오직 개인의 적대적 생존경쟁만을 부추기며 그 성공과 실패를 통째로 개인의 책임으로 몰아간다. 더욱이 그것은 현재 한국사회의 상황에서 자수성가란 신기루 쫓기에 불과할 수 있음을 몰각하고 있다. 이전의 한국사회는 격동의 역사로 인해 계층 간의 격차가 그리 크지 않았을 뿐만 아니라, 계층구조도 유동적이어서 상대적으로 계층상승이 용이했다. 하지만 계층구조가 고착화되고 양극화로 말미암아 경제적 자본은 물론 사회적 자본과 문화적 자본의 격차가 크게 벌어져서, 이제 한국사회는 개인의 힘만으로 이를 극복하기가 지극히 어려운 구조가 되어 버렸다. 따라서 이 시대의 개인은 개천에서 용 나던 시절을 그리워하며 홀로 고립적인 계층상승 노력에 전력하기보다는 진정한 주체성을 복원하며 주체가 몸담고 있는 사회적 현실에 눈을 돌릴 필요가 있다. 물론 아무리 종교에 대한 계몽적 비판을 한다고 해도 그것을 필요로 하는 현실을 해결하지 않는 한 종교가 사라지지 않는 것과 마찬가지로, 그것을 요구하는 현실이 변하지 않는 한 자기계발 담론으로서의 자수성가의 신화 역시도 쉽사리 수그러들지 않을 것이지만 말이다.

문제는 사회구조다

지금까지 더듬어 본 바와 같이, 자전소설의 인기는 생존이 목표가 된 불행한 사회 속에서 추락에의 공포에 시달리며 살아가야만 하는 사람들의 내면에 미묘한 변화가 일고 있음을 알려준다. 이를테면, 거기에는 무자비한 자본의 요구에 맞게 자신을 변화시키는 데 급급하던 대중들이 자기 삶의 진정한 구현자로서의 주체를 복원하려는 움직임이 내재되어 있다. 반면, 그것은 아직도 개인의 삶과 운명이 온통 그 혼자만의 주체적 선택과 자발적 노력 여하에 따라 좌우되는 것인 냥 치부하는 자기계발 담론의 패러다임에 갇혀 있다는 점에서 문제적이다.[12] 물론 그 움직임은 사회구조를 성찰하면서 능동적으로 타자와 세계와 관계를 맺고, 세계 속에서 주체의 입지를 확보하는 삶의 방식으로 나아갈 수 있는 가능성을 내포하고 있기도 하다. 이 가능성을 가능성의 차원에 그치지 않도록 현실화시키는 것이 이 시대의 작가와 독자 앞에 놓인 숙제일 것이다.

그런 측면에서 경제위기와 함께, 재테크 서적의 인기가 수그러든 대신 경제공황 같은 자본주의의 구조적 문제를 다룬 책들이 대중의 관심을 끌고 있는 현상도 주목된다.[13] 이제 대중은

12) "오늘 행복하지 않으면 영영 행복은 없어"(『즐거운 나의 집』, 48쪽)라고 말하는 위녕의 엄마와, "사람은 씨팔…… 누구든지 오늘을 사는 거야"(『개밥바라기별』, 257쪽)라고 말하는 대위 장씨. 그것이 유래하는 계급적 지반의 차이에도 불구하고, 두 사람의 말은 공통적으로 지금 여기에 충실하며 자기가 원하는 진짜 삶을 살라는 전언을 담고 있다. 그러므로 자율적이고 주체적인 삶의 강조에도 불구하고, 여기서 독자가 모든 자기계발서가 한결같이 설파하는 '지금의 현실에 충실하라'는 통속적 교훈을 읽어낸다 해도 그것이 이상할 건 조금도 없다.

13) 지금 대중은 개인이 재테크에 아무리 많은 시간과 노력을 투자하더라도 정보의 비대칭성으로 말미암아 시장에서 실패를 거듭할 수밖에 없는 근원적 메커니즘을 깨달아가고 있는 중이다. 타이타닉호가 침몰할 때의 상황을 든 아래의 예는 정보의 비대칭성이 어떻게 개인의 운명을 판가름하는가를 극명하게 보여 준다. '21세기 정보 의적(義賊)'으로까지 불리기도 하는 사이버논객 '미네르바'의 인기는 바로 그러한 숨겨진 진리를 명증하게 깨우쳐준 점에 있다.
"배가 침몰한다는 정보는 조금씩 조금씩 소수에게 알려졌고 그들은 대책을 강구했으나 결론은 승객의 대부분을 구할 수 없다는 것이었다. 연회는 계속되었고 악사는 계속 연주를 했다. 그 사이 3등칸의 서민들이 밖으로 나올 수 없도록 철장으로 막는 일이 비밀리에 진행되었다. 왜냐하면 모두 한꺼번에 밀려나오면 아수라장이 되어 모두 죽을 것이기 때문이었다.
대공황도 이와 같이 3등 인생은 정보가 가장 늦고 속수무책으로 제일 먼저 희생당

개인적 독립과 성취를 위해서라도 무엇보다도 먼저 사회의 구조적 문제를 성찰해야 한다는 사실을 깨달아가고 있는 것이다. 신자유주의 경제이데올로기의 허구성을 예리하게 파고든 『나쁜 사마리아인들』이나 청년세대가 처한 구조적 딜레마를 날카롭게 포착한 『88원 세대』 등의 사회과학 서적이 독자의 관심을 끌고 있는 현상과 겹쳐 보면, 그것은 더욱 의미심장하게 다가온다. 어쩌면 이미 대중은 알게 모르게 자기 계발담론의 허위와 자수성가의 환상에서 깨어나 조금씩 자신이 몸담고 살아가야만 하는 현실의 구조적 모순을 성찰하기 시작하고 있는 건지도 모른다. 그렇다면, 이제 개인의 변화가 아니라 사회의 변화가 보다 중요한 문제로 부각된다. 자기계발 담론에 추동되어 자신의 몸과 맘을 고단하게 혹사시킨다 하더라도 미끄러져 들어갈 수밖에 없는 사회의 구조적 모순의 덫에 빠져들지 않기 위해서라도. 그러나 사회는 저절로 변하지 않는다. 개인 단위의 자기계발 담론이 갖는 한계를 깨닫고 혼자만의 분투가 아니라 타자와 연대한 힘을 통해 구조적 모순을 돌파해 나갈 때, 비로소 현실의 구조적 모순을 개선하며 개인의 행복을 도모할 수 있다.

그러나 아직 대중의 상상력이 타자와 연대하려는 단계까지 나아가지는 못하고 있는 것으로 생각된다. 자전소설의 인기는 개인단위의 심리적 위안과 희망의 고취를 목적으로 한 대중적

한다. 그리고 1등칸의 손님부터 구명보트에 타기 시작하지만 저 타이타닉호의 악사들은 연주를 계속한다. 마지막 보트가 내려질 즈음에도 그들 타이타닉호의 악사들은 보트를 타려다 말고 다시 돌아와 연주를 계속하다 배와 함께 침몰해간다. 이 위대한 악사들, 그러나 처음에는 모든 사람들을 위해, 그 다음에는 3등칸 서민들을 위해, 그리고 마지막에는 모두 다 침몰한다는 것을 알게 되었어도 마치 침몰하지 않는 것처럼 연주를 계속했던 악사들, 이들이 대공황 시기의 언론들이다."(송희식, 『대공황의 습격』, 모색, 1998, 74쪽)

욕구의 산물이므로, 거기에는 집단적 유대감을 지피는 욕망의 싹이 결여되어 있다. 강한 독립의식으로 무장하고 있지만 가족의 테두리에 갇혀 있는 『즐거운 나의 집』은 말할 것도 없고, 집단적 연대감이 존재하던 시절에 대한 추억이 담겨 있는 『개밥바라기별』과 『머저리클럽』에조차, 독자들이 개인적 위안과 교훈 이상의 무엇을 읽어낼 수 있는 실마리는 그다지 많아 보이지 않는다. 그렇다면, 이 시대의 문학이 무엇을 해야 하는가는 너무나 자명하지 않은가. 보수적 가족주의와 사회적 다원주의의 테두리 넘어서기, 현실의 모순을 적당히 봉합하지 않고 그 핵심을 가로지르기, 불안하고 모순된 현실을 회피하지 않으며 명랑함과 긍정의 힘 찾기, 그리고 타자의 고통에 공감하여 타자와 연대하는 상상력 이끌어내기.

제2부
part 2

사실의 역사에서 실존의 역사로
: 김훈 역사소설의 존재방식

브리콜라주로 빚은 잡설(雜說)의 지형학
: 『신을 죽인 자의 행로는 쓸쓸했도다』와 박상륭의 구도적 글쓰기

호모 나랜스, 실재, 서사
: 임철우·조경란·천명관의 새로운 소설

2000년대를 열어 가는 작가들의 '차가운' 소설들

사실의 역사에서 실존의 역사로

: 김훈 역사소설의 존재방식

신화의 장막을 걷어내고, 새롭게 신화의 베일 입히기

'탈신화화'의 전략?

니코스 카잔차키스는 신성의 장막을 걷어내고 너무나 인간적인 애욕에 몸부림치는 비루한 인간 예수의 모습을 보여주었다. 그와 유사하게, 김훈은 우리의 통념을 멋지게 깨뜨리는 탈신화화의 전략을 통해 새로운 형태의 역사소설을 빚어내고 있다. 나라를 위해 초개와 같이 몸을 던진 완전무결한 영웅에 덧입혀진 두꺼운 신화의 갑옷을 벗겨내고, 실존적 인간 이순신의 내면을 드러낸다. 고대국가의 위대한 예술가 우륵을 조명하되, 고난을 이겨내고 이룩한 빛나는 예술적 성취가 아니라 소리의 덧없음을 노래한다. 그러므로 김훈의 소설은 역사적 인물을 내세우되 통상적인 역사소설에 머물지 않고, 예술가를 등장시키되 일반적인 예술가소설로 분류되지 않는다. 이는 그의 소설이 위대한 자취를 남긴 역사적 인물을 조명하면서도, 사건의 역사와 인물의 위대한 성취에 초점을 맞춘 일대기적 서술방식을 택하고 있지 않은 점과 무관치 않은 현상으로 여겨진다. 그는 탈신화화의 전략 속에서 내면의 역사와 인물의 실존성에 대한 존재론적 탐색을 시도하는 독특한 역사소설의 서사양식을 추구한다. 그래서 그것이 완결되고 나면, 두터운 신화의 장막이 벗겨지는 대신 신비한 베일을 둘러 쓴 새로운 역사적 신화가 탄생한다. 거기에 김훈 역사소설의 비밀이 숨어 있고, 거기서 김훈 역사소설의 감동이 발원한다.

김훈의 역사소설은 중도적 인물을 내세워 당대의 역사적 현실을 총체적으로 보여주어야 한다는 근대 역사소설의 문법을 따르고 있지 않다. 그렇다고 김영하의 최근 역사소설 『검은 꽃』이 보여주는 것처럼, 탈근대적 관점에서 근대적 국가와 민족을 새롭게 사유하는 포스트모던적 경향을 띠고 있는 것도 아니다. 그럼에도 그의 소설은 역사에서 소설적 제재를 취하고 있다는 점에서 역사소설로 인정하는 데 큰 무리가 없다. 또 현실을 우회하면서 현실을 겨누기 위해 역사를 소설적으로 전용하고 있다는 점에서도 일반적인 역사소설과 그 발생학적 기원을 같이 하고 있다. "역사는 과거와 현재의 끊임없는 대화"라는 역사학자 E. H. 카의 유명한 경구를 상기시키듯, 모든 역사소설은 언제나 역사라는 우회로를 통해 당대의 현실과 소통한다. 당연히 각 시기의 역사소설은 당대가 요구하는 급박한 필요성과 떼려야 뗄 수 없는 관계를 형성하게 된다. 이를테면, 개화기와 1930년대 역사소설의 발생은 민족주의의 고취라는 당면과제와 밀접한 연관이 있다. 또 1970년대의 역사소설의 태동은 민중을 역사의 주체로 세우려는 첨예한 시대적 요청에 기인한 것이다. 심지어 1990년대의 역사소설도 노골적으로 자신의 정체를 드러내며 역사마저 이윤 획득에 활용하고자 했던 자본의 요구에 충실한 문화상품이다. 이처럼 모든 역사소설은 당대적 상황의 산물이다. 하지만 김훈의 역사소설이 자신의 개별성을 확보하는 순간은 당대의 시대적 조류에 역행할 때다. 즉 당대의 주도적 시대이념과 길항하고 그것을 거슬러 오르려는 고독한 의지를 내비치면서, 김훈의 역사소설은 자신만의 독특한 개별성을 획득해 나간다.

헛것들의 구조물, 그리고 사실의 차원을 넘어선 역사

김훈의 역사소설은 숭고하되, 거대 이념에 의존하거나 절대적 이념을 설파하지 않는다. 이는 그의 역사소설이 외부의 거대 담론에 기대지 않고, 존재의 내적 의지에 기반해서 서사를 구축해 나가기 때문에 빚어지는 현상이다. 개인이 자신을 무화시키며 절대적으로 동일시해야만 하는 민족이나 국가에 대한 경원시, 또는 억압에 저항하는 집단적 주체로서의 민중에 대한 경원. 그것은 거대 담론의 중핵적 거점이라고 할 수 있는 이데올로기적 진지들을 해체한다기보다 차라리 그것들에 비판적 거리를 두려는 태도에 가깝다. 기존의 역사소설이 통상적으로 신봉하던 절대 이념을 거부한다는 것은 역사를 기억하고 재현하는 기존의 서사방식으로부터 일탈한다는 것을 뜻한다. 그렇다면, 김훈 역사소설에 대한 탐색은 절대적 이념이 거부된 자리에 무엇이 대신 들어앉는가를 밝히는 데서부터 시작되어야 한다.

> 나는 정유년 초하룻날 서울 의금부에서 풀려났다. 내가 받은 문초의 내용은 무의미했다. 위관들의 심문은 결국 아무것도 묻고 있지 않았다. 그들은 헛것을 쫓고 있었다. 나는 그들의 언어가 가엾었다. 그들은 헛것을 정밀하게 짜 맞추어 충(忠)과 의(義)의 구조물을 만들어가고 있었다. 그들은 바다의 사실에 입각해 있지 않았다. 형틀에 묶여서 나는 허깨비를 마주 대하고 있었다. 내 몸을 으깨는 헛것들의 매는 뼈가 깨어지듯이 아프고 깊었다. 나는 헛것의 무내용함과 눈앞에 절벽을 몰아세우는 매의 고통 사이에서 여러 번 실신했다.
>
> —『칼의 노래』 1권, 생각의나무, 2001, 18쪽

김훈의 역사소설은 모든 이념이 헛것임을 증언한다. 심지어 김훈의 이순신은 누구도 부정할 수 없는 중세의 절대적 이념인 충(忠)마저 헛것으로 치부한다. 그러나 문제는 헛것들을 멀리하려 하면 할수록, 그 헛것들이 현실적 힘을 발휘한다는 사실이다. 헛것들은 실체가 없으면서 뚜렷하게 존재하며 사방으로부터 이순신을 옭아매려 한다. 이순신이 두려워하는 것도 보이는 적이 아니라 보이지 않는 적이고, 명확히 적대하는 적이 아니라 적 아닌 적이다. 왜냐하면 보이지 않는 적, 적 아닌 적이 헛것들을 만들어 내고, 그 헛것들은 어떤 칼로도 벨 수 없는 적이기 때문이다. "내 칼은 보이지 않는 적을 벨 수 없었다. (…중략…) 이 세상과의 싸움은 불가능한 것처럼 느껴졌다. 헛것은 칼을 받지 않는다. 헛것은 베어지지 않는다." 어떤 칼로도 벨 수 없는 적이 끊임없이 헛것들을 만들어 내고, 그 헛것들이 이 세상을 지배하

는 실질적 힘이 된다. 헛것들은 그 비실체성에도 불구하고 '상징 조작(symbol manipulation)'을 통해 실체성을 지닌 강력한 힘으로 변이되어, 절대권력을 신성시하고 모든 구성원들의 자발적 복종을 이끌어낸다. 그리고 절대권력은 그것에 균열을 일으키는 행위에 대해서는 헛것의 힘을 가차 없이 행사한다. 그래서 "언어와 울음이 임금의 권력이었고", "남해 바다에까지 들리는 임금의 울음은 울음과 울음 사이에 보이지 않는 칼을 예비하고 있는 것 같았다"는 말이 현실적 울림을 갖게 되는 것이다. 이순신의 몸을 으깨고 뼈를 깨부수는 것도, 자연현상과 국운의 무관함을 항변하려는 우륵의 입을 다물게 만드는 것도, 바로 헛것들의 실질적 힘이다. 그럼에도 김훈의 이순신과 우륵은 헛것들로 짜인 상징의 세상을 향한 적대와 불신의 시선을 거두지 않는다.

김훈의 역사소설은 헛것들로 치부되는 절대 이념에 적대적 거리를 둔 채 사실의 세계를 있는 그대로의 사실로서 긍정하려 든다. 물론 이 말은 김훈의 역사소설이 과거의 역사적 사실을 객관적으로 재현하려는 태도를 취한다는 뜻이 아니다. 역사적 문헌에 기초하면서도 역사적 사실의 재현이나 당대의 사회적 풍속의 복원에 치중하지 않고, 역사적 존재의 실존적 내면풍경을 강렬하게 드러내는 데 주력하는 것이, 바로 김훈의 역사소설이다. 활용 가능한 역사적 자료들을 총동원하여 최대한 '사실효과(reality effect)'를 창출하고 있음에도 불구하고, 결과적으로 『칼의 노래』에서 부각되는 것은 사실의 역사가 아니라 인간 실존의 내면풍경이다. 『현의 노래』에서 고대의 순장풍습을 꼼꼼하게 묘사할 때마저, 작가는 당대 풍속의 사실적 재현을 염두에 두고 있는 것처럼 보이지 않는다. 그처럼, 김훈의 역사소설은 사실에 입각해 있지만 사실에 구애받지 않고 사실을 넘어선 자리에 위치하려 한다. 이때, 그 도약을 가능케 하는 중요한 요인의 하나가 바로 벗어날 수 없는 숙명적 조건으로서의 인간 육체성의 긍정이다. 인간 육체성의 긍정? 한 마디로 말해서, 그것은 어쩔 수 없는 육신에 결박당한 가엾은 인간의 숙명적 실존을 있는 그대로 수긍한다는 것을 의미한다.

> 그해 겨울에 헤아릴 수 없이 많은 격군과 사부들이 병들어 죽고 굶어 죽었다. 나는 굶어 죽지 않았다. 나는 수군 통제사였다. 나는 먹었다. 부황 든 부하들이 굶어 죽어가는 수영에서 나는 끼니때마다 먹었다. 죽은 부하들의 시체를 수십 구씩 묻던 날 저녁에도 나는 먹었다.
>
> —『칼의 노래』 1권, 201쪽

지금 이순신은 단순히 전쟁의 참상이나 전세의 불리함을 말하고 있는 것이 아니다. 차라리 육신 입은 자의 비애와 자기 연민, 어쩔 수 없는 상황을 어쩔 수 없는 것으로 받아들여야만 하는 자의 무기력과 수치를 고백하고 있다고 보는 것이 더 타당하리라. 즉, 삶과 죽음 사이에서 먹고 배변해야만 하는 비루한 인간 육체의 질곡을 인위적 수사를 철저히 배제한 채 적나라하게 드러내고 있는 것으로 보아야 한다. 이때 육체의 자연성을 드러낸다는 것은, 곧 헛것들의 장막을 걷어내고 헛것들로 이루어진 세상의 무의미를 들추어낸다는 것을 뜻한다. "계사년에 왕릉을 범한 자들을 포로들 중에서 색출해내라는 유지는 그 허망과 무내용을 완성하고 있는 것처럼 느껴졌다"는 이순신의 독백이 진실성을 갖게 되는 것도 그 때문이다. 그러나 『칼의 노래』가 사실적 암시로 냉혹하게 육체의 실존을 드러내고 있다면, 『현의 노래』는 치밀하고 사실적인 묘사에도 불구하고, 인간의 육체가 신화적 의미를 내장하는 단계로까지 확장된다.

> 가실왕(嘉實王)은 몇 달째 침전(寢殿) 밖으로 나오지 못했다. 왕의 항문은 조일 힘을 잃고 열려 있었다. 창자가 항문 밖으로 삐져나와 죽은 닭의 벼슬처럼 늘어졌고 오그라진 성기는 흰 터럭 속에 숨어 있었다. 늙은 비빈들은 침전에 얼씬거리지 않았고 시녀들이 똥오줌과 해수가래를 받아냈다.
>
> —『현의 노래』, 생각의나무, 2004, 35쪽

생명을 다해 가는 가야왕의 육신은 아무리 위엄과 권위의 장막을 겹겹이 둘러친 절대적 권력자라 하더라도, 비루한 육체에 발목 잡혀 있음을 어쩌지 못한다는 것을 노골적으로 보여준다. 하지만 여기서 정작 중요한 것은 '인간은 똥과 오줌 사이에서 태어나고 죽는다'는 명제의 재확인이 아니다. 오히려 눈여겨보아야 할 점은 기력을 소진해 가는 가야왕의 육체가 쇠망해 가는 가야의 운명과 동일적 관계를 형성하고 있다는 점이다. "고을이 제가끔 살아간다 해도, 빼앗긴 고을들의 소식이 당도하는 저녁에 왕은 옆구리가 시렸고 뼈마디가 쑤셨다. 고을들은 삭신이었다." 이는 왕의 육신과 집단의 운명을 동일시하는 신화 속의 사제왕(priest-king)을 연상시키며, 개별적 역사의 공간이 아니라 원형적 역사의 공간을 창출한다. 이렇게 생사의 순환고리로서의 인간의 육체가 실존성 혹은 신화성을 머금게 되면서, 김훈의 역사소설은 사실의 역사를 넘어선 역사소설로 도약할 수 있게 된다.

공동체적 영웅의 위대함에서 견자적 영웅의 고독한 실존으로

김훈 역사소설의 주인공은 공동체를 표상하는 위대한 영웅이 아니다. 오히려 그들은 자신이 몸담고 있는 공동체와 불화하는 존재들이다. 공동체를 지배하는 보편적 규범원리에 동화하지 못하는 영원한 아웃사이더들이다. 그러므로 김훈 역사소설의 알맹이는 사건의 역사가 아니라 아웃사이더의 실존적 내면의 역사다. 아웃사이더들은 자신의 정체성의 근거를 공동체의 가치규범에 의존하지 않는다. 공동체와 비판적 거리를 유지한 채 오직 자기 자신으로부터 자기 존재의 정당성을 찾는다.

다시 말하자면, 김훈의 이순신은 고독하게 자신의 형이상학적 전쟁을 수행하는 아웃사이더의 전형이다. 이순신은 헛것들로 짜인 상징의 세상에 갇혀 있다. 이때 헛것들의 세상에서 벗어날 수 없는 그가 유일하게 거할 수 있는 곳은 내면뿐이며, 그 실존적 내면공간은 몸의 사유를 통해 구축된다. 몸의 사유란 추상적 인식의 차원을 배제하고 오직 삶과 죽음의 실존적 지반인 몸을 중심으로 사물과 세계를 지각하고 수용한다는 것을 뜻한다. "싸움은 세상과 맞서는 몸의 일이"라고 말할 때, "생사의 존망의 흐름을 거꾸로 뒤집을 만한 한 줄기 역류가 내 몸 속의 먼 곳에서 다가오고 있음을 느꼈"을 때, "신의 몸이 아직 살아 있는 한 적들이 우리를 업신여기지 못할 것"이라고 적을 때, "적과 임금이 동거하는 내 몸"을 감각할 때, "몸 속 깊은 곳에서 징징징 우는 칼의 울음"을 들을 때, 김훈의 이순신은 몸의 사유를 통해서 세상을 받아들이고 자기의 실존적 내면성을 확립한다. 아울러 몸을 통해 사유한다는 것은 사물의 실상으로부터 유리된 추상적 인식으로 이루어진 헛것들의 세상과 대척점에 서는 것이기도 하다. "눈으로 보지 않은 것과 귀로 듣지 않은 것은 일언반구도 보고하지 말라"고 언명하는 이순신은, 헛것들을 철저히 불신하고 직접적으로 감각한 것만을 신뢰하는 예민한 실존인의 모습을 잘 보여준다.

실체적 감각만을 신뢰하는 김훈의 이순신이 맞서는 진정한 적은 무의미한 세상일 것이다. 그는 무의미한 세상, 더 정확히 말해서 과잉 의미화로 덧칠된 문명의 세상을 탄핵하려 하지만, 그 "세상은 칼로써 막아낼 수 없고 칼로써 헤쳐나갈 수 없는 곳이"다. 그래서 "한 발 재겨 디딜 곳조차 없"(이육사, 「절정」)는 고립무원의 상태에 빠져 있는 이순신은 때때로 "여진이 몸 속 깊은 곳에서, 이 전쟁을 끝"내고 싶다며, 짙은 피로감을 나타내곤 한다. 그리고 마침내 여진과의 관계를 통해 암시된 자연으로 귀의하고자 하는 욕망, 다시 말해 견고하고 삼엄한 내면의 자아를 자연 속에 용해시키고 쉬고 싶다는 이순신의 욕망은 노량해전에서의 자연사(自然死)로 비로소 충족될 수 있게 된다.

김훈의 우륵 역시도 공동체로부터 일탈한 채 고독한 실존인으로서의 면모를 물씬 풍긴다는 점에서 이순신 못지않은 세상의 아웃사이더다. "소리가 어찌 충(忠)을 감당할 수 있겠"느냐는 반문을 억누를 때, "살아 있는 동안의 이 덧없는 떨림이 어찌 능침을 평안케 하고 북두를 진정시킬 수가 있겠"느냐는 회의를 안으로 삼킬 때, 분명 우륵은 세상의 질서에 동화될 수 없는 반항적 아웃사이더일 수밖에 없다.

통상 아웃사이더들은 공동체를 관류하는 상징적 질서 바깥에서 공동체를 바라본다. 어느 누구보다도 아웃사이더들이 공동체를 지탱하는 이데올로기의 균열과 허위를 예민하게 포착해 낼 수 있는 이유도 바로 거기에 있다. 김훈은 자신의 아웃사이더들을, 약육강식에 기초한 공동체의 야만과 위선을 직감적으로 투시하고 있다는 점에서, 그리고 생로병사의 허망함을 냉철하게 직시한다는 점에서, '견자(見者)'라고 부른다. 그렇다고 김훈의 견자들이 신비주의적인 도인의 풍모를 떠올리게 하는 것은 아니다. 그들은 비역사적이되, 신비적인 측면에 경도되어 있지 않다.

김훈의 아웃사이더는 무인이거나 예인이다. 무인은 항상 생사의 갈림길에 서 있는 사람이다. 무인은 칼로써 세상을 지각하는데, 칼은 아(我)와 적(敵)만을 명확히 구분하는 감각기관이다. 그러므로 무인 이순신은 단독자로서의 실존을 유지하면서도, 타자의 개별성을 불용해야 하는 모순된 상황에 처할 수밖에 없다. 무인은 그 모순을 겨누는 칼로 삶과 죽음의 팽팽한 긴장을 버티면서, 참담한 상황을 오직 불굴의 의지로 이겨 나가는 강인한 아웃사이더다. 반면 예인 우륵은 삶과 죽음의 화해를 모색하는 관조적 아웃사이더에 가깝다. 그는 "무너진 고을에 살아남은 백성들의 소리를 한 토막씩 주워서 다듬고 이"어서, 살육의 틈바구니에서 살아남은 자들의 환희와 고통을 노래하려 한다. 이때 악기는 대지에 대한 사랑과 생명 있는 모든 것들을 향한 애착과 슬픔을 담아내는 감각기관이 된다. 이처럼 칼과 악기는 대극적이면서도 상보적인 관계를 형성한다.

칼과 악기로 아수라의 세상을 넘어 서려는 김훈의 견자－아웃사이더들은 자연에 속하지만 자연을 초극하려 하고, 헛것의 세계에 몸담고 있지만 헛것들과 불화하며, 홀로 세계의 무의미와 대결하는 실존적 영웅들이다. 그들은 헛것들의 세상과 타협하지 않고 견딜 수 없는 것을 견뎌나간다는 점에서, 충분히 고독한 영웅이라 불릴만한 자격이 있다.

영웅적 허무주의의 빛과 그림자

공동체를 떠받치는 가치질서에 대한 믿음을 상실한 자들의 존재는 김훈의 역사소설을 허무주의로 짙게 물들인다. 그러나 김훈의 허무주의는 침체와 상실감에 허덕이는 소극적 허무주의가 아니라 세계의 부조리에 당당히 맞서는 적극적 허무주의다. 아울러 그의 견자—아웃사이더는 견딜 수 없는 세상의 무의미를 긍정하면서도 그에 굴복하지 않고 꿋꿋이 자신의 실존을 지켜나가는 부조리한 영웅이다. 그들은 패배를 예감하면서도 "성취할 수 없는 것에 노력해야 하는 형용할 수 없는 형벌"[1]을 이겨나가는 시시포스처럼, 희망 없이 무상적 행위를 통해 세상의 부조리를 돌파해 나가려 한다. 그리고 그러한 실존적 영웅의 존재론적 태도는 김훈 역사소설의 미학을 숭고로 규정짓게 만든다.

자기 내부에 위대함을 갖지 못하는 왜소한 정신은 결코 숭고를 불러일으키지 못한다. 큰타자와의 동일시 속에서 진정한 자기를 상실하는 노예의 정신도 숭고와 동떨어져 있기는 마찬가

1) 알베르 카뮈, 이가림 옮김, 『시지프의 신화』, 문예출판사, 1986, 157쪽.

지다. 오직 감당할 수 없는 상황에 처해서도 기꺼이 수난과 위험을 감내하며 고통을 승화시킬 줄 아는 위대한 정신만이 숭고의 아우라를 발산할 수 있다. 난세의 영웅 이순신과 뛰어난 예술가 우륵의 실존적 내면성에 초점을 맞춘 김훈 역사소설은, 그들의 존재 자체만으로도 수월하게 숭고를 드러낼 수 있었을 것이다. 하지만 김훈의 역사소설이 일대기의 형식을 버리고 죽음에 이끌리는 비극의 구조를 취함으로써, 숭고의 미학이 한층 강렬하게 발현될 수 있게 된다.

죽음은 정신의 위대함을 검증하는 필수 불가결한 무대장치다. 김훈은 항상 그의 인물을 죽음이라는 한계상황 속에 던져 놓는데, 이는 서사적 긴장감의 밀도를 높이는 주요한 요인으로 작용한다. 더불어 서사의 마디마디에서 마주치는 무수한 죽음들은 전율과 두려움을 자아내며 '부정적 쾌감(negative Lust)'으로서 숭고의 아우라를 한껏 드리운다.

> 신라 보병 일만 이천 삼백 오십이 기마 자세로 두 다리를 벌리고 도끼를 머리 위로 치켜들었다. 백제 포로들의 울음소리가 들판에 가득 찼다. 울음소리는 이사부의 사장대에까지 들렸다. 가지극 대장이 깃발을 내렸다. 일만 이천 삼백 오십의 도끼가 일만 이천 삼백 오십의 정수리를 찍었다. 도끼날에서 햇빛이 일제히 번쩍이는 짧은 순간이 지났다. 울음소리가 멎고 들판은 다시 고요했다.
>
> —『현의 노래』, 245쪽

"일만 이천 삼백 오십"의 신라군사가 "일만 이천 삼백 오십"의 백제포로를 살육하는 이 비극적 장관은, "이제 모든 인생과 축생에 칼을 대지 않으려 한다. 너는 살육을 하지 않고서도 가야를 합쳐 평안케 할 수가 있겠느냐?"고 묻는 신라왕의 모습과 겹쳐 읽어야 한다. 그러면, 폭력에 기초해 있음에도 폭력을 부정해야만 하는 문명사회의 모순과 위선이 적나라하게 드러난다. 하지만 인간이 대학살의 숭고와 대면해서 윤리적으로 갱신하기를 바라마지 않았던 역사학자 헤이든 화이트처럼, 김훈이 역사적 현실의 어두운 단면 속에서 발현된 숭고를 통해 문명사회의 변화를 촉구하고 있는 것으로 보이지 않는다. 오히려 여기에서 작가는 힘의 원리를 정당화하고 용인하려는 조짐을 강하게 드러낸다. 이 같은 힘에의 동경은 파시즘의 징후적 표출로 해석될 수 있는 여지가 있다. 물론 그 속에는 어쩔 수 없는 현실을 엄숙한 윤리적 태도로 돌파해 나가려는 태도가 감지되기도 한다. 사실 김훈의 영웅적 허무주의는 대단히 윤리적이고, 한없이 매혹적이다. 이때 윤리적이라 함은 현실적 이익에 집착하지 않고 자기의 존엄을 스스로 책임지는 실존적 영웅의 태도를 견지한다는 것을 뜻한다. 하지만 역으로 말해서, 김훈의 영웅적 윤리에는 현실의 모순을 비판하는 기제로 활용한 힘의 원리를 현실적 지배질서로 받아들이고 싶어 하는 욕망이 숨어 있는 듯이 느껴지기도 한다. 그러므로 우리는 김훈의 역사소설에 나타난 영웅적 허무주의를 단선적으로 평가할 수 없다. 그건 현실적 질서에 대한 비판적 성찰이기도 하지만, 파시즘의 징후적 표출일 수도 있다.

실존적 역사소설의 발생학적 기원

김훈의 역사소설은 총체적 역사의 실상에 근접해야 한다는 강박관념이 없다. 객관적으로 역사를 재현해야 한다거나, 거대 이념에 헌신해야 한다고 하는 요구로부터 자유롭다. 김훈의 역사소설은 과거의 역사가 아니라 당대의 역사를 문제삼는다. 이미 지나간 과거의 역사를 현재의 시점에서 재해석한다기보다는 지금 일어나고 있는 당대의 역사를 과거의 시공간에 가탁(假託)하여 펼쳐 보인다. 그렇다면, 우리는 김훈의 역사소설이 당대의 무엇을 위한 서사적 쟁투인가를 물어야 한다.

상징적 질서는 자의적이지만, 일단 성립되고 나면 절대적 질서로 간주된다. 그러나 그 절대성을 의심하는 사람들은 인간의 자유의지를 통해 상징적 질서에 변형을 가져올 수 있다고 믿는다. 진보의 필연성을 확신하는 그들은 인간이 능동적으로 역사에 참여함으로써 보다 이상적인 사회의 실현을 가능하게 할 수 있다고 보는 것이다. 이를테면, 당위적 이념의 신봉자들은 능동적 행위자들의 집단적 실천을 통해 새로운 역사를 창조해 나가고자 한다. 하지만 옳고 그름에 상관없이 모든 당위적 이념은 그 나름대로 이데올로기성을 지니고 있을 수밖에 없다. 그 당연한 사실을 부인하는 순간 당위적 이념은 추종자들에게 이데올로기성이 망각된 채 절대선으로 신봉된다. 이것이 때때로 당위적 이념이 선악의 이분법에 기초해 자신의 이념에 반하는 타자를 악으로 공격하는 현상을 빚는 이유다. 또 당위적 이념은 인간의 자유의지를 과신한 나머지, 인간의 자연적 본성을 부인하기도 한다. 이는 인간의 자연적 본성을 바람직한 방향으로 개조할 수 있다는 오만한 이상주의를 낳는 원인이 된다. "당대의 어떠한 가치도 긍정할 수 없"(「책머리에」, 『칼의 노래』)다는 김훈, 그의 역사소설은 당대의 시대적 조류에 내포된 그 같은 위험성과 대면한 자가 벌이는 서사적 응전이다.

김훈은 일말의 여지도 없이 당위적 이념을 구체적인 삶의 실상을 은폐하는 허위와 위선의 가면으로 치부한다. 당위적 이념에 대한 회의와 불신은 너무나 깊고, 그 회의와 불신의 골이 깊으면 깊을수록 김훈 역사소설에서 자연에 대한 신뢰는 더욱 도드라진다.

> 스승의 목소리는 봄과 여름, 새벽과 저녁, 흘러가는 시간들과 살아 있는 것들로 더불어 살아 있으되 더 이상 그것들을 어찌해 볼 수 없는 체념이나 단절의 신음처럼 들리기도 했다…… 좋구나, 라는 스승의 혼잣말에 니문은 때때로 설명하기 어려운 슬픔을 느꼈다. 그리고 또 그 말은 여름의 힘과 새벽의 풋내, 바람의 흔들림과 비의 적심, 암말의 엉덩이와 수말의 갈기와 쥐의 앞발과 닭의 벼슬을 그 자체로서 긍정하는 말처럼 들리기도 했다. 그때 니문은 암말의 엉덩이와 수말의 갈기에서 선명한 기쁨을 느꼈다.
>
> —『현의 노래』, 46쪽

자연이야말로 있는 그대로의 현실 그 자체가 아닌가? 거기에는 어떤 허위와 위선도 끼어들 여지가 없다. 이념이 의미의 과잉이라면, 자연은 투명함의 극치다. 김훈은 자연의 투명성에 한없는 사랑과 신뢰를 내보인다. 자연은 생명이고 죽음이다. 그래서 자연과 인간 사이에 존재하는 메울 수 없는 간극에도 불구하고, 김훈의 인물은 자연에 스며들고 싶은 욕구를 통절하게 드러낸다. 물론 자연을 그 자체로 긍정한다는 것은 생로병사에 얽매인 인간의 숙명적 조건을 있는 그대로 수락하는 것이다. 그리고 이는 필연적으로 슬픈 허무감을 자아낼 수밖에 없다. 하지만 김훈은 어쩔 수 없는 자연의 냉엄한 조건을, 육신 입은 존재로서의 인간의 비루함을 인정하는 것이 정직한 자세라고 본다.

인간은 문명적 존재이기 이전에 자연적 존재고, 문명은 자연의 토대 위에서 성립할 수밖에 없다. 그럼에도 문명은 자신이 밟고 서 있는 자연을 부인한 채 자신을 자족적인 문화적 질서의 체계로 가장한다. 하지만 아무리 부인을 해도, 자연은 살아 꿈틀거리며 끊임없이 문명의 영토로 침범해 들어와 그 세계를 교란한다. 문명이 완전히 전유할 수도 결코 순화시킬 수도 없는 자연은 문명의 원초적 지반이다. 그렇다면 문명의 대항마로서의 자연의 강조는 당위적 이념의 허구성과 위선에 대한 비판의 의미를 지닌다. 문명이 감당할 수 없는 자연의 존재는 애초부터 당위적 이념이 주창하는 문명의 진보적 이상이 그리 간단치 않은 문제임을 시사한다.

사실 자연에 대한 지나친 강조는 약육강식과 힘의 논리를 찬미하는 방향으로 치달을 위험성이 있다. 일찍이 에른스트 카시러(Ernst Cassirer)가 이야기한 바처럼, 인간은 상징(symbol)을 통해 시공간적 제약에서 벗어나 추상을 사고하고, 구체적인 사물을 넘어 이상의 세계로 나아갈 수 있었다. 그러므로 상징의 세계를 위선으로 가득 찬 헛것의 구조물로만 치부한다면, 정글의 법칙이 난무하는 야만적 세계로의 퇴행은 불가피하다. 그것은 약육강식을 불가항력의 현실로 인정하는 것이고, 선악의 가치 판단 없이 힘이 곧 정의로 받아들여지는 세계를 용인하는 것이다. 그럼에도 김훈은 이를 냉혹한 현실로 온전히 수긍한다. 비판적 이성 대신 냉혹하게 도구적 합리성을 예찬하고, 전쟁의 야만성을 고발하기보다 그것의 잔혹성을 미학화하는 태도에서, 그 수긍의 몸짓을 쉽게 확인할 수 있다.

그렇다면 약육강식이 난무하고 힘이 곧 정의가 되어 버리는 세계, 인간은 정녕 그 아수라의 세상을 넘어 설 수 없단 말인가? 김훈은 '그렇다'고 말하고 있는 듯하다. '그러니 헛된 희망에 목매달지 마라. 아수라의 세상을 가지런히 하기 위해서는 아수라를 거쳐야만 한다. 견딜 수 없는 세상에서 희망 없이 살아가는 것이 인간의 운명이다. 이 사람들을 보라. 여기 헛된 희망에 기대지 않고 저 홀로 아수라의 세상을 돌파하다 장렬히 사라져 간 무인이 있다. 여기 덧없고 허망한 소리를 가지고 아수라의 세상을 헤쳐 나간 예술혼이 있다. 그처럼 단순하고 순결한 영혼들만이 허위와 가식 없는 문명을 일구어 낼 수 있다. 칼이 문명의 터를 닦으면 악기는 그 위에서 문명의 꽃을 피운다. 그것이 바로 인간의 역사다.'

김훈에게 상징에 기초한 이념이 위선적 문명을 초래하는 헛것이라면, 칼과 악기는 자연으로부터 찬란한 문명을 이끌어 낼 수 있는 생성력을 지닌 감각기관이다. 하지만 상징을 배제한 채 칼과 악기가 세계를 개조할 수 있는 원천이라고 말하는 김훈의 관점에는 다소간의 논리적 착종현상이 엿보인다. 상징이 없다면 문명도 없다! 어떤 문명도 폭력성의 완전한 근절을 성취한 적이 없다는 것도 사실이지만, 사회적 규제가 실패한 지점에서 폭력성이 미친 듯이 분출한다는 것 또한 사실이다. 그러나 김훈은 논리적 착종도 불사하고, 공동체의 가치규범과 제도가 아니라 인간의 단독적 실존에서 폭력성을 치유할 수 있는 길을 찾는다. 그래서 김훈의 역사소설은 야만적 자연과 위선적 문명 사이에서 고뇌하는 인간의 존재론적 딜레마와 그 딜레마를 해소하려는 실존적 쟁투가 된다.

일반적으로 역사소설은 자율적 개인보다 집단적 주체성에 의존하기 마련이다. 그건 민족의 영웅을 내세우는가, 민중의 영웅을 내세우는가에 상관없이 동일하게 전제되는 현상이다. 하지만 김훈은 집단과 동떨어져 홀로 실존하는 영웅을 끌어들인다. 이는 무리 속에서 안정감과 정체성을 찾고 주체적 자각 없이 맹목적으로 집단의 가치를 추종하는 자들에 대한 뿌리 깊은 불신에서 연유하는 것으로 추측된다. 김훈의 실존적 영웅은 개인을 민족 혹은 국가에 수렴시키는 공동체의 영웅과는 정반대로 온 세계를 자기 안에 수렴시킨 절대주체의 면모를 띤다. 문명에 대한 비관주의와 숙명적 자연성에 깊이 침윤되어 있는 김훈의 소설이, 비관적 숙명론을 넘어 설 수 있는 가능성을 보여 주는 것도 바로 실존적 영웅의 덕분이다. 김훈의 실존적 영웅은 숙명적 자연의 자장권 안에 갇혀 있으면서도 주체의 고독한 결단으로써 그 세계를 돌파해 나가려 든다. 자연을 있는 그대로 받아들이면서도 자기 보존본능조차 도외시한 채 기꺼이 무상적 행위에 자신을 던짐으로써, 모멸적 수동성을 불굴의 능동성으로 전환시키는 놀라운 주체의 의지. 그러나 보편적 공감을 불러일으킨다 하더라도 그것은 자기 자신만의 윤리지 타자와의 관계를 도모하는 윤리가 아니다. 더욱이 텍스트의 배후에 도사린 주체가 번번

이 과도한 주관성의 물결을 몰고 들어와서 텍스트 내부를 휘저을 때, 다양한 인물들이 어우러져 빚어내는 소설적 울림이 실종될 수밖에 없는 것도 당연지사다.

김훈의 실존적 영웅은 공동체를 위해 헌신하지만, 결코 공동체와 자신을 동일시하는 법이 없다. 자연을 긍정하지만, 무력하게 그것에 굴종하지도 않는다. 그렇게 상징의 문명과 숙명적 자연 사이에서 덧없는 실존적 쟁투를 벌여 나가는 고독한 영웅을 앞세워, 김훈은 실존적 역사소설의 진경(眞景)을 개척해 나간다. 그 진군의 행보가 자기 확신에 가득 찬 절대주체의 무반성적 질주가 되지 않기를……

브리콜라주로 빚은 잡설(雜說)의 지형학

: 『신을 죽인 자의 행로는 쓸쓸했도다』와 박상륭의 구도적 글쓰기

꼬리를 물고 있는 뱀, 우로보로스

박상륭의 소설은 부정적인 의미에서든 긍정적인 의미에서든 규범적인 근대소설의 형태로부터 멀리 일탈해 있다. 종교적 경전을 방불케 하는 장황한 언설이 연이어지는가 하면, 한 편의 학술논문처럼 작품의 말미에 각주를 매달고 있기도 하다. 그의 최근작 『신을 죽인 자의 행로는 쓸쓸했도다』(이후 『신을 죽인 자』로 표기) 역시 가독성의 향상에도 불구하고, 우리가 일반적으로 인정하는 표준적 소설의 영토를 훨씬 벗어나 있다. 그럼에도 이 작품을 소설로서 인정할 수 있는 근거는 우선 문학이라는 제도적 장(場, champ)이 부여한 소설이라는 장르적 표식에서 찾을 수 있다. 뒤샹의 〈샘〉은 제도적 권능이 예술과 비예술을 가늠하는 중요한 척도임을 충격적으로 폭로하고 말았다. 어쩌면, 박상륭

텍스트도 문학장을 지배하는 제도적 권능의 힘을 가시화하는 또 하나의 '샘'일지 모른다.

한국문학이 가지 못한 미답의 영역을 개척한 커다란 발자취에도 불구하고, 한동안 박상륭의 소설은 한국문학의 제도적 장에서 철저히 외면을 받았다. 그러나 이제 박상륭은 거장이라는 신성한 권위를 획득한 채 스스로가 제도적 장르 범주를 초월하는 힘을 발휘하고 있는 것처럼 보인다(『산해기』가 '산문'을 표방하고 있는 데 비해, 그 속편인 『신을 죽인 자』는 '소설'의 표지를 달고 있다). 물론 『신을 죽인 자』가 단순히 문학장의 승인으로 인해 소설로서 인정받는 것이라면 다소간의 논란을 불러일으킬 수밖에 없지만, 그럼에도 끝내 그것을 소설로 인정한다면 근대 소설미학의 지평에서 박상륭 소설의 텍스트성을 주의 깊게 논의해 보아야 할 것이다. 어떤 면에서 박상륭의 소설이 한국문학의 넓이와 깊이에 새로운 지평을 연 것인가? 규범적 소설형식의 전복을 통해 탄생한 파격적 글쓰기의 심층에 자리 잡은 작가의 내밀한 욕망은 무엇인가? 그 파괴와 전복은 진정 문학의 새로운 탄생을 위한 바람직한 고투인가? 너무나 낯선 박상륭 소설의 텍스트성의 지리를 밝히지 않고서, 이렇게 꼬리에 꼬리를 무는 질문의 다발에 대답하기란 사실상 불가능에 가깝다.

문학장에서 예술적 권위를 인정받으려면, 기존의 문학적 관례를 존중해야 하는 동시에, 그것의 파괴와 변용을 통해 자신만의 새로움을 창출해야 한다. 그 사이에서 적절한 균형을 상실한 채 기존의 문학적 관행을 과도하게 답습하게 되면 상투성이라는 공격이, 지나치게 혁신적일 때는 난해하다는 비판이 뒤따르기 마련이다. 그래서 한 작가가 계승과 단절, 파괴와 창조의 그 역설적 딜레마 사이에서 균형을 획득하기란 그리 녹록치 않은 일이다. 기존의 문학적 관습이 기반하고 있는 근본적 토대마저 급격히 해체하면서 탄생했음에도 불구하고, 박상륭의 소설 텍스트에는 선행 텍스트들의 상호 교차현상이 눈에 띄게 빈번히 목격되기도 한다. 그러므로, 차용과 변용 속에서 혁신적인 새로움을 생성시키는 능력, 자족적 소우주가 아니라 뫼비우스의 띠처럼 안팎의 경계도 없이 뻗어 나가는 드넓은 우주. 우리는 박상륭의 텍스트를 이렇게 정의할 수 있으리라. 꼬리를 물고 있는 뱀 우로보로스(ouroboros)처럼 명확한 단절선을 그을 수 없게, 선행하는 텍스트와의 상호 교섭과 변용 속에서 태어난 텍스트.

니체적 박상륭, 그리고 비니체적인 차라투스트라

박상륭의 텍스트는 근대소설이 구축해 놓은 장르적 관습을 해체하고 변형하며 새로운 글쓰기의 가능성을 탐색한다. 이때 그의 텍스트는 일반적인 소설과 달리, 이질적 담론들을 끌어안아 심원한 우주적 사유를 키워내는 구도의 발현체가 된다. 최근작 『신을 죽인 자』에서도 박상륭은 다양한 담론들을 융합하여 어느 누구도 흉내낼 수 없는 문학적 개성을 발산하는 텍스트를 창조해 내고 있다. 자신의 소설을 "자기의 것이거나, 빌려온 남의 것이거나, '해 묵은 포도주를 새 부대에 옮겨 담기'"라고 지칭하는 데서 알 수 있듯이, 종교의 경전과 신화는 물론 다양한 소설들이 새로운 텍스트 형성의 중요한 자산으로 활용된다. 따라서 기존 담론 영역 사이의 경계에 아랑곳하지 않고 잡다하다 싶을 정도로 다양한 요소들을 씨줄과 날줄로 텍스트를 직조하는 브리콜라주(bricolage)는 박상륭의 소설세계를 구축하는 효율적 기제의 하나로 지적될 만하다.

제목이 암시하는 바처럼 『신을 죽인 자』는 차라투스트라의 행로를 따라 서사를 구축해 나가지만, 서사라인은 발화들을 배열하는 배치선의 역할에 그치고 만다. 이처럼 서사적 형상화의 과정이 대폭 축소된 대신 차라투스트라의 자문자답과 늙은 성자의 설교, 그리고 패관자(稗官者)의 요설이 어우러져 텍스트성을 이루게 된다. 이때 그 안에는 문학작품과 종교적 경전과 철학적 사변이 뒤엉켜 혼재하므로 상호 교차하는 텍스트들에 유의하지 않으면, 박상륭의 소설을 향해 가는 길은 그만큼 더 험난해진다. 더구나 『신을 죽인 자』는 니체의 『차라투스트라는 이렇게 말했다』(이후 『차라투스트라』로 표기)의 패러디라는 점에서, 차용과 변용이 가져오는 유사성과 차이에 민감해야 한다.

니체는 『차라투스트라』를 인류를 위한 새로운 '복음서'라고 칭하면서, 당대의 위선적인 문화에 대한 전복을 감행한다. 서구의 기독교적 세계관은 피안의 세계를 참세상이라 여기는 반면에, 현세를 죄와 거짓에 가득 찬 곳이라 단죄한다. 하지만 니체가 보기에, 참된 삶이 피안에 있다고 보는 이원론적 세계관에 기초한 문화는 자기 삶의 주체로 서지 못하는 무력한 노예적 인간만을 양산할 뿐이다. 따라서 그는 초월적 세계를 상정하는 이원론적 세계관을 전복하고 새로운 가치체계를 창출하기 위해, '몸과 지상적 욕망을 긍정하는 삶'을 드높이 외친다. 박상륭 역시도 외적 존재에 의존한 타력적 구원을 부정하고, 차안과 피안, 성(聖)과 속(俗), 존재와 세계가 일체화된 세계상을 보여준다는 점에서 니체적 사유를 공유하고 있다. 일반적으로 인정될 수 있음직한 그와 같은 유사성에도 불구하고, 『신을 죽인 자』에서 박상륭은 사유의 근친관계를 언급하는 것이 민망할 정도로 니체의 입장과 날카로운 대립각을 세운다. 우리를 당혹스럽게 하는 이 갑작스런 변모의 이면에 무엇이 자리하고 있는 것일까?

알다시피 니체의 차라투스트라가 가치를 전도시키는 초인사상을 설파하기 위해 '상승을 위한 몰락'의 하산을 했다면, 박상륭의 "차라투스트라는 다시금 인간이 되려고" 하산해서 자탄을 위해서만 입을 연다. 그래서 니체적인, 너무나 니체적인 박상륭이 창조한 차라투스트라는 회한과 탄식을 읊조리며, 대단히 비니체적인 면모를 보여준다. 그리고 텍스트는 하산 도중에 만난 늙은 성자의 입을 빌려 지난날 차라투스트라의 과오를 낱낱이 들춰낸다. 그 비판의 골자는 "대지에 충실하라"(『차라스트라』)는 차라투스트라의 복음이 현대문화의 타락을 가져왔다는 것이다. 박상륭이 보기에 니체의 철학은 형벌의 땅을 축복의 땅으로 변모시키는 것이 아니라, 현세적 찰나적 쾌락에의 탐닉을 정당화함으로써 "축생도(畜生道)의 성시"를 야기하는 근원일 뿐이다. 아울러, 초인조차도 인간 자신을 극복한 존재라기보다 "'초동물(超動物)'에로 몰락"한 그 무엇에 불과하다. 결국, 몸을 중심축으로 한 사유는 "몸을 부유하게 하는 교의" 물신주의의 범람과 무뇌의 존재, 즉 개아(個我)가 소멸된 '대중'이라는 이름의 독룡(毒龍)을 낳음으로써 나락으로의 함몰만을 자초하고 말았다는 것이다. 여기서 우리는 무뇌의 대중이 아편에 중독되어 자기를 잃어버린 「열명길」에 나오는 우중(愚衆)이자 비판이론가 마르쿠제(Herbert Marcuse)가 비판해 마지않는 '일차원적 인간'임을 쉽게 눈치챌 수 있다.

조로아스트교의 시조 차라투스트라의 니체적 변용이 당대 문화에 대한 일전의 도모이듯이, 니체적 차라투스트라의 박상륭적 재변용은 천박한 현대문화와의 투쟁을 위한 서사적 방책이다. 좀 더 상세히 말하면, 박상륭의 새로운 차라투스트라는 니체적 사유와 대척적 위치에 서서 현대의 병리적 문화현상을 통렬히 비판하며 문화적 대전환을 도모하려는 염원의 매개체가 되고 있는 것이다. 그러므로 레비스트로스나 제임슨의 견해를 빌려 표현하자면, 박상륭의 소설에는 '현실적으로 해결할 수 없는 모순을 상징적으로 해결'하려는 열망이 깊이 각인되어 있다고 할 수 있다. 그렇다면 우리는 "많이도 범해져 있을 오류, 오독, 곡해 등은, 패관의 학식의 짧음"탓에 있는 것이 아니라, 매우 전략적인 글쓰기의 소산이라는 심증을 굳힐 수밖에 없다.

> 차마 내려다볼 수가 없어, 구름으로 얼굴을 가렸던 해가, 그의 주검까지도 외면할 수가 없었던지, 구름 틈새로 내려다보며, 주검 위에 놓이는 꽃처럼, 붉은빛으로 감쌌다. 그 주검은, 물과 물이 맞닿는 자리에, 달마(達磨)가 둘러놓은, 달마의 금색(禁索)에 꿰어진, 숯처럼 꺼먼 색깔의, 마른 고추 하나였다. 그것은, 한 죽음의 탄생을 고지(告知)하고 있었다.
>
> —『신을 죽인 자』, 378쪽

차라투스트라는 "더불어 창조할 자, 새로운 가치를 새로운 판에 써넣을 친구"(『차라투스트라』)가 있을 성싶지 않은 가치 불모의 속(俗)적 공간 '시장'에서 자아가 없는 '대중'들의 돌팔매에 쓰러진다. 박상륭은 그 주검을 "아들이 어미 품을 파고들며, 늙은 어미가 어린 남편으로부터 젊음을 수혈하는 자리", 즉 죽음과 삶이 넘나드는 경계선 상에 눕힘으로써 현대문화의 재생과 구원을 절실하게 갈망한다. 물론 「유리장」에서의 사복(蛇福)의 거세와 공동체 내공간으로부터의 배제나, 『죽음의 한 연구』에서 외부로부터 유리의 내부로 들어온 육조의 구도적 죽음이 보여주듯이, 내공간으로 들어온 외부적 타자의 죽음을 통한 공동체의 재생이 박상륭 서사미학의 발현을 가능하게 하는 주요한 요소라는 것이 새삼스러운 지적은 아니다. 하지만 차라투스트라를 번제(燔祭)의 재단에 바침으로써 "매독 걸린 늙은 대지"와 다를 바 없는 현대문화를 정화하려는 모습에서, 우리는 중요한 사실 한 가지를 거듭 확인하게 된다. 박상륭의 구도적 글쓰기가 근대 예술이 잃어버린 제의적 기능을 복원하려는 강렬한 의지의 산물이라는 사실이 그것이다. 당연히 "일상적 언어로 표현되어지는 구체적 영상(concrete image)만이 실사적(實事的-Rūpa, 色)이어서 의미가 있는 것인 듯, 주장하"는 근대 사실주의 소설에서 멀리 빗겨나 인간의 존재론적 비의와 우주적 진리를 계시하려는 소설적 경향도, 예술의 제의적 기능의 복원이라는 맥락을 고려해야만 제대로 이해될 수 있다.

수(獸)와 신(神)의 존재론

문화적 타락을 불러온 원흉이라는 비판의 칼날을 니체의 심장에 꽂음으로써 들려주려는 박상륭적 복음의 메시지는, 『신을 죽인 자』의 텍스트성을 이루는 핵일 뿐만 아니라 그의 모든 텍스트를 가로지르는 인식론적 지반이라는 점에서, 주의 깊게 탐색할 필요가 있는 화두다. 『신을 죽인 자』는 서사성의 물기가 증발해버린 마른 늪과도 같다. 대신 늙은 성자와 패관자의 일방적 발화가 빈약한 재현적 서사의 물줄기를 벌충해 나간다. 소설적 형상화보다 철학적 종교적 신화적 성찰과 논리적 사유가 어우러진 비재현적 서사축이 전체 텍스트의 형식적 의미적 구도를 좌우하는 텍스트. 지금부터 그 텍스트성의 비밀을 탐색하기 위해서, 먼저 의미 발생의 주요한 원천이 되는 비재현적 서사축에 주목하여 박상륭 텍스트 전체를 관통하는 인식적 지도를 그려나가 보기로 하자.

아이러니하게도, 박상륭 사유의 시원(始原)은 육체에 있는 것으로 보인다. 육체성에 천착하여 육체의 초월을 모색하고 다시 육체를 기반으로 '마음의 우주'를 정관(靜觀)하려는 사유! 그에게 육체란 한 몸에 두 머리를 가진 바룬다새와 같은 양면성을 지닌 존재다. 우선 육체는 벗어날 수 없는 '존재의 감옥'으로 다가온다. 손자와의 권력투쟁도 마다 않다가 결국 아들, 손자와 함께 탑에 갇혀 굶주림을 이기지 못하고 혈육의 육신을 몽땅 뜯어먹은 우골리노 백작, 지상의 어떤 "고뇌에도 지지 않던 나도 배고픔에는 지고 말았다"(『신곡』)는 그의 처절한 절규. 그리고 육욕을 참지 못해 개 흉내를 내면서까지 딸에게 몸을 구걸하다 그녀를 죽음에 이르게 하고만 개만도 못한 저 설화 속 아비의 떨칠 수 없는 본능. 저 수적(獸的) 인간들의 초라한 모습은 "육신이야말로 지옥 자체"(「로이가 산 한 삶」)란 말이 무엇을 뜻하는지를 실감나게 예증한다. 동시에 박상륭의 텍스트에서, 육적 교합과 살해 모티브로 전경화되는 비천한 육체는 생산적이고 역동적인 전화를 가능하게 하는 매개로써, 성스러운 정화를 통한 구도의 버팀목이 되기도 한다. 여기서 우리는 동물적 본능의 집약체인 "육체야말로 진화를 위한 필수조건"이 되기도 함을 깨닫는다.

인간은 육체를 "진화의 역동적 도약대"로 삼아 축생도(畜生道)의 부정성을 순치하는 육신의 진화를 거쳐 '문화도(文化道)', 라캉식으로 표현해서 상징계의 영역으로 도약하게 된다. 물론 상징계의 영역에 들어서기 위해서는 상징계를 유지하는 법과 질서를 수용함으로써 자연적 본능(육체)을 일정하게 제어해야만 한다. 그런데 상징적 질서에 의한 자연적 본능의 억압은 필연적으로 소외와 결핍을 낳기 마련이다. 그 소외와 결핍을 메우려 인간은 물질주의에 탐닉하거나 피안의 존재를 갈구하게 되지만, 이는 박상륭에게 개아(個我)가 소멸된 비주체적 삶의 추구라는 점에서 '역진화'라는 비판의 표적이 될 뿐이다.

그렇다면 박상륭은 인세(人世)라는 상징계의 한계와 결여를 어떻게 극복하려 한 것일까? 라캉이 욕망을 완전히 충족시킬 수 있는 가능성을 죽음 즉 주체 소멸의 방향에 열어놓고 있다면, 박상륭에게는 오직 해탈만이 참된 길로 지향된다. 해탈? 인간 내부에는 "밖에 있는 것과 꼭 같은 한 벌의 우주가 고스란히 차려져 있"다고 한다. 박상륭에게, 인간이 짐승스럽기도 하고 신령스럽기도 한 존재라면, 해탈이란 바로 그 내면의 우주 발견하기라 말할 수 있다. 좀 더 구체적으로 말하자면, 해탈은 '지상적 존재로서의 존재성의 철저한 자각과 자기 내부의 신성(神性) 깨닫기'라고 풀이할 수 있다. 개아(個我)로 태어나 민중의 염원을 담아 대아성(大我性)을 획득한 인신(人神)적 존재, 예수는 그 해탈의 경지에 이른 보살의 전형적 존재다.

결국 박상륭이 주창하는 보디사트바(菩薩, Bodhistattva)도, 자기를 무한히 확장하여 우주 만물의 근원적 원리로서의 도(道) 혹은 진리를 구득(求得)한 존재에 다름 아니다. 그가 예술에 비해 종교를 한 단계 윗길로 평가하는 이유도 바로 여기에 있다. 사실 예술이 "인간이라는 유정이 축생도를 극복한 층계"(『칠조어론(七祖語論)』)라고 해도, 상징계의 언어는 사물의 참된 실상을 포착하는데 근본적인 한계를 지니고 있다. "도를 도라 하면 이미 도가 아니다(道可道 非常道)"라는 말이 상기시키듯, 언제나 상징계의 언어는 궁극적인 진리의 거처인 실재계(The Real) 혹은 공계(空界)를 포착하는 데 실패한다. 그럼에도 선적(禪的) 비유법이나 『우파니샤드』의 부정어법은 상징계적 언어의 한계를 딛고 표현될 수 없는 충만한 진리로서의 실재를 온전히 드러내려는 각고의 노력을 잘 보여준다.

그동안 박상륭이 보여준 글쓰기 역시도 상징계의 언어가 지닌 숙명적 한계를 돌파하여 우주적 도(道)에 보다 가깝게 다가서려는 힘겨운 노력의 일환으로 인정될 만하다. 그 과정에서 변화무쌍한 언어의 파도에 실어 나르는 광대한 사유의 폭과 깊이는 우리를 경외와 찬탄으로 이끌리게 한다. 그리고 그 광활한 우주적 서사공간 속을 유영하는 독자는 고통을 느끼면서도, 그 고통 속에서 자신을 도야하며 진리에 한층 접근한 듯한 희열을 맛보게 된다. 따라서 구도적 글쓰기는 고통을 매개로 작가와 독자의 상호 소통을 도모하는 고통과 희열의 미학이라 칭할 만하다. 박상륭은 「아으, 누가 이 공주를 구해낼 것이냐」에서 자신의 글쓰기가 휘황한 물질주의의 시대, 대중 추수주의의 늪에 빠져 신음하는 '시의 여신'을 구하기 위한 고투라고 고백하기도 한다. 그러나 상품미학의 논리에 빠져버린 소설에서 문학의 위기를 읽을 수 있듯이, 도(道)의 사변적 개진을 통한 소설의 도구화에서도 근대 소설문학의 균열을 감지할 수 있다.

초인의 몰락 속에 떠오르는 숭고의 그림자

유기적으로 짜여진 재현적 서사축을 도출해 낼 수 있다는 점에서, 『신을 죽인 자』도 근대소설의 인과적 통사원리를 따르고 있다고 볼 수 있다. 즉, '차라투스트라의 하산－늙은 성자와의 만남－군중과의 조우와 피살－모래톱에의 매장'으로 이어지는 유기적 사건의 연쇄망을 추출해 낼 수 있다는 점에서, 근대소설의 재현적 서사미학과 맥을 같이 하고 있는 것이다. 그러나 또 한편으로 『신을 죽인 자』에는 재현적 서사축과는 이질적인 비재현적 서사축이 독특한 소설적 아우라를 발산하고 있다. 더 이상 유기적이고 안정적인 텍스트성을 거부하고 재현적 서사가 본격적인 구동을 시작하기도 전에 전체 텍스트의 구도를 미리 결정해 버리는 비재현적 서사축. 이야말로 철학적 종교적 신화적 담론들을 한 덩어리로 농축시키는 용광로가 되어, 재현적 서사원리에 기반한 근대적 소설양식을 와해시킨다. 이처럼 박상륭의 소설은 근대소설의 미학적 관점으로는 포섭되지 않는 표현형식과 존재방식을 내포하고 있다.

근대의 예술과 학문은 각 영역의 엄밀한 구분과 경계의 설정에 기초한다. 소설문학 역시도 타 영역과의 차이에 의해서 자신의 정체성을 확인받기에, 근대적 합리성에 입각한 그와 같은 경계짓기에서 자유로울 수 없다. 그럼에도 박상륭은 자신의 소설을 '잡설(雜說)'이라고 지칭하며 의도적으로 그 경계를 해체하려 든다. 『신을 죽인 자』에서는 그 경계의 해체가 작가와 서술자와 인물의 통합으로 실현된다. 그로 인해 작가와 서술자, 서술자와 인물의 차이가 무화되어 그 구분이 무의미해 보일 정도다. 늙은 성자도 서술자도 작가 자신의 분신에 불과해 보인다. 심지어 차라투스트라조차도 늙은 성자의 부정적 짝패로서 그 언설의 정당성을 증거하는 존재로밖에 여겨지지 않을 정도다. 이와 같은 폐쇄적 동일화는 초월적 심급에서 그 모두를 관장하며 서사를 견인하는 초월적 존재를 상기시킨다. 텍스트를 종횡무진 누비는 '패관자(稗官者)'는 바로 그 초월적 존재를 지칭하는 이름에 다름 아닐 것이다.

> 아니면 신통하게도 자가웃 거리는 튀어나가 흙에 버무려져 고물떡이 되었는데, 그 흙 밑의 개미귀신 한 마리가 낮잠 자다 날벼락을 맞고, 이 씨부랄누무 늙은탱이, 지옥에 빠져 피를 빨리고 싶어 환장을 했다 어쨌다? 하고 눈을 희게 떠 부라린다, 라든, 에잇 쐌하다, 쐌해! 돌(咄) 소설(小說)하기의 잡(雜)스러움!
>
> '그리고 늙은네는 다시 이어 이렇게 말했(도)다' 그 사잇소리를 넣어야 할 차례인 것 (…중략…) 말이 많도다. 뒈진 좆맹이, 패관꾼은 좀 가만히 자빠져 있으라고시나!
>
> —『신을 죽인 자』, 148쪽

패관자는 초월적 위치에서 글쓰기를 행하고 있는 현재의 자기 자신마저 굽어본다. 여기서 우스운 이야기와는 다른 프로이트식 '유머', 즉 자기 확신을 지닌 뭔가 위대한 정신적 포즈를 읽을 수 있다. 패관자는 언뜻 자기 비하적인 태도를 취하고 있는 듯 보이지만, 실상 근대소설의 맹점에 대한 철저한 자각과 그것의 확장과 변형인 '잡설'을 통해 우주적 신비의 끝 너머까지 정관하는 듯한 오만함을 감추고 있다. 이처럼 살입음의 감옥에 갇힌 인간의 숙명적 유한성을 희롱하며 도의 세계로 내달리는 패관자의 태도에서, 우리는 숭고를 떠올리지 않을 수 없다.

더욱이 재현적 서사축에서 발산하는 짙은 비애감은 숭고의 분위기를 한층 고조시킨다. 억제치 못할 식욕에 걸인의 동냥밥과 하초가리개를 바꾸고 벗음의 부끄러움으로 인해 "자꾸 무엇이 민망"해 어찌할지를 몰라 하는 장면이 상기시키듯이, 재현적 서사축은 차라투스트라가 초인(超人)에서 인간(人間)으로 추락하는 과정을 부각시키고 있다. 하지만 동물적 인간으로 몰락한 차라투스트라의 자탄이 야기하는 비애는 초인을 무너뜨린 또 다른 거인의 존재를 떠올리게 할 뿐이다. 비속한 언어에 묻어나는 익살스러움도 그 이면에서부터 뿜어 나오는 숭고의 빛을 어쩌지 못한다.

결과적으로 차라투스트라의 몰락이 자아내는 비애의 파토스는 숭고의 별빛을 더욱 빛나게 하는 어두운 배경과도 같다. 이처럼 비재현적 서사축이 재현적 서사축을 압도할 때, 재현적 서사가 초월적 심급에 존재하는 패관자의 이념에 수렴되어 그 정당성을 서사적으로 뒷받침하는 역할을 하게 된다. 여기서 우리는 전통적 소설양식의 해체와 일탈이 지닌 의미를 자문해 보지 않을 수 없다. 왜냐하면 그 해체가 근대적 합리성에 의해 불순한 것으로 간주되어 배제된 것을 포용하며 서사의 영토를 확장하는 미덕과 함께, 타 영역으로부터 예술의 자율성을 지켜주던 방패막이를 제거하는 우를 범하고 있는 것으로 보이기 때문이다.

구도의 서사를 넘어, 다성적 서사를 위하여

문학이란 무엇인가? 혹은 문학적 글쓰기는 어떠해야 하는가? 언뜻 너무나도 자명해 보이는 것 같은 물음이지만 그에 대한 쾌도난마(快刀亂麻)식 답변이 아직 우리 손에 주어지지 않고 있다. 더구나 잡식성의 장르, 소설의 본질을 명쾌하게 정의하기란 얼마나 난처한 일인가. 그럼에도 우리가 통상적으로 알고 있는 소설의 문법에 아랑곳하지 않고 무거운 관념의 덩어리들로 이루어진 텍스트 『신을 죽인 자』, 이 관념의 굽이굽이를 넘어 가다보면 자연스럽게 떠오르는 질문 하나, 과연 이것이 소설일까? 하는 물음을 금방 우문으로 전락하게 만드는 소설의 본성을 우리는 알고 있다. 우리가 알고 있는 바로 그 소설의 본성은 이런 발언을 가능하게 한다. 고정된 형태로 남아 있기를 거부하고 끊임없는 형식 실험으로 자기 갱신을 도모하는 장르가 바로 소설이라고, 그래서 구도적 글쓰기가 보여주는 규범적 소설문법으로부터의 일탈과 변이는 가장 소설의 본질을 잘 구현하고 있는 것이라고. 그에 더해 관념적 사유의 무거움을 한층 경쾌하게 전달하는 효과를 발휘하는, 끝없이 이어지는 쉼표의 징검다리가 만들어 내는 유려하고 탄력 있는 주술적 문체는 마치 문학적 언어는 이런 것이라는 것을 시위하는 듯이 그 매력을 한껏 뽐내고 있다. 그러므로 그 변이와 탈주의 와중에서 서사성이 빈곤해질지도 모른다는 우려의 시선은 그저 단순한 우려에 불과할지 모른다. 더욱이 근대소설의 전개가 서사성을 지우는 방향으로 진행되어 왔음에 비추어 본다면, 관념성에 대한 우려를 접고 구도적 글쓰기를 근대소설의 한계를 극복하려는 하나의 시도로 인정하는 데 주저할 필요가 없다는 생각이 들기도 한다. 하지만 이 지점에서 잠깐 그에 대한 찬탄을 멈추고, 그 변이와 탈주가 몰고 올지도 모를 또 다른 역풍을 짚어 볼 필요가 있다.

박상륭의 사유공간에서 참다운 예술은 종교적 예술, 즉 구도적 행위의 매개체로 기능하는 예술이다. 그는 근대예술이 영혼의 구원을 성취하고자 원하는 사람에게 구원의 힘이 못되고 해탈을 도모하는 정신에 대해서도 도움이 되지 못한다고 강하게 비판한다. 이 비판에는 진리와의 연관성을 부정하고 예술의 자율성 운운하며 심미성을 추구하는 근대예술의 발전 방향에 대한 회의적 시선이 자리하고 있다. 그러나 예술은 근본적으로 감성의 한계와 개념의 통제로부터 벗어나 상상력의 자유로운 유희를 통해 존재와 세계의 참모습을 드러내야 하는 것이 아닐까? 그렇지 않고, 미리 특정한 관념이 전제되고 상상력은 단지 그것의 정당성을 뒷받침하는 역할에 머문다면, 그때의 문학은 관념의 종속물에 불과하게 된다. 사변적 언술이 서사성을 흡수해 버리는 텍스트, 『신을 죽인 자』 앞에서 그러한 염려를 하는 것이 지나친 우려만은 아닐 것이다.

근대의 서사문법 안으로 환원될 수 없는 신화적 관념성은 박상륭 소설의 고유한 미적 자질을 형성하는 주선율로서, 그의 우주적 사유를 한층 장엄하게 물들인다. 하지만 그것이 '지금-여기'의 문제를 사회적 메커니즘의 심층적 맥락까지 고려하면서 풀어내기란 여간 버거운 일이 아닐 수 없다. 물론 이러한 지적이 「로이가 산 한 삶」으로부터, 「왈튼씨 부인이 죽은 한 죽음」을 거쳐, 「미스 앤더슨이 날려보낸 한 날음」으로 이어지는 일련의 연작에서 볼 수 있듯이, 박상륭이 현대문명의 병리현상을 예리하게 짚어내고 있다는 사실을 간과하는 것은 아니다. 우리는 구도적 글쓰기가 이 시대의 문제성을 정공법으로 다루지 않는다고 해서, 그 비재현적 방식을 공허하다고 비난할 수 없다.

그럼에도 구도적 글쓰기가 근대 서사양식의 미덕을 비판적으로 계승하면서, 상상력과 관념이 행복하게 조화를 이룬 새로운 서사양식으로 확고하게 자리매김하기 위해서는 새로운 변신이 요구된다. 대화체의 의장에도 불구하고, 『신을 죽인 자』는 초월적 심급에서 특권적 권능으로 모든 것을 통제하는 패권적 존재로 말미암아, 전체 텍스트가 일방적인 독백적 설교로 전락한다. 이처럼 근대적 계몽의식과 비견됨직한 독단성을 과도하게 내장한 글쓰기란 타자적 요소들을 배제하고 차이와 소통을 무화시킴으로써, 항상 도(道) 아닌 도그마로 전락할 위험성을 안고 있다. 타자적 지평 속에서 진정한 대화성을 복원할 때, 비로소 새로운 서사적 가능성이 활짝 열리게 될 것이다. 구도적 글쓰기가 절대적 존재를 정점으로 한 동일성의 제국이 아니라 다성적 서사의 세계를 열어 보이기를 기대해 마지않는다.

호모 나랜스, 실재, 서사

: 임철우·조경란·천명관의 새로운 소설

서사는 실존적 상황에 대한 인간의 역동적 반응의 소산이다. 세계의 혼돈과 결핍을 체험한 인간이 자신의 실존적 체험을 스스로에게 납득시키고, 불가해한 상황을 이해 가능한 형태로 타인에게 제시하고자 하는 욕망의 산물이 바로 서사인 것이다. 뒤집어 말하면, 서사의 발생학적 기원에는 실재(實在)에 대한 열망이 자리하고 있다. 끊임없이 이야기를 만들어 내고 쉼 없이 서사를 탐닉하는 행위의 근저에는 실재에 가 닿으려는 인간의 불가능한 욕망이 내재되어 있는 것이다. 우리가 서슴없이 서사를 '앎의 형식'이라 말하는 이유가 바로 거기에 있고, 우리가 서사의 존재방식을 눈여겨보아야 하는 이유도 거기서 찾을 수 있다.

다른 서사형식은 다른 세계인식의 반영이자 다른 미학관의 표출이며, 다른 앎을 산출하는 기제이기도 하다. 그러므로 이야기하는 인간(Homo Narrans)으로서 작가는, 직접적으로 실재를 포착할 수 없는 무능에도 불구하고 우회적으로나마 실재에 다가

서려는 열망에 휩싸여, 생생한 이야기를 빚어내려는 가없는 고투를 포기하지 않는다. 지금 여기에도 좀처럼 실체를 드러내지 않는 역사와 실존적 삶의 불투명한 지층을 뚫고, 그것의 실재에 다가서려는 세 작가의 새로운 소설 세 권이 나란히 놓여 있다.

살짝 비틀어진 사실적 재현의 서사: 임철우의 『백년여관』

임철우는 역사의 폭력이 인간에게 남긴 상처를 집요하게 물고 늘어지는 작가다. 그래서 브레이트의 시를 빌려 표현하자면, 임철우는 "해협의 산뜻한 보우트와 즐거운 돛단배들"에 눈감고 "자꾸 / 40대 소작인 처가 허리를 꼬부리고 걸어가는 것만 이야기하는" 민중의 대변자고, 히틀러라는 "엉터리 화가에 대한 경악"(「서정시를 쓰기 힘든 시대」) 때문에, 다시 말해 역사의 광기를 고발하기 위해 글을 쓰는 시대의 증언자다. 그건 『봄날』 이후 육 년여의 짧지 않은 공백기를 거쳐 상재한 새로운 소설 『백년여관』(한겨레신문사, 2004)에서도 다시 한 번 확인할 수 있는 사실이다. 무엇보다 이 작품은 분단체제가 배태한 역사적 모순과 그로 인한 민중의 수난에 초점을 맞추고 있다는 점에서, 임철우 자신이 기존에 쓴 이야기의 변주라 할 수 있다. "삶과 죽음을 한꺼번에 보듬고서 저주 같은 이 지상의 시간을 견뎌내야만 하는 사람들의 이야기".

"그림자의 섬. 영도(影島)"가 있다. 이승과 저승을 잇듯이 낡은 철교 하나가 간신히 육지와 이어져 있는 섬. 거기서 과거의 기억에 들린 사람들이 "저주받은 시간에 사로잡혀 평생 유령처럼 살아가"고 있다. 그 섬의 슬프고 고통스런 내력을 알기 위해서, 포구 동쪽 변두리의 막다른 골목 어귀에 초라하게 들어서 있는 '백년여관', 그곳에 둥지를 틀고 있는 한 가족의 이력을 살펴보자. 먼저 4·3의 난리 통에 가족을 잃고 할머니 손에 자란 미자의 남편 복수, 그는 연좌제 때문에 청춘의 꿈마저 좌절당하고 "가슴속에 박힌 무서운 불덩이 때문에 온 세상을 미친 바람처럼 끝없이 떠돌"아 다닌다. 그리고 미자의 친정 오빠 문태, 그는 베트남전쟁에서 팔 하나를 잃고 그 충격으로 성기능마저 상실한 채 술로 하루하루를 연명한다. 정확히 백 살이 되기 몇 시간 전, "못 가! 이대로는 절대 못 가!"라는 절규를 토해내고 숨을 거둔 설분네 할머니는 또 어떤가. 난리 통에 그 많던 자식들이 죄다 생죽음을 당하자, 평생 끔찍스런 한을 혼자 견디며 살다 죽어서도 땅에 드러눕기를 거부하는 그녀의 모진 삶. 심지어 슬픔과 연민과 공포가 한 덩어리로 뒤엉킨 유령의 존재를 지각하기에, 미자의 어린 아들 신기마저 그 고통과 한의 세계로부터 자유로울 수 없는 삶을 산다.

소설이 전개되어 나아가면서, 그들이 겪어야만 했던 형용할 수 없는 폭력과 고통의 체험이 소설의 공간을 검붉게 물들인다. 이때 임철우의 이전 작품이 다시 불러 모아져 새로운 소설의 육체를 살찌우는 데 활용된다. 자전소설 「낙서, 길에 대하여」에서 토로된 5월 광주를 성급하게 잊으려는 비정한 세태가 다시 도마에 오르는가 하면, 『봄날』의 명우가 재등장해 살아남은 자의 죄의식을 되뇌고, 「아버지의 땅」을 따뜻하게 덮어주던 화해의 눈발이 또 다시 회한의 섬을 뒤덮는가 하면, 적군 복장으로 위장하고 마을에 들어 와서 적군에 동조하는 주민들을 야만적으로 처단하는 「곡두 운동회」의 꼭두각시놀음이 재연된다. 이와 같은 반복에서 우리는 사후애도의 부족을 말할 수도 있고, 분열된 주체의 반복강박을 읽어 낼 수도 있으며, 완벽한 재현의 불가능성을 확인할 수도 있다. 어쨌든 간에 이렇게 해서, 『백년여관』은 광주항쟁과 한국전쟁은 물론 4·3사건에서 베트남전쟁까지 현대사를 관통하는 굵직한 사건들을 포괄하는 수난의 서사시가 되어 버린다. 그러나 여기서는 이들 사건 자체의 정치 사회적 의미에 초점이 맞추어져 있지 않기에, 개개 사건의 특수한 맥락이 문제시되지 않는다. 오히려 그것들 모두가 선량한 인간들에게 지울 수 없는 상흔을 남겼다는 측면에서 동일한 사건들의 반복으로 취급된다. 이는 이 작품이 사건의 역사적 의미 탐문보다 그로 인해 쓰러져 간 사람들의 끔찍스런 고통과 한을 재현하는 데에 초점을 맞추고 있음을 뜻한다. 이제 역사의 재현은 사실의 재현이 아니라 인간 고통의 재현이 되어야만 한다는 듯이.

> 설상가상으로 비 한 방울 오지 않는 끔찍스런 더위가 그 해 여름 내내 이어졌다. 사람들은 한 손엔 물통을 들고 다른 손으로는 콧구멍을 싸 쥔 채 쥐 떼와 파리 떼와 미친개 떼를 피해 요리 뛰고 저리 달리면서 골짜기 아래 우물로 바글바글 모여들었다. 그들은 두레박에 담겨 올라온 시뻘건 물빛을 보자마자 일제히 목구멍이 찢어져라 비명을 지르며 달아났다. (…중략…) 그러나 아무리 퍼내도 물빛은 내내 선연한 핏빛 그대로였다. 결국 사람들은 도리 없이 그 붉은 물로 목을 축이고, 밥을 짓고, 빨래를 하고, 머리를 감았다. 그 괴이하고도 끔찍스런 일들은 석 달 열흘간이나 계속되었다.
>
> —『백년여관』, 32쪽

『백년여관』은 야만적인 역사의 폭력을 강렬하게 묘파하기 위해 초자연적 현상을 빈번히 등장시킨다. 현실세계와의 "몽롱한 경계" 속에서 일어나는 "결코 환상도 허구"도 아닌 이 초자연적 현상은 어떤 사실적 묘사보다도 광기어린 폭력의 잔혹성과 그로 말미암아 지상의 인간이 겪는 고통을 드러내는 데 효과적이다. 마술적 리얼리즘을 연상시키는 초자연적 현상의 묘사와 더불어 소설의 무대를 떠도는 유령의 존재도 역사가 남긴 상처를 징후적으로 일깨우는 데 효과적인 역할을 한다.

유령이란 무엇인가? 그건 산 자도 죽은 자도 아닌 그 무엇이다. 아니 죽고 싶어도 죽을 수 없고 살고 싶어도 살 수 없는 존재다. 그렇다면 "가슴속에 피맺힌 한을 품고서는 차마 그대로 이 서러운 세상을 훌훌 떠날 수가 없어서, 그림자처럼 하염없이 이승"을 떠도는 혼령들만이 유령은 아니다. "육신은 살아 있으나 영혼은 이미 죽음보다 더한 고통 속에 갇혀 있는 사람들" 역시 산 것도 죽은 것도 아니라는 점에서 이승을 떠도는 유령일 수밖에 없다. 이 유령들은 역사적 상처의 응고물이자 실재하는 악몽의 그림자이며 현실의 차단막을 뚫고 나오는 고통의 잉여다. 그것으로 인해 아물지 않은 역사의 상처마저 지나간 것으로 치부하는 매끄러운 은폐의 봉합선에 균열이 일어나고 현실의 모순이 가시적으로 포착된다. 물론 유령을 등장시켜 역사의 상흔을 포착하려는 서사방식이 이 작품만의 고유한 자질이라고 말할 수는 없다. 이미 베트남의 작가 반레가 『그대 아직 살아 있다면』에서 "전쟁에서 체험한 사실과 느낌을 정확하게 체현해 내려고" 이승과 황천 사이를 떠도는 유령을 등장시켰으며, 황석영도 『손님』에서 "삶의 흐름에 가깝게 산문을 회복할 수는 없을까

하는" 진지한 고민 끝에 죽은 자를 서사의 무대로 불러들였다. 다만 『백년여관』은 재현과 총체성의 원리를 중시하는 리얼리즘의 서사가 처치 곤란한 애물단지가 아니라 끊임없는 갱신과 변용의 대상이어야 함을 다시 한 번 확인시켜 준다.

한편으로 『백년여관』이 리얼리즘 서사의 몇몇 약점을 반복하고 있다는 것도 부인할 수 없는 사실이다. 작은 서사틀에 지나치게 많은 역사적 사건들을 담아내려하다 보니 평면적 나열에 그쳐 버린 듯한 인상을 주는 점, '당신'이라는 2인칭 서사장치의 도입으로 미적 거리를 확보하려 했음에도 불구하고 감정의 파토스와 계몽적 의도가 지나치게 도드라져 보이는 듯한 점 등. 그럼에도 이 작품에서 사실을 있는 그대로의 사실로서 기록해야 한다는 강박관념에서 어느 정도 벗어나, 사실적 재현의 서사에 변화를 주어 새로운 서사형식을 창출하려는 노력을 감지해 낼 수 있다. 사실 실증적 자료들을 총동원하여 아무리 정확히 사실을 복원한다고 하더라도 그 재현의 그물망이 실재를 낚는 최고의 서사전략이 된다고 말하기는 힘들다. 그렇다면 아직까지도 말해지지 않는 것들, 기존의 서사방식으로는 드러낼 수도 없는 것들, 즉 잡히지 않는 실재를 포착하기 위해서는 새로운 서사형식을 고안하려는 미학적 노력이 긴요해진다. 그것이 바로 『백년여관』이 우리에게 남긴 주요한 미학적 과제다. 그러나 여기서 무엇보다 중요한 것은 '어떻게 쓸 것인가'라는 미학적 과제와 맞물려 제기되는 윤리적 글쓰기의 문제일지도 모른다.

한동안 거대 역사를 다루어야만 제대로 된 작품으로 취급받는 분위기가 팽배하더니, 세상이 급변해 이제는 그와 같은 문제를 다루면 케케묵은 퇴물을 들추는 듯한 눈총마저 받게 된다.

하지만 오히려 지금이야말로 역사의 기억과 집요하게 씨름하는 글쓰기가 더욱 필요한 시점이 아닐까. 이를테면 광주항쟁의 경우만 하더라도 민주화운동으로 공인받으면서 그에 관한 다양한 기억들이 국가의 서사에 일률적으로 통합되어지고 있다. 이질적인 사적 기억들이 일률적인 국가의 기억으로 전유되고, 그와 상치되는 기억들은 묵시적으로 침묵을 강요당하고 잊혀 가고 있는 것이다. 『백년여관』은 이 기억의 균질화현상에 맞서 '예속된 삶'의 봉인을 뜯고 암흑 속을 떠도는 사적 기억들에 목소리를 부여하는 윤리적 글쓰기가 지속적으로 이루어져야 한다고 역설한다. 이승을 떠도는 원혼들의 고통을 위해 해원(解冤)의 굿을 벌이는 조천댁이 그러했던 것처럼. (역설적으로 들릴지도 모르겠지만, 이제야 비로소 상징적 이데올로기와 무관하게 자기 자신에게만 정초된 진정한 윤리적 글쓰기가 행해질 수 있는 상황이 도래했는지 모른다.)

『백년여관』은 결코 잊히지도 끝끝내 아물지도 않는 상처로 떠도는 역사의 기억을 위해 문학이 무엇을 해야 하는가를 뜨겁게 설파한다. 그럼에도 이 작품에서 아쉽게 느껴지는 것은 과거의 기억이 고립된 섬처럼 현재의 삶과 유리되어 있는 듯이 보인다는 점이다. 역사의 폭력에 죄 없이 쓰러져간 사람들이 민중이라면, 그들을 위한 해원의 굿판을 외면하고 떠들썩한 축제에 탐닉하는 자들 역시 민중이다. 이는 민중이라는 다변체를 구성하는 현실적 지반을 성찰하고 그것과 소통하지 않는 한, 과거를 기억한다는 것이 부질없는 일이 될 수 있음을 의미하는 것이다. 과거를 망각하는 자에게 미래가 없듯, 현재의 모순을 성찰하지 않는 자에게 내일은 없다. 『백년여관』이 과거와 단절된 현재를 비판하고 있다면, 이제 과거와 현재의 소통을 모색할 차례다.

말할 수 없는 것을 말하려는 시적 비약의 서사

: 조경란의 『국자 이야기』

조경란의 소설은, 뚜렷한 서사의 뼈대가 있어 그 뼈대 길을 찬찬히 짚어 가면 작품의 핵심적 의미망에 다다르는 사실적 재현의 양식을 따르지 않고 있다. 외려 이야기의 골격을 최대한 엷게 저미고 대신 시적 이미지의 광휘로 단숨에 주제에 육박하는 시적 양식에 가깝게 접근하고 있는 것이 그녀의 소설이다. 조금만 한눈을 팔아도 이야기의 흐름을 놓치게 되는 것도 그 때문이요, 서사성이 부족하다는 볼멘소리가 들려오는 이유도 거기에 있다.

> 인간은 태어날 때 세 개의 눈을 갖고 태어난다. 한 달 만에 닫혀버리는 눈, 아니 문. 배꼽이다. 아기의 배꼽은 약간 아래쪽을 향해 붙어 있었다.
>
> 눈물을 거둔 엄마는 아직 다 떨어지지 않아 간동간동거리는 탯줄을 만지작거리며 아기의 귀에 대고 고래 이야기를 들려주기 시작했다. (…중략…) 그러나 어떻게 해도 아기는 고래를 볼 수 없을 것이었다. 아기는 제 엄마도 할머니도 세상의 그 어떤 것도 볼 수가 없다. 손가락도 발가락도 각각 열 개 귀도 두 개 입술도 코도 하나였다. 그러나 아기에게 없는 게 딱 하나 있었다. 그건 엄마의 마술로도 결코 불가능한 일이었다.
>
> 그 새는 까마귀야.
>
> 간신히 생각해낸 이름을 소리내어 부르듯 나는 자꾸만 혼잣말을 한다.
>
> ―「잘 자요, 엄마」, 『국자 이야기』, 문학동네, 122쪽

「잘 자요, 엄마」의 한 토막. 조금씩 허물어져 가는 "가족의 새로운 구심점이 되어줄 거"란 기대를 한 몸에 받고 태어난 첫 조카, 그 "아기에게 없는 게 딱 하나 있었다." 그러나 그뿐, 정작 아이에게 결락된 것이 무엇인지를 명시적으로 알려 주는 핵심적 서사정보가 희미하게 처리된다(물론 이야기가 좀 더 진전되고 나서 이제야 생각이 났다는 듯 "눈 없이 태어난" 아이라는 명시적 서사정보가 슬며시 끼어 들어온다). 더군다나 갑작스럽게 튀어나온 "그 새는 까마귀야"라는 독백으로 인해 서사는 순간적으로 비약을 하게 되고, 대신 그 비약이 가져온 서사의 구멍으로부터 시적 아우라가 발생한다. 이렇게 생략과 비약에 의해 생성된 시적 아우라가 조경란 소설의 독특성을 낳게 되고, 또 그것이 그녀를 삶의 심연을 더듬는 연금술사가 되게 한다. "불완전하며 변덕스럽고도 위협적인 세계를 만질 수도 입을 수도 껴안을 수도 없는 이 연약한 언어"의 한계를 눈치 채고 있는 그녀, "모든 지도가 나타내는 것", 모든 관념적 지식이 부분적 진리에 불과함을 잘 알고 있는 그녀는, 새로운 소설집 『국자 이야기』에서도 시적 서사형식을 통해 "말해질 수 없는 것, 함부로 말할 수 없는 것"을 말하고자 한다.

「입술」은 '두 번째 입술'이라는 메타포를 활용하여 상징체계의 언어로는 온전히 드러낼 수 없는 존재의 어두운 심연에 대해 이야기한다. 첫 번째 입술이 무의미하게 남의 말들을 쏟아내는 배출구라면, 신체의 내밀한 부분에 숨어 있는 두 번째 입술은 "영혼에 닿을 수 있는 입김의 통로"로써 소통의 장애를 뚫고 존재의 어두운 심연에 다다를 수 있게 하는 그 무엇이다. 친구가 자살을 하기 전 자신에게 하려 했던 마지막 말마저 냉정하게 외면했다는 죄책감에 시달리며 밤마다 거리를 헤매는 '그'. 그리고 소통에 실패하여 간절히 열망했던 한 남자를 잃어버리고 지금까지도 고통스러워하는 '여자'. 정작 하고 싶은 내면의 말을 누르고 첫 번째 입술로 남의 얘기만 늘어놓던 '그'와 '여자'는, "이건 그 친구 이야긴데" "얼마 전에 들은 이야긴데"하며 가탁(假託)의 화법을 빌려, 숨겨둔 두 번째 입술로 조심스럽게 자신의 어두운 실존을 드러내기 시작한다. 여기서 두 번째 입술이 열리는 시간은 순수 자아의 심연을 경험하는 무대로서의 '세계의 밤(night of the world)'이다. 물론 이번 소설집 전체를 보더라도, 유난히 밤이 작품을 감싸는 시간적 배경으로 자주 등장하고 있음을 어렵지 않게 눈치챌 수 있다. 밤이 이성과 합리의 시간인 낮과 달리 본래의 자기로 되돌아와 존재의 심연과 조우하며 실재를 포착하기에 적절한 시간이니, 그와 같은 현상이 빚어지는 것도 당연한 일일 것이다.

행위의 차원에서 보자면, '걷기'는 이번 소설집 전체를 관통하는 공통의 현상이다. 걷기가 "그저 팔과 다리를 쓰는 단순한 육체적 노동이 아니라 비록 몸은 정착했으나 마음은 항시 떠돌고 있는 집시의 운명처럼 불가항력적인 마음의 움직임"을 뜻한다면, 그건 친숙한 세계와 결별하여 새로운 실존을 탐색하는 내면의 여정이라 할 수 있다. 「100마일 걷기」의 주인공 '나'는 걷고 또 걷는다. 걷다가, 상실을 경험한 '그녀'를 만나 소통하고, 떠나간 '그녀'가 돌아오기를 기다리며 또 다시 걷는다. '나'는 걸으면서 자연의 사물성과 교감하고 타자와 소통하며 잃어버린 균형감각을 회복하려 한다. 그리하여 '나'에게 걷기는 "닿을 수 없는 것을 닿을 수 있는 것으로 만드는" 시적 도약의 몸짓이자 소통의 몸부림이 된다. 「좁은 문」은 또 어떤가. "사람과 사람 사이에 틈이 있고 중요한 건 그 틈을 없애는 게 아니라 지켜나가는 것이라" 믿고 있는 '남자'. 그리고 화려한 날개를 가진 나비가 아니라 눈에 띄지 않는 날개색을 지닌 나방 같은 '여자'. '남자'는 틈을 유지하면서 '여자'와 소통을 하기 위해 틈을 메우는 안개가 되어 버린다. 그렇다면 그들은 소통에 성공한 건가? 좌절한 건가? 소설은 이 물음에 대한 답변을 서사의 공백으로 남겨 소통의 가능성과 불가능성을 동시적으로 암시한다.

균형과 소통이 중심 화두로 부상하고 있음에도 불구하고, 『국자 이야기』는 조경란이 태양의 빛을 반사해서 어두운 밤을 밝히는 달의 현상태보다 그 달의 어두운 뒷면에 더 민감하게 반응하는 작가임을 확증시켜 준다. 하지만 그렇다고 그녀의 소설이 한없이 어둠 속으로만 침잠해 들어가는 것은 아니다. 이를테면 표제작 「국자 이야기」는 어둠 속에 들어앉아 빛을 갈구하는 음광(陰光)식물 같은 존재의 내면적 움직임을 그녀 특유의 시적 비약에 실어 아름답게 그려내고 있다. 자기 내부와 외부의 힘들 사이에서 자기 자신이 산산이 깨어져 버릴지도 모른다는 두려움에 사로잡혀 있는 '나'는, 한 치의 흐트러짐도 없이 익숙한 일상적 행위를 반복함으로써 삶의 균형을 유지하려 한다. 이때 힘겹게 기계적 균형을 유지하고 있는 '나'의 시선에 삼촌의 '국자'가 경이의 대상으로 다가온다. 실직과 아내의 가출마저 넉넉하게 극복하고 자연스레 삶의 균형을 유지할 수 있게 하는 삼촌의 국자. 그것은 하찮지만 인간의 삶을 의미 있게 정렬하는 핵심 고리이고, 비루한 일상에 매혹적인 광휘를 둘러치는 삶의 미끼다. 그러므로, 사라져 버린 그 국자가 놀라운 비약을 통해 밤하늘을 밝히는 별들로 전화될 때, 그 북두칠성은 삶의 어두운 미로를 환히 밝혀 주는 영혼의 구심점을 상징하게 된다.

결과적으로 사건보다 징조단위가 부각되고, 핵심적 사건의 인과적 연결망보다 시적 비약이 서사의 중요한 구성방식으로 활용되는 조경란식 소설작법은 사실적 재현방식으로부터 벗어나 시적 표현방식에 육박해 들어간다. 사실 그것은 현상세계 자체보다 그 이면의 어두운 심연에 초점을 맞추고, 말해질 수 없는 삶의 실재를 포착하려는 조경란식 서사방식이 고유한 개성적 입지를 확보할 수 있게 하는 주요한 동력이다. 그러나 한편으로 『국자 이야기』에는 그녀 특유의 서사방식에서 빗겨나 새로운 변모를 모색하는 소설들이 담겨 있기도 하다.

「나는 봉천동에 산다」는 치밀한 구성이나 밀도 높은 상징 같은 미학적 장치에 기대지 않고 작가적 삶의 편린을 날것 그대로 보여주고 있다. 미적 외장을 벗어 던지고 실제 삶의 편린을 사실적으로 그리고 있는 이 작품이, 우리의 관심을 끄는 이유는 무엇보다도 형식의 변화가 곧 작가적 관심의 확대와 밀접하게 연관되어 있는 듯이 보이기 때문이다. 다시 말해, 이 작품은 이제까지 내면적 실존의 탐사에 치중했던 조경란의 소설세계가 사회적 실존의 영역으로 관심의 폭을 확장하고 있음을 감지케 한다. 「난 정말 기린이라니까」 역시도 '나'와 '아버지'의 관계를 통해 개인적 실존에 대한 투시에서 공동체의 문제로 서사의 시선을 확장한다. 몸을 흔들어대면서 산란하는 홍게들의 장관에 한눈이 팔려 있는 '나'와 달리, 홍게를 보살피는 주위 사람들을 더 눈여겨보는 아버지. 그 아버지는 "저 사람들은 함께 사는 법을 아는 사람들인갑다"는 말로, '나'에게 타자를 보듬는 삶에 시선을 돌리게 한다. 이제 "우리가 함께 살아갈 수 있는 방법. 그 공존의 길"이 조경란 소설의 주요한 화두로 떠오르고 있다. 그 와중에 그녀의 소설이 어떤 서사적 풍경을 펼쳐 보일지 기대해 볼 일이다.

중심이 없는 알레고리의 서사: 천명관의 『고래』

천명관의 『고래』(문학동네, 2004)는 특이한 소설이다. 이때 특이함이란 낯선 듯하면서도 친숙하고 친숙한 듯싶으면서도 낯설게 느껴지는 인상을 지칭한다. 그리고 어쩌면 그건 익숙한 것들과의 낯선 만남에서, 지금은 낯설지만 이전에는 너무나 친숙했던 것들과의 새로운 조우로부터 생기는 건지도 모른다. 이 작품은 최근 소설의 한 흐름을 반영하듯 본격문학이 배제한 대중문화 장르의 문법들을 능숙하게 차용하는가 하면, 근대소설에서 퇴출된 구전서사의 이야기꾼을 되불러 들여 작품의 중요한 존재로 복권시킨다. 구어체의 입담을 활용하되, 인터넷시대에 부응해 속도감 있게 화제를 전환시키고 영상시대에 걸맞게 시각적 이미지를 적절히 이용하기도 한다. 또 통상적인 소설의 규범적 울타리에 아랑곳하지 않고 자유롭게 상상력의 유영을 도모하는가 하면, 마르케스의 『백년의 고독』에 적잖은 빚을 지고 있기도 하다. 아무튼 천명관은 언뜻 함께 놓일 수 없을 듯이 여겨지는 온갖 이야기의 재료들을 서사의 용광로에 녹여 자기만의 개성이 묻어나는 특이한 서사물을 주조해 내고 있다.

『고래』는 지루함을 느낄 틈을 주지 않고 독자를 읽는 재미에 푹 빠뜨리며 근대소설이 점점 잃어 가고 있는 서사성을 되살리는 데 성공한다. 그럼에도 마지막 책장을 덮고 나서, 소설이란 무언가 뚜렷한 의미를 전달해야 한다고 믿는 독자는 다소 허탈한 느낌을 떨쳐버리지 못할 수도 있다. 왜냐하면 이렇게 길게 서사의 벽돌을 늘어놓음으로써 도대체 '무엇을 말하고 싶어 한 것일까'라는 의문에 이 작품이 명확한 해답을 주고 있지 않아 보이기 때문이다. 물론 그에 대한 답변으로 손쉽게 근대성의 화두를 들이밀 수도 있지만.

『고래』는 서사의 구성형식에서부터 정통적인 소설과 궤를 달리 하고 있다. 그것은 목적론적으로 기획된 기승전결의 유기적 총체라기보다는 영화 컷의 연속적 집적체와 같다. 컷들이 이어져 하나의 완결된 영화를 구성하듯이 자립성을 갖춘 에피소드들이 이어지고 쌓여서 완결된 한 편의 서사체를 형성하고 있는 것이다. 그럼에도 굳이 이 작품의 중심적 서사골격을 제시하려면, 노파와 금복과 춘희 세 중심인물의 인생항로를 따라 가면 된다. 이렇게 보면 '노파의 시대－금복의 시대－춘희의 시대'가 거칠게나마 '전근대－근대－탈근대'와 겹칠 수 있다. 또 세 중심인물이 모두 여자라는 데에 착안하더라도, '늙고 못생긴' 여성의 복수극, '이재에 뛰어난 기괴한' 여성의 흥망사, '거대한 덩치를 가진 정신박약' 여성의 수난 극복사가 합쳐져 작가의 말대로 여성으로 표상되는 사회적 소수자의 입장에서 바라 본 근대의 문제가 작품의 중심 화두로 부상한다. 게다가 모성이 거세된 노파와 금복에 비해 자연스런 모성을 갖춘 춘희가 자신의 슬픔을 승화시켜 구운 점토벽돌을 "문명과 자연의 가장 이상적인 조합물"로 제시함으로써, 『고래』는 그것이 근대성에 대한 알레고리의 서사일 수 있음을 은근히 내비치고 있다. 하지만 그건 목적론적으로 기획된 서사의 결과물이라기보다 무수한 재담의 아라베스크가 이어져 만들어 내는 사후의 윤곽선과 같아서, 이 작품에 의미의 중심점이 존재한다고 말하기가 여간 망설여지는 것이 아니다.

> 그들의 말엔 아무런 근거도 없었지만 그걸로 충분했다. 그것은 그 어떤 백 마디 말보다도 힘이 있었고 그 어떤 논리보다도 설득력이 있었으며 그 어떤 선전문구보다도 자극적이었다. 그것은 구호의 법칙이었다. 재청에 뒤이어 봇물이 터지듯 여기저기서 온갖 종류의 구호들이 쏟아져나왔다.
>
> 이날 쏟아진 구호들 가운데, '벽돌을 못 쓰게 죄다 깨뜨려버립시다!'나, '가마를 부숴버립시다!' 혹은 '공장에 불을 질러버립시다!'와 같은 주장은 잔뜩 화가 난 일꾼들 사이에서 일견 나올 법한 얘기였지만 어디선가 튀어나온 '파쇼에게 죽음을! 노동자에게 생존권을!'이나 '재벌독재 타도하여 노동자 천국 이룩하자!'와 같은 구호는 산골짜기에 있는 벽돌공장에서 써먹기엔 다소 유난스런 감이 없지 않았으며, '조선민주주의 인민공화국 만세!'나 '수령님의 영도 따라 미제를 박살내자!'와 같은 구호는 다소 수상한 감이 없지 않은데다, '아름다운 금수강산에 벽돌공장 웬말이냐!'나 '생태계를 파괴하는 개발독재 물러가라!'와 같은 구호는 다소 때 이른 감이 없지 않았는데, 또 어디선가 느닷없이 튀어나온, '영숙아, 사랑해!'나, '씹할, 그때 홍사리를 먹는건대'와 같은 소리는 그야말로 구호도 아니고 뭣도 아닌, 분위기도 제대로 파악하지 못한 자들의 내지른 잡소리에 불과했다 아니할 수 없다.
>
> —『고래』, 205~206쪽

『고래』는 현실을 사실적으로 재현(representation)하는 서사가 아니라, 현실의 단면을 포착하여 이를 예시(illustration)적으로 형상화하는 알레고리의 서사를 지향한다. 서사의 주무대인 평대(坪垈) 자체가 알레고리적 기능을 할 뿐 아니라, 우리가 지나온 근현대사를 예시하는 사건들이 존재하고, 한편으로 현실적으로 일어날 법하지 않은 비현실적 사건이 실제 현실의 한 단면을 암시하기도 한다. 더구나 하나의 에피소드가 벌어지고 나면 개별적인 사건을 곧장 '–법칙'으로 일반화하는 진술이 뒤따르며 알레고리적 성격을 강화한다. 이 작품의 고유한 매력이자 근본적 한계는 바로 알레고리적 서사임에도 불구하고 중심적 의미를 창출하려는 욕망으로부터 자유롭다는 점에 있을 것이다.

알레고리의 서사는 사실감을 환기시키기보다 현실세계의 본질적 단면을 유형적으로 제시함으로써 주제적 의미를 산출한다. 때론 그것이 형상화의 부족과 관념의 과잉분출로 기계적이고 피상적인 느낌을 자아내는 이유도 거기에 있다. 그러나 『고래』는 서사의 중심골격에 의미를 실어 나르는 데에 초점을 맞추기보다 믿거나 말거나 식의 입담으로 자유분방한 이야기의 향연을 펼쳐 보이는 데 더 주력한다. 의미의 중심점에 얽매이지 않고 한없이 자유로워지려는 알레고리의 서사. 이는 근본적으로 실재를 포착하려는 서사의 강박적 욕망에서 벗어나 있기 때문에 가능한 일이다. 그런 측면에서 『고래』는 가상이 현실을 압도하는 시대의 글쓰기와 맥락을 같이 한다. 허구가 실재를 재현하기보다 실재보다 더 실재 같은 가상의 세계를 생산하는 시대. 그래서 더 이상 실재의 포착이 불가능하다고 믿어지는 시대. 이제 소설서사는 엄숙한 의미의 구현체가 아니라 이야기의 진정성을 전복하는 놀이터가 된다.

『고래』라는 덩치 큰 놀이터를 종횡무진 휘저으며 능수능란하게 입담을 과시하는 능청스런 이야기꾼. 이 이야기꾼의 입담이 『고래』의 알파요 오메가다. 이 이야기꾼은 개연성의 중력에 지배를 받지 않는 듯 현실과 허구, 과거와 현재와 미래를 자유자재로 넘나들며 천연덕스럽게 입담을 늘어놓는다. 실상 현실원칙에는 당체 관심이 없다는 듯 쾌락원칙에 온몸을 맡기고 즐거운 서사의 유희를 펼쳐 나가는 이야기꾼의 입담이, 알레고리의 관념성을 유연하게 희석시키며 재미있는 이야기를 창출하는 일등공신이다. 그러나 시대착오도 불사하고 비동시적인 것을 함께 뒤섞으며 동시성의 서술을 감행하는 이 이야기꾼은, 엄밀히 말하면 온전히 전래의 행복한 화자가 아니다. 그는 생각보다 전지전능하지도 않으며 겉보기와 달리 내부에 깊은 상처와 균열을 안고 있는 존재다. 그는 의심쩍은 얘기를 했다고 생각되는 눈치면, "이야기란 본시 전하는 자의 입장에 따라, 듣는 사람의 편의에 따라, 이야기꾼의 솜씨에 따라 가감과 변형이 있기 마련이다. 일점일획 어긋남이 없다는 성서조차 의심을 받는 판국에 세상에 떠도는 얘기를 믿기란 쉽지 않다. (…중략…) 대저, 믿는 자에게 평화가 있나니"라고 하면서, 궁색한 변명과 호소를 늘어놓기도 한다. 그러므로 여기서 이야기꾼의 자기 노출은 전지성의 표지가 아니라 자신의 결여를 고백하는 자의식의 분출로 보아야 한다. 그는 시치미를 떼고 천연덕스럽게 입담을 늘어놓는 것 같지만 실은 자신의 이야기를 주의 깊게 되새김질한다. 그는 이제 현실을 객관적으로 재현할 수도 실재의 진실을 제대로 포착할 수도 없는 놀라운 신세계에 거주하고 있음을 누구보다도 잘 알고 있다.

자신의 얘기를 의심스런 시선으로 응시하는 『고래』의 이야기꾼. 그는 아직 '왜 쓰는가'라는 의문에 적절한 해답을 찾지 못한 듯하다. 그가 어떤 해답을 들고 우리를 찾아올지, 이 이야기꾼의 다음 행보가 궁금해진다.

우연찮게 중견작가, 소장작가, 신예작가의 새로운 소설 세 편을 더듬어 보는 자리가 되었다. 공교롭게도 세 작가의 소설들은 실재의 진실에 접근하는 소설서사의 각기 다른 양상을 대표하는 듯하다. 그리고 그것은 한국문학의 지형이 변해 가는 모습의 일단을 반영하고 있는 듯이 보이기도 한다. 한때 역사성과 현실성에 무게 중심이 놓이더니, 내면성과 미학성으로 강조점이 옮아가다가, 서서히 유희성과 서사성으로 소설서사의 중심이 이동하고 있다. 그 와중에 다양한 형식의 옷을 입은 각양각색의 소설들이 창작되고 있다면 무척 반가운 일이다. 특정한 문학양식이 한 시대의 주류가 될 수는 있을지언정 독점적 지위를 누려서는 안 된다. 마슈레가 역설한 대로 대문자(L)로 시작하는 문학이 없다면, 각 시대의 문학적 풍경은 더욱 다채로워질 필요가 있다. 앞으로도 한국문학의 산천을 아름답게 수놓는 다양한 형식의 소설들이 지속적으로 쏟아져 나오기를 기대해 마지않는다.

2000년대를 열어 가는 작가들의 '차가운' 소설들

근대문학의 쇠락, 그 이후

결코 짧지 않은 시간동안 한국 근대문학은 문학 이상의 위상과 역할을 감당해 왔다. 그것은 당대를 대표하는 예술장르이기에 앞서, 사회의 모순을 가열차게 비판하는 계몽의 확성기이자 역사의 새로운 진전을 도모하는 변혁의 무기여야만 했다. 시대의 책무를 떠맡기 위해 근대문학은 자신이 뿜어 낼 수 있는 최대한의 열기를 발산하려 지난한 노력을 경주해 왔다. 언제 끝날지 모르는 추위와 암흑의 고통에 짓눌리던 시절, 문학은 우리의 가슴을 따뜻하게 데워주는 군불이었고 희망의 아침을 재촉하는 여명의 햇살이고자 했다. 그렇게, 지난 시절 한국문학은 역사의 진보라는 시대적 소명의식으로 뜨겁게 달궈져 있었던 것이다.

하지만 그토록 간절히 기다리던 봄날이 찾아오자 오히려 한국문학은 예상치 못한 어려움에 직면하게 된다. 어지럽게 난무하는 문학의 위기론을 일소에 부친다 하더라도, 작금의 문학이 여타의 담론을 선도하는 메타담론의 위치에서 내려와 새롭게 자기 위상을 확립해야 하는 상황에 처해 있다는 것만은 분명한 사실이다. 이제, 문학은 시대와 역사의 책무를 감당하던 뜨거운 열정을 잃고 점점 왜소화 내지는 게토화의 길로 치닫고 있는 듯이 보인다. 사회 전체에 강한 파급력을 발휘하는 문화의 전위로서의 위상을 뒤로하고 빠르게 쇠락의 길로 접어들고 있는 현재의 문학적 상황을 목도하고 있노라면, 근대문학의 종언은 아니더라도 최소한 급격한 쇠락의 징후만은 분명히 인정할 수밖에 없다. 그러나 심지어 근대문학의 뜨거움에 대한 조사(弔詞)가 읊어지고 있는 난경(難境)에도 불구하고 아직 근대문학의 종언을 단언하기에는 때 이른 감이 없지 않다.

1990년대의 문학은 내면성에 침잠함으로써 달라진 문학적 환경에 대응하려 했다. 하지만 그 역시도 외적 현실에서 내면으로, 집단적 주체에서 개인으로 무게중심이 옮아갔을 뿐 정념으로 달구어져 있다는 점에서, 역사의 진보를 추종하는 뜨거운 문학과 비교해서 그리 큰 온도의 차가 느껴지지 않는다. 아울러 나르시시즘에 빠져 든 작품들도 변형된 형태의 내면적 열정에 휩싸여 있다는 측면에서, 언뜻 보기와는 달리 꽤 뜨거운 온도를 유지하고 있다고 볼 수 있다. 그에 비한다면, 2000년대의 벽두를 장식한 소설들 중에서는 이전의 문학에서 찾아 볼 수 없는 상대적인 차가움이 감지된다.

물론 2000년대의 문학이 이전의 문학과 급격한 인식론적 단절의 층을 형성하고 있는 것은 아니다. 김중혁과 이기호 같은 작가에서 볼 수 있듯이, 2000년대를 열어 가는 작가들은 이전 문학의 중요한 자양분이었던 대중문화적 상상력을 보다 세련된 형태로 계승하면서 자신만의 문학세계를 창조하고 있다. 또 명맥이 끊어질 듯하던 사회학적 상상력에 기반해 외적 현실에 대한 자신의 관심을 드러내고 있는 전성태와 손홍규의 문학에서 알 수 있듯, 2000년대의 소설들은 뜨거운 열정으로 충만한 이전의 문학을 떠올리게 하는 무언가가 있다. 하지만 거기에는 현실을 향한 끓어오르는 분노나 자기 연민으로 가득 찬 감상이 희미하게 자취를 감추고 있다. 따라서 거기에는 역사의 진보에 대한 굳건한 믿음이나 계몽의 열정이 없다. 심지어 거기서는 뜨거움의 역설적 발로라고 보아도 무방한 환멸과 냉소조차도 쉽게 찾아 볼 수 없다. 계몽의 열정과 진보에의 의지가 사그라진 대신, 이들 소설에는 조용히 상황을 관조하려는 차가운 응시의 시선이 똬리를 틀고 있다. 그러므로 역사의 온도를 현저히 낮춘 이 새로운 경향의 소설들을 '차가운 소설'이라고 부를 수 있지 않을까. 차가운 소설은 긴 호흡으로 오랜 시간의 흐름 속에서 변함없이 지속되는 현실의 층위를 문제삼으며, 인간 존재의 원형적 삶의 질서를 직시하려는 경향을 띤다. 그럼, 지금부터 2000년대를 열어 가는 신예작가들이 창조해 낸 차가운 소설의 존재태를 들여다보기로 하자.

차가운 소설, 그 발생학적 기원

이제 한국사회는 형식적 민주주의가 정착되면서 한 치 앞을 내다볼 수 없는 격동의 시절을 뒤로하고 일정한 예측이 가능한 안정적 사회로 접어든 느낌이다. 물론 현재도 가치관의 충돌과 사회적 갈등이 쉼 없이 일어나고 있지만, 민주주의와 자본주의라는 거시적 규범틀을 용인한 상태에서 벌어지는 충돌현상들이 한국사회가 상대적으로 급진적 변혁이 불가능한 정적 사회로 들어섰다는 사실을 부정할 수 있는 유력한 증거가 되지 못한다. 다만, 불안정한 사회에서 현실을 지탱하는 근본적인 규범틀이 안정적으로 작동하는 정적 사회로의 변화가 과연 바람직하기만 한 걸까 하는 의문이 드는 것도 사실이다. 극단적 충돌과 급격한 변동의 요철이 난무하는 혼란상에도 불구하고 지난 시절, 우리 사회가 공동체의식과 진보에의 의지로 충만한 사회였다면, 현재의 한국사회는 자본이 모든 영역을 규율하는 절대적 가치로 군림하는 자본의 제국이 되어 버린 듯하다. 자본의 논리가 사회의 구석구석을 파고들어 공동체의식을 해체하고 계층구조를 고착화시키며 단자화된 개인을 양산하고 있는 것이 작금의 현실인 것이다. 외부를 허용하지 않는 이 자본의 제국은 모두가 자본의 노예가 되어 일정한 한계 안에서의 변화와 발전만을 도모케 하는 닫힌 사회다. 따라서 자본의 제국은 역사의 온도가 현저히 낮아진 사회 곧, 개인으로 하여금 변혁과 혁명이 불가능한 사회에 살고 있다는 자괴감과 무력감에 빠져들게 한다.

최근 소설에서 주체의 왜소화와 무력감을 감지해 내는 비평적 진단[1] 역시도 그 같은 사회적 정황에 근거를 두고 있을 것이다. 불가항력적인 자본의 위력 앞에서 무력하게 현실을 수락하

1) 김영찬, 「2000년대, 한국문학을 위한 비판적 단상」, 『창작과비평』, 2005년 가을호; 「2000년대 문학, 한국소설의 상상 지도」, 『문예중앙』, 2006년 봄호.

는 주체의 정신적 위기를 숙주로 삼아 2000년대의 문학의 실체가 형성되고 있다는 그 비평적 진단에는 씁쓸하게 인정할 수밖에 없는 문학적 진실이 담겨 있는 것이다. 물론 그렇다고 해서, 거칠 것 없는 자본의 무한질주 앞에서 2000년대의 문학이 손을 놓은 채 속수무책으로 무력감을 토로하고 있는 것만은 아니다. 이를테면, 한 비평가는 2000년대 소설이 자본의 막강한 위세에 맞서는 새로운 방식에 주목한다.[2)] 그는 핍진성과 개연성을 제멋대로 무시하는 망상의 메커니즘으로 현실의 난경을 돌파하려는 움직임이 2000년대 소설의 한 경향을 이루고 있다고 본다. 그리고 '객관에 대한 주관의 승리' 즉, 주체를 압도하는 현실의 압력을 주관적 망상으로 이겨내려는 그 문학적 흐름에 '미친, 새로운' 소설이라는 명칭을 부여한다.

객관에 대한 주관의 승리를 도모하는 '미친, 새로운' 소설들에 비한다면, 차가운 소설들은 발생학적 기원을 같이 하면서도 그것들과는 다른 길을 가고 있는 듯이 보인다. 자본의 제국이 이 시대를 지배하는 선험적 장임을 담담하게 인정하되, 한없이 절망과 무력감에 빠져들지도 주관적 망상으로 현실을 방기하지도 않으며, 존재와 세계를 재성찰하려는 관조적 시선이 차가운 소설을 낳는다. 그럼, 먼저 김중혁의 소설을 통해 차가운 소설이 어떻게 이 세계의 실상을 포착하고 그에 대응해 나가는가를 살펴보자.

김중혁의 차가운 소설들은 새로워야 한다는 강박관념에 빠져 무한질주하는 근대 자본주의에 '미친 새로움'으로 맞서려 하지

2) 김형중, 「소설의 제국주의, 혹은 '미친, 새로운' 소설들에 대한 사례 보고」, 『문예중앙』, 2005년 봄호.

않는다. 오히려, "바퀴도 없고 페달도 없고 안장도 없"어 자전거라기보다는 차라리 설치미술에 가까운 시시한 자전거, 현실적 쓰임새와 무관하게 가장 완벽한 모양새를 갖춘 연필(「바나나 주식회사」), 컴퓨터의 등장으로 더 이상 쓸모가 없어졌지만 "살아서 말을 거는 것 같은 느낌"을 주는 타자기(「회색 괴물」) 등에 유달리 집착한다. 이때 시대에 뒤떨어진데다가, 현실적 효율성과는 거리가 먼 이들 물건들은 자신만의 고유한 역사와 숨결과 아우라를 지닌 단독자가 된다. 그렇다면, 최첨단의 신제품만이 각광받는 이 휘황찬란한 소비자본주의의 시대에 현실적 쓰임새를 잃어버려 박물관에 전시하면 딱 좋을 케케묵은 물건에 대한 유난한 집착이 개인적 호사취미의 과시인 것만은 아니다. 거기에는 관성에 이끌려 새로움을 위한 새로움에 과잉 집착하는 소비산업사회, 혹은 효율성만을 중시하는 근대 자본주의에 대한 은근한 반감이 숨어 있다. 실제로 김중혁 소설의 골동품 취미는 빠름을 숭상하는 근대의 속도전에 대한 항의 표시로 거북이를 대동하고 파리의 거리를 거닐었다는 댄디들의 짓궂은 저항을 떠올리게 하는 데가 있다.

그러나 댄디풍의 멋스런 반항에서 엿볼 수 있듯이, 김중혁의 소설은 변혁에의 의지로 뜨겁게 달아올라 현실의 모순과 정면으로 대결하는 자세를 취하지 않는다. 오히려, 그것은 자본의 제국과 기술문명의 촘촘한 네트워크를 장기 지속상태의 견고한 체제로 순순히 받아들인다. 그리고 담백한 시선으로 자본의 매트릭스의 내부에서 그 유기적 시스템을 내파(內波)시킬 수 있는 균열점을 찾아 나선다.

'Build Absolutely Nothing Anywhere Near Anybody.' 즉 어디에도 아무것도 짓지 마라, 는 구호다. 바나나 현상은 환경오염 시설을 자신의 집 앞에 설치하지 못하게 하는 지역 이기주의, 라고 배웠다. 그다지 긍정적인 의미는 아니었다. 바나나 주식회사의 바나나는 먹는 바나나가 아니라 바나나 현상의 그 바나나였다. 노인의 옛이야기 속의 그 남자는 모든 사람들이 '바나나'를 외친다면 그건 지역 이기주의가 아닌 전지구적인 혁명이 될 것이라고 믿었던 것이다.

—김중혁, 「바나나 주식회사」, 『펭귄뉴스』, 문학과지성사, 2006, 218쪽

인간의 이기심을 가장 잘 활용한 체제라는 자본주의의 문명을 그 이기심을 극단으로 밀어붙임으로써 교란할 수 있다는 발상. 그건 현실정합성과 상관없이 통상적인 대립적 사고를 해체하는 유효한 내파의 전략일 수 있다. 이처럼 김중혁의 소설은 유용성의 차원에서는 무용한 것들의 존재성을 적극적으로 긍정한다. 왜냐하면 거기에는 체제로 환원될 수 없는 팔딱이는 생의 감각이 담겨 있다고 믿어지기 때문이다. 체계의 입장에서 보면 치명적 허점이자 쓸모없는 군더더기에 불과한 비트가 삶의 차원에서는 존재를 풍성하게 하는 소중한 그 무엇이 되는 것이다.

목하, 김중혁의 차가운 소설은 한창 교조적 신념이나 계몽적 열정 없이 무덤덤하게 체계 내부의 외부로서의 '비트'를 탐색하는 게릴라전 중이다. 그의 차가운 소설에서 느껴지는 "단순한 우아함"(「바나나 주식회사」) 같은 세련미도 과도한 열정과 감상의 찌꺼기를 덤덤하게 정련함으로써 얻어진 미학적 묘미라 할 만하다. 물론 차가운 소설의 간결하고 세련된 미적 포즈 밑에는 현실과의 정면대결을 포기한 개인적 자유주의자 특유의 체념과

허무가 숨겨져 있는 듯이 보이기도 한다. 저돌성이 제거된 깔끔한 형식에서 벌써 장식성 취미로 전락하려는 매너리즘의 기운이 풍기고 있으니 말이다.

부조리와 카오스의 세계를 응시하는 초연한 시선

차가운 소설은 서늘한 시선으로 존재와 세계의 부조리를 덤덤하게 응시한다. 그 시선이 내부로 향하든 외부로 향하든 상관없이, 차가운 소설이 그리 높지 않은 내부 온도를 유지하는 주요한 이유 가운데 하나를 거기서 찾을 수 있다. 이를테면, 김중혁의 소설은 체제의 균열점을 섬세하게 찾아들지만 그 응시의 시선이 분노나 계몽의 의지에 물들어 있지는 않다. 대신 담백한 응시의 시선이 간결하게 경쾌한 서사의 궤적을 주시하고 있을 뿐이다. 그건 김태용의 소설도 마찬가지다.

김태용의 소설은 장기 지속하는 견고한 자본의 제국을 안정적으로 떠받치는 심층적 구조로서의 오이디푸스 삼각형을 중심으로 서사의 항로를 전개해 나간다. 이로써, 그의 소설에서 사회적 현실을 압축적으로 드러내는 가정이라는 소우주는 인간의 과거와 현재와 미래를 아우르는 불변의 삶의 무대가 된다. 그리고 이로부터 끊임없이 변전하는 복잡한 현실의 표면에도 불구하고 인간의 삶이 근본적인 관점에서 보면 그다지 새로울 것 없는 동일한 것의 반복에 불과하다는 부조리가 도출된다.

재개발 사업 제6지구의 맨 꼭대기에 올라가 너는 아래를 내려다

보았다. 전쟁이라도 일어난 듯 완전한 폐허가 너의 발 아래 펼쳐져 있었다. 포크레인이 너의 집을 부수고 있는 모습이 보였다. 회색의 먼지 폭풍이 곳곳에서 일어났다. 인부들이 일개미처럼 분주하게 그 사이를 왔다 갔다 하고 있었다. 매캐한 바람이 너의 얼굴까지 덮쳐 올 것만 같았다. 이마에서 돋아난 땀방울이 얼굴을 타고 너의 입술로 흘러들어갔다. 녹물이 든 손으로 입을 훔쳤다. 너도 모르게 긴 탄식이 입에서 새어나왔다. 너는 이곳이 세상의 끝이라고 생각했다. 세상의 끝에 앉아서 너는 오래도록 지상의 바닥을 응시했다.

— 마라나, 「궤적」, 『문학·판』 2005년 겨울호, 113쪽

인간은 구조의 무대에서 법칙의 신이 연출하는 대로 무의미한 연기를 반복하는 조연배우에 불과하다. 아무리 패륜의 행각을 저지른다고 하더라도 결코 인간은 존재를 구속하는 그 구조의 감옥으로부터 자유로울 수 없다. 그것은 "오른쪽에서 세 번째 집이라고 예외일 수 없다. 오른쪽에서 두 번째 집과 마찬가지로 오른쪽에서 세 번째 집도 지극히 평범한 가정일 뿐이다."(「오른쪽에서 세 번째 집」, 『세계의 문학』, 2005년 봄호) 그리고 구조의 법칙에서 한 치도 벗어 날 수 없다는 부조리에 대한 자각이 한없는 권태를 낳는다. "그래도 인생은 지루한 것. / 지구를 반 바퀴나 돌아 도착한 곳에 있어도 달라진 건 아무것도 없고. / 인생은 지루한 것."(「오른쪽에서 세 번째 집」) 이 자유의지의 불가능성 앞에서 진정한 삶의 안식처가 있을 수 없다. 따라서 여기서는 단지 한 발짝 빗겨나 세상을 향해 냉철한 사유의 응시를 던지는 것이 자유의지의 가능성을 모색하는 유일한 해결책이 된다.

반면, 백가흠은 문명세계가 애써 배제하려는 원초적 충동의

카오스가 실현되는 무대를 펼쳐 보인다. 따라서 백가흠의 소설은 폭력이 난무할 뿐만 아니라 허기진 욕망을 채우려는 가학과 피학의 몸짓으로 어지럽다. 그럼에도 그의 소설이 차가운 온도를 유지하는 것은 폭력과 욕망의 난장(亂場)을 바라보는 냉철한 시선의 덕분이다.

> 우루과이로 돌아갔것지. 여기 있겄어? 우린 다 용서했응게. 이제 그만 묻자고. 오래 전 일인디 뭐.
>
> 몰려왔던 사람들이 하나 둘 집을 나섭니다. 남자의 어머니는 초점을 잃고 멍하니 비 오는 것만 바라봅니다.
>
> 시간이 흘러 질퍽했던 땅은 마르고, 남자는 썩어갑니다. 남자가 묻힌 자리에 철쭉이 피고, 성기에 박아넣었던 바다사자 송곳니만 무덤에 남습니다.
>
> —백가흠, 「배(船)의 무덤」, 『귀뚜라미가 온다』, 문학동네, 2005, 176쪽

"광어가 죽으면서 내는 '가냘픈 바람 소리'까지도 일깨워주는 섬세"[3]한 묘사력은 냉정한 관찰의 시선 없이는 불가능한 경지다. 「배(船)의 무덤」의 마지막 장면은 또 어떤가. 마을사람들의 냉혹한 복수와 생매장 당한 사내의 시체, 그리고 땅 밑에서 저 홀로 썩어 가는 사내의 몸뚱이와 원초적 충동의 허망함을 증거하는 듯한 이물(異物)의 잔존을 다루는 간명한 서술. 그 속에는 조금의 연민이나 감상조차 틈입할 여지가 없어 보인다. 그렇게, 백가흠의 소설은 냉엄한 시선으로 원초적 충동의 지옥도를 인상

3) 윤후명·오정희, 「2001 신춘문예 소설 심사평」, ≪서울신문≫, 2001.1.1.

적으로 부조한다.

금기를 해체하는 폭력과 섹스의 중첩지대(「귀뚜라미가 온다」), 마초의 광적 폭력이 난무하는 사탄의 동산(「배꽃이 지고」), 성(聖)의 세계와 속(俗)의 세계가 한 덩어리로 뒤얽힌 성탄절 전야의 교회(「성탄절」) 등 결코 같이 놓지 말아야 할 것들을 한데 겹쳐 놓으며, 원시적 욕망의 카오스를 펼쳐 보이는 것이 바로 백가흠의 소설공간이다. 그럼에도 그의 소설은 결코 문명의 질서에 완전히 포섭되지 않는 원초적 충동의 물결이 현실적 질서를 혼란에 빠뜨리는 모습을 차가운 시선으로 냉정하게 직시할 뿐 어디에도 가치판단의 몸짓을 개입시키려 하지 않는다. 이 가치판단의 중지는 착란의 자연 상태에 휩싸인 존재로서의 인간은 결코 이 원초적 카오스에서 벗어날 수 없다는 숙명론의 담담한 수락인 동시에, 문명의 체계가 생각보다 그리 견고한 것이 아닐 수도 있다는 암시로 여겨진다. 그것이 인간과 문명이 감내해야 할 숙명이라면, 자기의 운명을 자기가 결정짓는다는 근대이성과 자유의지의 신화는 한갓 헛된 환상에 불과할 것이다. 그러므로 현실적 시공간의 사실적 재현에도 불구하고 인간 운명의 알레고리로 육박해 들어가는 백가흠의 자연주의 소설은 역사의 온도가 제로상태인 가장 차가운 문학으로 간주될 수 있다.

신화적 지평에서 바라 본 인간학

그 견고함에 압도당한 주체는 역사적 체제로서의 자본주의를 시작도 끝도 없이 지속되는 초역사적 체제로 인지하는 경향이 있다. 차가운 소설 역시도 '지금-여기'의 현실을 아주 오랫동안 변함없이 지속되는 초역사적 현실로 받아들이는 이 시대의 무의식으로부터 자유롭지 못하다. 그럼에도 차가운 소설은 이 시대를 관통하는 정치적 무의식으로부터 벗어나려는 문학적 모색을 게을리 하지 않는다. 역사적 차원을 탈역사적 차원과 결합하는 시간통합적 서사형태는 그 모색의 구체적 발현태다. 멈춤 없이 앞으로만 뻗어 나가는 역사적 시간관에 대한 반발이 내장되어 있을 이 탈역사적 지평의 도입은, '지금-여기'의 현실에만 고착되지 않고 장기지속의 관점에서 인간 존재의 운명을 재성찰하려는 움직임의 일환일 수 있다. 먼저, "선한 사람들이 모여" 산다는 어느 시골마을을 배경으로 한 조윤의 「직립보행」을 살펴보자.

> 오스트랄로피테쿠스였던 아담과 하와는 선악과를 따 먹은 죄로 에덴동산에서 쫓겨났고 그들은 카인과 아벨을 낳았다. 카인은 아벨을 죽이고 떠났다. 길을 떠난 카인은 외로움에 온 존재가 비틀어져 거친 육식동물이 되었다. 아담과 하와는 슬픔 속에서 관계를 맺었고 셋을 낳았다. 이제는 잘 키워보리라 다짐하며 전보다 더욱 열심히 일을 하던 아담은 실수로 돌도끼로 자신의 발을 찍어 시름시름 앓다가 죽어버렸다. 하와와 셋이 남겨졌다. 둘은 동반자살을 생각하였으나 동침으로 그 방향을 바꾸었다. 직립보행의 시작이었다.
>
> —조윤, 「직립보행」, 『문학수첩』 2005년 가을호, 163쪽

이 마지막 부분에 도달하기 전까지 독자는 이 작품을 현실적 사건을 구체적인 시공간에 사실적인 터치로 그려 낸 전형적인

사실주의 소설이라 생각하게 된다. 소설의 중심사건은 부모를 잃고 홀로 세상을 살아가는 순진한 소녀를 둘러싸고 벌어진다. 마을의 이장과 목사는 그녀를 동정하다 순간적인 성적 충동을 참지 못해 일을 저지르고, 수치심을 이기지 못한 목사는 끝내 자살을 하며, 도시에서 온 대학생과의 풋사랑으로 미혼모가 된 소녀는 성년이 되자 어린 아들과 근친상간을 행함으로써 세상으로부터의 유폐를 택한다. 이들 중심사건을 토대로 보면, 「직립보행」은 인간의 본질적 나약함과 악마성을 냉혹하리만큼 차가운 시선으로 포착한 사실주의적 작품이 된다.

그러나 말미에 붙은 신화적 언술과 함께, 이 현실적 이야기는 돌연 탈역사적 차원으로 비약한다. 충격적인 근친상간만큼이나 돌연하다고 말할 수 있는 현실담과 신화적 언술의 만남과 더불어, 「직립보행」은 인간의 존재론적 운명을 신화적 차원에서 다룬 알레고리적 소설로 격상되는 것이다. 그렇게 보면, 인간의 기원을 더듬는 이 소설은 세대가 유전을 거듭함에도 불구하고 "생물학적으로 거스를 수 없는 운명"의 굴레로부터 한 치도 벗어나지 못한 인간의 본성에 대한 통렬한 자각을 담고 있다고 할 것이다.

손홍규의 소설도 구체적인 시공간 속에 탈역사적인 신화적 지평을 끌어들임으로써 자유의지를 지닌 인간의 존재성에 대해 깊은 회의의 시선을 던짐과 동시에 근대의 계몽과 진보의 역사에 강한 반감을 드러낸다. 자기 유폐와 세계와의 자발적 단절로서 비인(非人)의 길을 선택하는 인물을 등장시키고 있는 「사람의 신화」가 이를 잘 보여준다. 물론 이는 인간의 치욕을 더 이상 감내하기 힘들어 탈인간화로의 자발적 변신을 감행하는 「거미」나, 인간의 폭력에 가담하지 않기 위해서 역진화의 길로 들어서는 「폭우로 걸어들어가다」 등의 작품에서도 일관되게 표출되는 현상이다. 그렇게, 손홍규의 소설에서 인간과 동물은 배타적 영역에 속하는 이질적 존재가 아니라 연속성을 지니고 있는 존재여서 그 경계를 자유롭게 넘나든다. 이때, 그 넘나듦에는 근대화로 파괴되기 이전의 원초적인 신화적 공동체로 회귀하려는 강력한 움직임이 반영되어 있다.

> 그들은 인간의 몸으로 용과 교접하거나 두꺼비와 결혼하거나 새처럼 알을 낳았다. 그들은 새와 나무와 풀 그리고 하늘과 구름과 물, 또한 개미와 나비와 늑대 그리고 괴물과 정령과 신선과 귀신과 이야기를 나눌 수 있었다. 그것이야말로 우리 종족이 지닌 최고의 장점이었다. 하지만 우리 종족은 정복당했다. 종족의 역사와 문화와 혈통, 그 모든 것들을 빼앗겼다. 그리고 사람들은 우리 종족에게 빼앗은 것들을 파괴하기 시작했다. 매우 끈질기고 집요하게, 무려 수백만 년 동안 파괴하고 있다.
>
> —손홍규, 「사람의 신화」, 『사람의 신화』, 문학동네, 2005, 11쪽

실상 손홍규가 갈망하는 시원의 공동체는 부정적 현실의 대타항으로 현실과 무관하게 상상의 이미지로서만 존재하는 낙원이기에, 도피와 퇴행의 징후를 강하게 노출하고 있다고 할 것이다. 그럼에도 불구하고, 그것은 결코 허무맹랑한 환상의 소산으로 치부될 성질의 것은 아니다. 비록 그것이 현실적으로 존재한 적도 존재할 수도 없는 상상의 공동체라 할지라도, 거기에는 욕된 세상을 견디며 그로부터 벗어나려는 간절한 열망이 내장되

어 있으니 말이다. 즉, 거기에는 "이제 누구도 뒤돌아보지 않는 것들, 재빠르게 사라지며 다시 올 줄 모르는 것들, 영영 인간들 자신의 삶에서 재현되지 못할 풍경들"에 대한 간절한 그리움이 투영되어 있다고 할 수 있다.

그러므로 이로부터 어렵지 않게 차가운 소설이 지향하는 유토피아상을 짐작해 볼 수 있다. 모든 존재가 나름의 고유한 존재성을 가지지만, 그 단독성이 전체성과 충돌을 일으키지 않고 상호 조화로운 관계를 유지하는 세계가 바로 차가운 소설이 지향하는 유토피아일 것이다. 거기서는 자연의 사물뿐만 아니라 심지어 상품마저도 단독적 사물로서 고유한 개성을 인정받는다(김중혁의 소설 속, 그 사물들을 떠올려 보라). 또 거기서는 이질적인 존재들이 서로 내밀하게 소통하고 몸을 뒤섞다가 제 나름의 슬픔과 기쁨의 역사를 지닌 채 서서히 사라져 간다. 따라서 미래로의 기투(企投)만을 재촉하는 계몽과 발전의 논리는 이 신화적 공동체를 파괴하는 악마적 기획에 불과하다. 그렇다면, 존재의 영역을 넘나드는 변신 역시도 결코 허무맹랑한 환상으로 치부될 것만은 아니다. 하지만 여기서 손홍규의 소설이 온전히 차가운 문학이 되기에는 지나치게 뜨거운 열기를 발산하고 있다는 점을 지적하고 넘어갈 필요가 있다. 특히 억눌린 분노와 뜨거운 저항의 기운이 계몽적 목소리를 타고 불거져 나올 때는 손홍규의 소설 자체가 근대적 계몽의 논리를 답습하고 있는 것은 아닌가 하는 인상을 풍긴다. 그렇다면, 손홍규의 소설은 좀 더 차갑고 냉철해질 필요가 있다.

차가운 리얼리즘, 혹은 정제된 리얼리즘

전성태의 문학은 근대 자본주의의 위세에 눌려 속절없이 사라져 간 공동체에 대한 억누를 수 없는 애정을 짙게 깔고 있다. 하지만 손홍규가 부정적 현실의 대타항으로 설정한 신화적 공동체가 환상의 유토피아에 가깝다면, 전성태의 농촌공동체는 상대적으로 보다 강한 현실감을 내장하고 있다. 물론 전성태의 공동체 속에도 소망충족의 욕망이 짙게 배어 있다는 것 역시 부정할 수 없는 사실이다. 그러나 그것을 떠받치고 있는 실제적 삶의 편린들이 이를 견딜 수 없는 현실로부터 도피하고자 하는 심리적 메커니즘이 만들어 낸 비현실적 허상이라고 간단하게 치부할 수 없게 만든다.

「소를 줍다」는 전성태가 그리워하는 공동체의 모습이 어떠한가를 아름답게 보여 준다. 무대는 지난 시절의 소설에서도 익히 보아 온 가난한 농촌마을. 이때, 무대가 된 농촌마을은 가난의 그림자가 짙게 드리워 있음에도 불구하고 시종일관 따뜻하고 아름다운 공동체의 면모를 잃지 않는데, 이는 근대 자본주의의 작동 메커니즘이랄 수 있는 냉혹한 교환체계의 논리가 여기서 만큼은 그 악마적 효력을 일정 부분 상실하고 있다는 점과 밀접한 관련이 있다. 남의 물건을 제 물건 가져가듯 쓸어 가는 무법이 난무하는 호남선 비둘기호 안에서 서투른 장사꾼에 불과한 아버지. 그 아버지가 고향에서는 "밭고랑을 타더라도 줄을 띄워 한 치의 비뚤어짐을 허용하지 않"는 유난스러움에도 불구하고 가축 키우는 일에서만큼은 남다른 재주를 발휘하는 훌륭한 농사꾼이다. 다만 그 훌륭한 농사꾼 아버지도 가난한 현실만을 어쩌지 못해 자기 소를 키우는 것이 소원인 아들의 애끓는 심정을 들어주지 못하고 지낸다. 그러던 어느 날, 아들은 홍수에 떠내려온 주인 잃은 소를 주워 정성 들여 키운다. 온통 애정을 쏟아 부은 뒤의 이 자연의 증여물은 더 이상 많고 많은 소들 중의 하나가 아니라 그 무엇으로도 대신할 수 없는 단독적 존재다. 뒤늦게 나타난 주인에게 튼실해진 소를 되돌려 줄 수밖에 없는 상황에 직면하게 된 아버지가 아들의 성화를 핑계로 소를 사려하는 이유도 실은 거기에 있다. 하지만 소 주인에게도 그 소는 농사의 밑천이자 유일한 삶의 버팀목이다. "남의 밥그릇 넘보는 일은 하지 마라"는 신조를 갖고 있는 아버지는 소 살 돈을 가지고 주인집을 방문하지만, 그 집의 형편을 알고는 빈손으로 돌아와 안타까운 울음을 터뜨리고 만다. 결국, 이 농촌공동체에는 교환체계로 포섭되지 않는 그 무엇이 존재하는 셈이다. 물론 그렇기에, 그 세계에서는 교환의 논리에 서투른 사람도 그 서투름 때문에 소외된 삶을 살지 않을 수 있게 된다.

여기서 전성태 문학의 원형이 인격이 결부된 증여의 원리와 더불어 화해와 상생의 도리가 교환체계를 제어하는 삶의 윤리로 기능하는 농촌공동체에 있다는 것을 분명히 알 수 있다. 이때, 그 공동체는 낭만적 환상이 투영된 상상의 공동체이기에 앞서 실제적 삶의 토대에 뿌리를 둔 현실적 공동체다. 다시 말해, 그것은 현실과 유리된 상상의 공동체가 아니라 현재적 삶의 갱신을 도모케 하는 신화적 생명력을 내장한 현실적 소망의 공동체인 것이다. 현실적 세계와 설화적 세계의 만남이 이루어지고 있는 「존재의 숲」이 이를 잘 보여준다. 겸허하게 삶을 성찰하는 계기적 공간의 역할을 하는 이 공동체 안에서는 교환체계의 사회에서 사용되는 지시적 언어는 실재와 유리된 죽은 기호에 불과하다. 대신 "지명 하나에도 그 지역의 생태와 내력이 고스란히 담겨 있"는 신화적 공동체의 언어가 삶과 죽음의 경계를 자유롭게 넘나들며 삶의 실재와 밀착된 웅숭깊은 말의 세계를 구현하게 된다.

전성태는 그 공동체의 언어를 갈무리하여 진보의 이념과 집단의 역사를 중시하던 지난날의 뜨거운 문학이 간과해 버린 개인의 사사로운 삶을 세심하게 더듬어 보려 한다. 이를테면, 「연이 생각」에서는 역사적 무게를 지닌 허다한 죽음들을 놔두고 사사롭기만 한 개인의 죽음에 관심의 촉수를 들이댄다. 또 「한국의 그림」에서는 거창한 사회·역사적 의미를 들씌우기보다 평범한 청년이 우연히 거대한 역사의 물결에 섞여 들어가 문제적 인물로 거듭나게 되는 소소한 과정을 찬찬히 반추한다. 이처럼 보편적 대의명분에 가려진 개인적 실존의 결을 더듬는다는 것은, 민족 혹은 민중이라는 집단적 주체 속에 묻혀 버리기 쉬운 개인의 단독적 실존에 좀 더 관심을 기울인다는 것을 뜻한다. 그만큼 오늘의 리얼리즘은 더 섬세해졌고, 더 차분해졌다. 그렇다면, 전성태의 소설은 거대담론으로 뜨겁게 타오르기보다 개인과 역사의 관계를 잊지 않으면서 차분히 이 시대를 헤쳐 나가려는 리얼리즘의 새로운 양상을 보여준다고 할 수 있다.

내부에서 외부를 지향하는 문학

차가운 소설은 안정적으로 고착되어 장기 지속하는 자본주의 체제의 견고성으로 말미암아 그에 대한 직접적인 대항이 불가능하다는 인식을 토대로 성립한다. 따라서 차가운 소설은 집단적 주체를 내세워 진보와 해방의 논리를 뜨겁게 설파하는 문학적 웅전의 길을 따르지 않는다. 물론 그것이 내면으로 퇴각해서 정염과 나르시시즘으로 저 홀로 뜨겁게 달아오르려 하는 것도 아니다. 그렇다고 차가운 소설이 유의미한 목적도 없이 전진을 위한 전진만을 감행하는 자본주의의 속도전에 '미친 새로움'으로 맞서려는 것은 더더욱 아니다.

신자유주의의 번창과 더불어 자본의 제국은 그 외부가 없는 세계의 지도를 착실히 그려 나가기 시작한다. 그럼에도 자본주의라고 해서 모든 것을 완벽하게 자본의 영토에 편입시킬 수 있는 것은 아니다. 오히려 그것은 불가피하게 자본화할 수 없는 것들을 필수적으로 전제하고 있다. 따라서 차가운 소설은 자본의 편재성을 인정한 상태에서도 조용히 그 외부를 모색하려는 움직임을 멈추지 않는다. 이를테면, 김중혁은 효율성을 최고의 미덕으로 간주하는 자본주의의 가치체계에서 무용한 것으로 치부되는 것들의 존재에 특별한 가치를 부여한다. 또 백가흠은 상징적 질서를 교란하는 충동의 카오스의 돌출에 관심을 집중하고, 전성태는 교환의 원리 대신 증여의 원리가 삶을 관장하는 공동체에 한없는 애정을 드러낸다. 이렇게 체제의 내부에서 외부를 발견하려는 움직임은 이 휘황한 자본의 시대에 문학이 갈 수 있음직한 하나의 길을 제대로 찾아가려는 노력의 일환일 수 있다.

물론 그것은 정치적 무기력에 빠진 작가가 현실과의 정면대결을 회피하기 위해 펼치는 문학적 제스처일지도 모른다는 의구심을 자아내기도 한다. 그러나 이제 동질적 이데올로기에 기반한 문학적 저항 자체가 매우 힘든 세상이 되었다. 이는 달리 말해서 작가가 더 이상 선두적 위치에서 사회를 계몽하는 지식인의 위상을 부여받지 못하는 세상에 살고 있다는 것을 의미한다. 따라서 지금은 집단적 이데올로기와 무관하게 자기 자신에 정초한 문학적 글쓰기가 요구된다. 이제 작가는 현실적 이데올로기의 지지를 받지 못하더라도 현실의 아웃사이더로서 진정으로 고독한 글쓰기를 감행해야만 하는 상황에 처해 있는 것이다. 자본의 제국이 급속히 영토를 확장해 나감에 따라 공통의 목표와 정서적 유대를 담지한 공동체가 점점 분화와 게토화의 길로 접어드는 동시에 각 구성원들 역시도 서로 고립된 채 단자화의 길로 치닫고 있다. 그와 더불어 작가도 한정된 전문영역에서만 다루어지는 문학이라는 글을 생산하는 전문인이 되고 있다. 물론 작가가 상징권력을 획득하고 각 영역의 경계를 넘나들며 전방위적 영향력을 행사할 수 있는 여지가 전혀 없는 것은 아니다. 그러나 이는 현시점에서 작가가 문화시장의 아이콘으로 전락할 가능성이 더 크다는 점에서 그리 환영할 만한 일이 되지 못한다. 그보다는 차라리 체제의 망명자로서 그 내부의 외부를 모색하는 것이 더 바람직할지도 모른다. 작가가 자본주의 세계의 소수자가 되어 자유주의적 윤리학을 펼치는 것도, 자본주의의 예외적 개인으로 남아 점점 소멸해 가는 공동체의 미덕에 애착을 느끼며 탈주의 가능성을 모색하는 것도, 그와 관련이 있을 것이다.

구조가 주체를 강하게 지배하고 있음에도 불구하고 행위주체는 상대적 자율성을 가지고 있어서 구조의 힘으로부터 벗어나 그 구조를 변화시킬 수 있다. 또 "체제가 정상적으로 작동할 때, 구조적 결정력은 개인과 집단의 자유의지를 능가한다. 그러나 위기와 이행의 시기에는 자유의지의 요소가 중심적이 된다."[4] 그러므로 자본의 제국 안에서 자본에 포섭되지 않고 자본 사이를 오가면서 자본의 뇌관을 건드리려는 노력을 게을리 하지 않을 때, 문학은 한정된 영역에 갇히지 않고 근대문학이 가졌던 정치적 폭발력을 다시 한 번 발휘할 수 있을 것이다. 이것이, 자본의 제국이 존재를 압도하는 현재에도 문학에 대한 기대를 포기할 수 없는 이유 중 하나다.

4) 이매뉴얼 월러스틴, 백영경 옮김, 『유토피스틱스』, 창작과비평사, 1999, 93쪽.

제3부

part 3

대중문화적 상상력을 본격문학의 동력으로

: 박민규론

'박민규표' 소설의 출현을 둘러 싼 상황의 지정학

얼마 전 한 비평가가 "박민규식 소설의 내적·상상적 기원은 어디에 있는가?"[1]라는 질문을 던진 적이 있다. 여기서는 그 물음을 조금 비틀어 '박민규표 소설이 환대받을 수 있는 외적·문화적 상황의 기원은 어디에 있는가'라는 질문을 던져 보도록 하자. 엄숙주의가 지배하는 지난날의 문학적 풍토 아래에서는 박민규식 소설이 본격문학의 영토에 진입하는 일마저 그리 쉽지만은 않았을 터이니 말이다.

지난 시절, 『창작과비평』(이후 『창비』로 표기)과 『문학과사회』(이후 『문사』로 표기)는 한국문단을 대표하는 양대 산맥으로서 확고

1) 김영찬, 「개복치 우주(소설)론과 일인용 너구리 소설 사용법」, 『문학동네』 2005년 봄호, 251쪽.

한 문학적 입지를 구축하고 있었다. 이때 문학의 사회·역사적 책무를 강조하는 『창비』가 '민중' 혹은 '민족'을 표나게 내세운 반면에, 모더니즘 문학을 선도한 『문사』는 세련된 인문학적 교양으로 무장한 '엘리트' 지향적 문학을 추구한다. 물론 그 상이점에도 불구하고, 문학의 진정성이라는 가치를 공유하며 문학의 영역에 고착되지 않고 사회·정치·경제·문화적 쟁점에 이르기까지 전방위적 발언을 꾸준히 전개해 나간다는 점에서는, 양자가 동일한 입장을 견지하고 있기도 하다. 하지만 문학장을 둘러싼 외적 환경이 급격하게 변화하면서 문학 이외의 영역에까지 관심의 촉수를 드리우는 『창비』와 『문사』의 문학적 존재방식은 심각한 위기에 봉착하게 된다. 대신, 이 위기의 시기에 두 잡지의 존재방식에 이의를 제기하며 새롭게 등장한 잡지가 바로 『문학동네』(이후 『문동』으로 표기)다. 『문동』은 직접적인 관심의 범위를 문학 자체로 한정하는 '문학주의'를 주창하면서 『창비』와 『문사』가 아우르지 못한 문학적 영토를 개척하며 발 빠르게 자신의 입지를 구축하는 데 성공한다. 이때 흥미로운 점은 『문동』이 내세우는 문학주의가 명확한 실체가 없는 텅 빈 개념에 가깝다는 것이다(『문동』의 문학주의가 선명하게 부각되는 지점은 『창비』나 『문사』와 달리 여타의 사회현상에 대한 기획특집을 배제한 채 오직 문학적 현상에만 관심을 집중하는 물리적인 편집형태다). 더욱 흥미로운 점은 명확한 내포가 없는 모호한 문학주의가 바로 『창비』와 『문사』의 양강 체제를 비집고 들어가 『문동』이 탄탄한 입지를 구축할 수 있는 중요한 동력이 되었다는 사실이다.

『문동』의 문학주의는 문학의 자율성을 주장하는 『문사』의 견해와 닮아 있다. 하지만 엄숙주의로부터 자유롭지 못한 『문사』

의 그것과 달리, 『문동』의 문학주의는 진정성의 신화에서 벗어나 자유롭게 유영하는 유희적인 글쓰기를 적극적으로 포용함으로써 본격문학의 외연을 넓혀 나가는 전략적 거점 노릇을 한다. 더불어 그것은 『창비』가 추구하는 민중과의 연대와는 또 다른 대중적 공감대를 지향함으로써 점점 고립되어 가는 문학이 일정한 독자층을 확보할 수 있도록 하는 기제 역할을 한다. 그렇다면 『문동』의 문학주의는 변화하는 세상의 흐름에 유연하게 대처하는 훌륭한 생존전략이었던 셈이다.

한국사회가 이념의 시대를 뒤로하고 빠르게 소비 자본주의의 시대로 접어들면서, 엘리트와 민중을 제치고 대중이 막강한 영향력을 행사하는 집단으로 급부상하게 된다. 1990년대 이전까지만 하더라도 시장에서의 성공이 곧바로 문학적 성공을 보장하는 절대적 척도가 아니었다. 오히려 제도적 장이 부여하는 상징적 권위의 취득 여부가 문학적 성패를 좌우하는 중요한 잣대 구실을 했다. 그러나 인기가 곧 권력이 되어 버린 시대. 이제 시장에서 '팔리느냐? 팔리지 않느냐?'라는 '목숨을 건 도약'의 성공 여부가 곧 문학적 성패를 가늠하는 가장 강력한 척도가 되어 버린 느낌이다. 이런 시대적 상황의 변화에 발맞추어 특정한 이념을 고집하지 않고 새로운 문학적 기류를 탄력적으로 수용하며 신인작가의 발굴에 적극적으로 노력한 점은 누구도 부인할 수 없는 『문동』의 공로일 것이다. 물론 상업적 논리에 침윤되어 대중문학적 색채가 농후한 작품마저 본격문학의 영토에 끌어들였다는 비판이 가능하다는 것도 부인할 수 없는 사실이기도 하지만. 아무튼 그 공과를 떠나서 『문동』의 문학주의는 물밀듯이 밀려오는 문화산업의 거대한 물결 속에서 왜소해진 문학이 생존할 수 있는 새로운 유영법으로 각광을 받게 된다. 자신이 지향하는 이념과 별반 친연성이 없는 『문동』의 작가들을 임대해 창작집을 출간하는 『창비』의 달라진 행보나 시나리오에 기초해 창작된 소설 『외출』을 본격문학이라고 선전해 논란을 빚고 있는 『문사』의 변신도 기실 그와 같은 정황에 기인하는 바가 크다. 아울러 최근 각광받고 있는 박민규라는 작가에 대한 관심의 증폭도 그러한 문학적 환경의 변화와 연관된 결코 작지만은 않은 문학적 사건이라 할만하다.

낯설거나 혹은 삐딱하거나

넘어서야 할 전통에 대한 부담도, 존중해야 할 가치에 대한 강박관념도 없이 자기가 원하는 방향으로 마음껏 비상하는 것처럼 보이는 박민규의 문학이 단순히 이전 시대의 문학에 맞서 새로운 가능성을 실험한다는 의의만을 지닌 건 아닐 듯싶다. 그의 소설의 심층에는 기존의 가치체계와 위계적 권위로부터 일탈하려는 충동이 들끓고 있는 듯하다. 아니 어떤 가치와 권위에도 아랑곳하지 않으면서 자신만의 개성과 취향을 마음껏 발산하려는 충동으로 가득 차 있는 듯이 보인다. 『창비』 2005년 여름호에 장편소설을 연재하면서 "여성지도 창비도 작가에겐 하나의 지면일 뿐"이라고 한 과격한 발언(?)은 그 무엇에도 얽매이지 않으려는 그의 문학적 성향을 잘 대변해 준다. 이제 본격문학은 대중문화 사이에 장벽을 쌓고 자신만의 성채 안에서 고상한 자태를 뽐내던 시절을 뒤로하고, 대중문화를 자양분 삼아 자신의 정체성을 일신해야만 하는 처지로 내몰려 있음을 기꺼이 인정해야만 하는 상황을 맞고 있는지도 모른다. 만약 그렇다면, 대중의 뜨거운 호응을 받으며 본격문학으로의 심장부에 성공적으로 안착한 박민규의 문학은 서서히 움트기 시작한 문학적 변화의 흐름이 바야흐로 거부할 수 없는 대세로 자리 잡아 가고 있음을 알리는 상징적 사건일지도 모른다.

언뜻 보아도 박민규의 소설은 전통적인 소설의 외양과는 판이하게 다른 면모를 드러낸다. 그의 소설은 단일한 의미론적 중심을 정점으로 서사의 제요소들을 유기적으로 결합하여 통일적인 주제적 의미를 구현하려 하지 않는다. 외려 그의 소설은 단일한 의미의 중심점으로 수렴되는 구심력보다 중심으로부터 일탈하려는 원심력이 보다 강하게 작용하는 문학이다. 인과론적 연쇄망으로 단단하게 결합되어 있는 서사의 단락들이 정해진 의미론적 목적지를 향해 일사불란하게 전진해 나가는 근대적 서사에 비추어 본다면, 엉뚱한 비약과 탈선으로 점철된 박민규식의 서사는 낯설다 못해 다소 생뚱맞게 느껴지기도 한다. 하지만 기존의 문학적 규율에 얽매이지 않고 자유롭게 자신만의 개성을 뽐내려는 박민규식 문학에 이만큼 잘 어울리는 서사적 외피도 없을 듯싶다.

물론 단일한 중심에 집착하기보다 그로부터의 비약과 일탈을 즐기는 비전통적인 서사의 외양을 취하고 있다고 해서, 박민규의 소설이 아예 중심적 의미항 자체를 도외시하는 해체적 실험에 빠져드는 것은 아니다. 실상 그는 기존의 어떤 소설가보다 명증하게 자신이 전달하고자 하는 주제적 의미를 부각시킨다. 다만 그의 소설에서는 단절적인 듯 독립적으로 존재하는 각 단락들이 헐겁게 연결되어 통일적인 중심적 의미항을 형성한다. 이런 박민규 특유의 서사구성 방식은 만화적 서사의 문법을 연상시킨다. 만화는 나름의 독자성을 유지하는 사각형의 칸(panel)을 기본단위로 이야기를 전개해 나간다. 이때 그 칸들의 연속은 독자적인 일화로 존재하면서도 단순히 단절적인 일화의 집적에 머물지 않고 단속적이면서 응집력 있는 하나의 통일적인 이야기를 구성하게 된다. 이 네모칸 서사문법의 장점은 각 부분의 독자성을 살려 짧고 선명한 일화를 만드는 동시에, 그것들이 중첩을 통해 나름의 인과론적 연속성을 지닌 한 편의 통일적인 이야기를 생성해 낸다는 점이다. 박민규식의 서사 구성방식 역시도 네모칸의 서사문법과 유사한 원리로 이루어져 있다. 덕분에 일정한 부분적 자율성을 확보한 서사의 단락들이 단일한 중심에 포박되지 않으면서 자유롭게 일탈과 비약의 서사적 유영을 펼쳐 나갈 수 있게 된다. 더불어 느슨하게나마 단락과 단락이 이어져 나가므로 급격한 의미의 해체현상이 일어나지도 않는다.

박민규 소설서사의 구동방식을 잘 보여 주는 작품 「카스테라」(『카스테라』, 한겨레, 2005)를 보자. 개연성의 원리에 입각한 사고방식으로는 결코 이 소설을 납득할 수 없다. "누가 뭐래도, 나는 그렇게 생각한다"는 고집에 입각해, 별다른 연관성도 없는 에피소드들을 제멋대로 들어앉히고 있는 듯이 보이니 말이다. 그러나 쾌락원칙에 몸과 맘을 맡기고 가다 보면, 너무나 엉뚱해 보이는 이야기가 의외로 "분명한 원칙"에 입각해 있음을 알게 된다. 소음이 큰 냉장고에서 괴성을 지르는 훌리건을 연상하는 것도 어렵지 않게 수긍할만하고, "소중하거나, 세상의 해악인 것"들을 냉장고에 집어넣는 행위도 보존과 부패의 방지라는 냉장고 본연의 기능을 생각하면 쉽게 납득할 수 있다. 또 뜬금없이 텅 빈 냉장고 안에 "모든 것을 용서할 수 있는 맛"을 지닌 카스테라 한 조각만이 달랑 놓여 있다는 설정을 통해, 작가 자신의 소설관을 피력하는 것도 무엇이든 가능한 만화적 상상력을 염두에 두고 보면 그리 이상해 보이지 않는다.

박민규 소설에서는 중심 주제를 향해 일사불란하게 맞물려 들어가는 서사의 연계고리가 헐거워지는 대신, 중심으로부터 벗어나려는 유희적 언설이 그 느슨한 틈새 사이를 종횡무진 누비고 다닌다. 이야기의 흐름에 크게 개의치 않고 천연덕스럽게 펼쳐지는 유희적 언술들은 기존의 소설적 규범에서 보면, 불필요한 불순물이요 쓸데없는 군더더기에 불과하다. 그러나 바로 그 유희적 언설의 존재가 바로 박민규의 소설을 박민규 소설답게 하는 중요한 동력이다. 통상적인 소설의 규범적 울타리에 아랑곳하지 않고 자유롭게 상상력의 유영을 도모하는 박민규표 소설이 기존의 소설에서 맛볼 수 없는 독특한 매력과 유쾌한 즐거움을 선사하며 독자들을 사로잡을 수 있는 힘도 바로 거기에서 나온다.

그렇다. 이미 우리에겐 '그래도 이길 거야'와 같은 발칙한 마음은 눈곱만큼도 남아 있지 않았다. 오로지 '졌다, 졌으니까 이제 그만 좀 해라'라는, 상대 팀을 향한 눈물의 호소와 통곡만이 처절한 울림으로 마음속에 메아리칠 뿐이었다. 땅굴처럼 길고 어두웠던 시간들이 다 지나고 8대 2의 스코어로 겨우 경기가 끝났을 때 우리는 모두 탈진해 있었다.

나는 생각했다. '한 민족끼리 이래도 된단 말인가?'

4월 25일의 OB전은 '야구는 9회 말 2아웃부터'라는 진리를 다시 한 번 확인시켜준 경기였다. 다시 떠올리기도 싫은 이날의 경기에 관해서는 긴 말을 하고 싶지 않다. '8점 차'라는, OB의 최다 점수 차 역전승으로 프로야구사에 길이 남게 된 이 경기…… 나로 하여금 회색곰, 북극곰, 불곰, 말레이곰, 반달가슴곰, 더불어 너구리를 사칭하는 판다라 할지라도—세상의 곰이란 곰은 모조리 죽이고 싶도록 만들었던 이 경기. 불쌍한 소년들의 입에서 오열이 터져 나오게 하고, 그 괴로움으로 땅바닥에서 뒹굴게 했던 이 경기. 12살의 소년들에게 심근경색이 무엇인지, 뇌졸중이, 중풍이 무엇인지를 체험하게 해준 눈물나게 고마운 이 경기, 이틀 후인 27일, 우리의 박현식 감독을 한 달 만에 일선에서 물러나게 만들었던 이 경기, 이 경기 이 경기하며 그날을 떠올리다 보니 '이경기'라는 이름의 사람이 있다면 필시 그마저도 증오하게 만들 것 같은 이 경기.

나는 생각했다. '내 팔자야!'

—『삼미 슈퍼스타즈의 마지막 팬클럽』, 한겨레신문사, 2003, 65쪽

박민규표 소설을 여타의 소설과 구별짓는 대표적 표지인 유희적 언술은 이제 더 이상 소설이 진지한 의미의 인과론적 구현체가 아니라 한판 신나는 놀이를 벌이는 놀이터가 되어 가고 있음을 알리는 가시적 증거물이다. 그렇다면, 여기서 삐딱한 시선으로 사물을 뒤집어보며 천연덕스럽고 재기 발랄하게 유희적 언술을 뱉어내는 이야기꾼의 존재에 주목하지 않을 수 없다. 속된 말로 '구라꾼'이라 불러도 무방한 이 이야기꾼은 이래도 재미가 없냐는 듯, 전혀 연관성이 없는 것들을 밀접한 관련이 있는 것 마냥 연결짓고, 때로는 빤한 얘기를 기발하게 뒤집고, 때로는

사소한 일들을 터무니없이 과장해서 풀어놓으며, 어이없는 웃음을 유발한다. 단순하고 도식적인 구도 속에 단선적인 주제를 선명하게 제시하고 있음에도 불구하고, 박민규의 소설이 새롭다 못해 낯설게까지 느껴지는 이유도 엉뚱하고 기발한 발상으로 상식적 시선을 물구나무 세우는 구라꾼의 유희적 언술에 힘입은 바가 크다. 여기서 우리는 문예미학의 본질에 대한 평범한 진리를 다시금 깨닫게 된다. 다시 말해, 예술로서의 문학의 본질은 내용보다 그것의 형식적 구현방식에 있다는 사실을 새삼스레 확인하게 되는 것이다. 그러나 새롭다 못해 기이해 보이는 서사의 외장에도 불구하고 삶에 대한 깊은 통찰과 새로운 시야를 열어주어야 한다는 근대적 소설관에 기대어 보면, 박민규표 소설은 뭔가 알맹이가 빠진 듯 진한 아쉬움을 남기는 것도 사실이다.

진부하거나 혹은 통속적이거나

물론 박민규표 소설은 고급한 예술적 교양에 기반한 깊이의 미학을 추구하지 않는다. 그렇다고 현실의 변혁을 도모하는 실천의 미학을 추구하는 것은 더더욱 아니다. 오히려 그의 소설은 대중과의 교감을 중시하는 소통의 미학, 대중을 따뜻하게 보듬는 위로의 미학이 되려 한다. 그처럼 대중을 위한 대중의 문학을 지향하는 박민규표 소설이 그 특유의 문학적 테를 갖추는 데 중요한 역할을 하는 존재가 바로 '믿을 수 없는 화자'다. 그나마 상식적 수준을 웃도는 현실감각을 지닌 편인 『삼미슈퍼스타즈』

의 화자가 “내가 본 가장 아름다운 야구는 삼미슈퍼스타즈의 것이었”다고 고백하며, 만년 꼴찌 프로팀 삼미를 “역사상 가장 위대한 플레이를 펼치고 사라져”간 야구팀으로 추켜세울 때, 그는 영락없이 믿을 수 없는 화자일 수밖에 없다. 만화 속 인물들이 실제로 지구를 지키는 영웅임을 추호도 의심치 않는 『지구영웅전설』의 화자는 또 어떤가. 일반적으로 있을 법한 대단원의 반전은 고사하고 일말의 각성의 여지도 없이 뚝심 있게 황당한 믿음을 견지해 나가는 그야말로 ‘반전 아닌 반전’을 이끌어 내는 믿을 수 없는 화자의 대표격이다. 외계인이 농작물을 망친다는 황당무계한 사건을 별로 이상할 것 없는 사실이라는 듯이 담백하게 진술하는 「코리언 스텐더즈」의 화자 역시도 믿을 수 없는 화자의 전형적인 면모를 보인다. 어쩌면 「치숙(痴叔)」의 풍자적 면모와 「봄봄」의 해학적 면모를 두루 갖추고 있다고도 할 수 있는 박민규표 소설의 믿을 수 없는 화자는 단순히 유쾌한 말재주로 기이한 소설적 매력을 창출하는 역할에 머물지 않는다. 무엇보다 그의 소설에서 믿을 수 없는 화자가 무게감 있게 다가오는 이유는 그것이 주제적 의미를 견인하는 데 있어서 매우 중요한 역할을 수행하기 때문이다. 실제의 차원에서 보면 말도 되지 않아 보이는 일들을 추호의 의혹도 없이 떠버리는 믿을 수 없는 화자의 진술을 따라가다 보면, 어느새 농담과 공상의 차원에서 내려와 현실의 단면을 비판적으로 드러내는 서사적 풍경과 마주치게 된다.

그런데, 여기서 현실적인 개연성은 안중에도 없다는 듯이 상식을 물구나무 세우며 거칠 것 없이 내달리던 화자가, 결과적으로 지극히 상식적인 수준의 현실인식을 제시하는 데 그치고 마는 점이 다소 괴이하게 여겨진다. 물론 박민규의 소설에서 삐딱한 시선과 현란한 말재주를 걷어내고 나면, 종종 의외로 상식적 통념만이 앙상하게 잔존하게 됨을 발견하게 된다. 이를테면, 『지구영웅전설』은 만화적 에피소드들을 걷어내고 나면 미국의 세계지배 음모라는 다소 진부한 정치적 통념을 단선적인 서사에 담아내고 있는 그렇고 그런 작품이 되고 만다. 「몰라 몰라, 개복치라니」 역시도 정신없이 펼쳐지는 에피소드의 표면을 뚫고 들어가면 자본주의적 현실 비판이라는 그다지 새로운 것 없는 문제의식과 마주치게 된다. 이는 현대의 대중들이 광범위하게 공유하는 어떤 통념에 강하게 의존하기 때문에 벌어지는 문학적 현상이라 추측된다.

간단한 일별만으로도 박민규 소설의 대부분이 '음모론'이라는 대중적 통념에 근거하고 있음을 쉽게 눈치챌 수 있다. 보이지 않는 권력이 현실의 배후에서 개개인이 몸담고 있는 삶의 지반을 조정하고 있다는 믿음으로 요약될 수 있는 '음모론'은 그 단순 명료함에도 불구하고, 아니 그렇기 때문에 더더욱 대중들의 광범위한 지지를 받는 현실 인식론이다. 대중이 음모론에 경도되는 이유는 자신의 의지와 무관하게 돌아가는 불투명한 정치·사회·경제적 상황에 대해 납득할만한 설명의 방식을 제공받으려는 욕구에 기인한다. 다시 말해 역사적 현실의 근저에 깔린 모순에 대한 보다 근본적이고 복합적인 탐색을 차단하는 봉쇄의 효과를 낳음에도 불구하고, 그 명증한 설명틀이 현실에서 느끼는 불안과 무력감을 상쇄시키기 때문에, 대중이 음모론에 이끌린다고 볼 수 있다.

대부분의 박민규표 소설들은 어김없이 대중의 공분을 자아낼

만한 음모론을 나침반 삼아 서사적 항해를 전개해 나간다. 하지만 그 중에서도 언제나 "사실의 이면에는, 잔혹한 진실이 숨어 있" (「야쿠르트 아줌마」, 『카스테라』)다는 전언으로 압축될 수 있는 음모론이 가장 성공적으로 형상화된 작품은 『삼미슈퍼스타즈』가 아닐까 싶다. 이 작품은 1980년대 탄생한 프로야구는 사회성원을 치열한 생존경쟁의 장으로 몰아넣기 위해 자본권력이 고안해 낸 선전도구에 불과하며, 만년 꼴찌팀 삼미는 '치기 힘든 공은 치지 않고, 잡기 힘든 공은 잡지 않는다'는 신념으로 그 프로화의 음모에 멋지게 저항한 위대한 야구팀이었다고 너스레를 떤다. 어찌 보면, 정부가 3S정책(스포츠·섹스·스크린)으로 우민화를 획책했다는 1980년대의 음모론적 시각을 특유의 입담으로 재해석했을 뿐, 그다지 새로운 것 없어 보이는 이 작품이 의외로 만만치 않은 울림을 가져오는 것은, 그 '구라'가 공허한 말장난에 그치지 않고 시대적 상황과 맞물린 인간적 비애를 절묘하게 포착해 내는 데 성공하고 있기 때문일 것이다.

> 그리고 케인즈가 나타났다. 케인즈는 시장의 자율적인 조정기능을 믿지 않았고, 정부의 적극적인 개입과 관리의 필요성을 역설했다. 그의 이론은 〈케인즈 혁명〉으로까지 일컬어지며 근대의 경제정책과 수정자본주의의 모태가 되었다. 시장의 변화는, 그러나 케인즈의 이론으로도 예측할 수 없는 것이었다. 스태그플레이션과 오일쇼크가 연이어 발생했고, 경제학은 다시 한번 스미스의 〈보이지 않는 손〉에 의존해야 했다.
>
> —「야쿠르트 아줌마」, 157쪽

박민규의 소설이 기대고 있는 음모론은 지극히 한국적인 정황에 기초하고 있다. 한창 '세계화'의 구호가 난무하던 즈음, 난데없이 IMF 구제금융의 위기가 닥치자 한국은 일대 혼돈에 빠져든다. 이후 한국사회는 '모든 것을 시장원리에 맡기자'는 신자유주의의 프로그램에 입각해 많은 제도를 새롭게 입안하는 등 생존을 위해 처절한 구조조정에 들어가게 된다. 이때 '자본에 의한, 자본을 위한, 자본의 세계화'를 목표로 하는 신자유주의가 효율성만을 지상가치로 내세우는 경제이데올로기인 것을 감안한다면, 모든 것이 자본의 이윤 획득에 유리한 방향으로 이루어지리라는 것은 자명한 사실. 실제로 정리해고와 실직의 여파로 노숙자가 그리 낯설지 않은 거리풍경의 일부가 되고, 가뜩이나 사회보장제도가 취약한 사회구조로 말미암아 가족이 해체되는 등 공동체의 와해가 심각한 사회문제도 대두된다(이는 「그렇습니까? 기린입니다」와 「갑을고시원 체류기」의 주요한 모티브가 된다). 그처럼 신자유주의 경제이데올로기가 한국사회 곳곳에 드리운 어두운 그림자는 음모론의 발생학적 기원처가 된다. 한 예로 한국의 경제위기를 미국식 시장경제체제를 전 세계에 확산시키려는 거시적 전략을 뜻하는 '워싱턴 컨센서스'로 설명하는 음모론이 매우 설득력 있게 유포되기도 한다. 그 음모론의 골자인즉슨, 한국의 외환위기가 우연히 일어난 돌출상황이 아니라 면밀하게 계획된 음모의 부산물이라는 것이다.

이 음모론을 토대로 그 위에 기발한 입담을 덧입힘으로써, 박민규의 소설은 대중의 공감을 자아내는 데 있어 매우 유리한 서사적 국면을 조성한다. 하지만 그 반대급부도 만만치 않아 음모론의 단순성은 박민규 소설의 주요한 약점으로 작용하기도 한다. 우선 그것이 간명하게 현실의 급소를 건드리는 첨병 역할을 못하고 성급하게 현실을 떠나 '지구 밖으로의 도피'를 정당화하는 구실이 될 때, 그의 소설은 어김없이 뜬구름 잡는 이야기가 되고 만다. 아울러 음모론이라는 단순 도식적 세계인식의 고집스런 견지는 때때로 상투적 서사형을 낳곤 한다. 간혹 박민규 소설이 비슷비슷한 인상을 주며 진부한 알레고리로 치닫는 것도 그와 같은 문제점이 징후적으로 드러난 결과라 할 수 있다. 그에 덧붙여 지나친 감상성의 노출도 문제라면 문제다. 삶의 비애를 담아내며 대중의 무력감과 패배의식을 위무한다는 점에서 박민규표 소설은, '궁핍(poverty)한 세계를 살아가는 인간에게 위안을 주는 존재물'로서의 허구서사의 본질에 충실하다. 그러나 세계와 인생의 난경(難境)에 대한 숙고와 통찰을 옆으로 미루어 놓은 채 과도하게 감성을 자극하는 위안의 문학은 자칫 통속적 신파의 넋두리로 전락할 위험성이 없지 않다.

또 다른 소설적 진경(眞景)을 위하여

무자비한 자본의 논리로 무장한 신자유주의는 한국사회의 전반에 변화의 광풍을 몰고 온다. 기존 가치체계의 급속한 해체는 그로부터 생겨난 중요한 변화 중의 하나다. 이쯤, 고급문화와 대중문화의 경계가 허물어지고 상호 간의 교섭현상이 자주 눈에 띄는 것도 그 여파라 할 수 있다. 본래 두 영역 사이의 구분이 모호한 것 역시 부인할 수 없는 사실이지만, 본격문학과 대중문화의 만남이 자연스러운 현상으로 흔쾌히 받아들여지기 시작한 것은 근자의 일일 뿐이다. 그리고 그런 흐름의 한복판에 박민규표 소설이 있다.

통상적으로 본격문학을 좀 더 깊이 있게 이해하기 위해서는 역사적 맥락에 대한 사전적 지식이나 고급한 문화적 교양을 갖출 필요가 있다. 그러나 박민규의 소설에 보다 가까이 다가가기 위해 필요한 것은 그런 것들이 아니다. 거기에 우선적으로 요구되는 것은 대중문화적 체험의 공유 내지는 그에 대한 최소한의 이해일 터이다. 그만큼 박민규의 소설에서 대중문화적 체험이 차지하는 비중이 크다. 그리고 더욱 눈길을 끄는 것은 그가 대중문화적 체험을 문학적 질료로 삼는 데서 한 발 더 나아가 대중예술의 본질적 특성을 적극적으로 밀고 나간다는 점이다. 박민규의 소설이 때로는 도식적인 경향을 띠고, 때로는 지나치게 감상에 빠지는 이유도 바로 거기에 있다. 그럼에도 적절히 제어된 도식성과 감상주의는 기존의 본격문학이 채워주지 못한 독자의 기호와 감성을 적절하게 충족시켜 주는 효율적 기제가 되는 미덕을 지닌다(그렇다면, 박민규의 소설을 '무규칙 이종예술'이라고 말하는 것은 그리 적절한 지적이 아닐 듯싶다).

또 한편으로, 대중문화적 감수성을 적극적으로 긍정하는 소설이 본격문학의 영토에서 환대를 받는 상황 자체가 매우 중요한 함의를 띠고 있기도 하다. 왜냐하면 그것은 문학을 평가하는 기준 자체에 모종의 변화가 일어나고 있음을 의미하는 것이기 때문이다. 사실 엄숙주의에 기반한 진정성의 이데올로기와 본격문학의 문예미학적 관점을 고집스럽게 들이대면, 박민규 소설의 통속성은 그리 긍정적인 덕목이 될 수 없다. 그러나 통속성을 인간의 자연스런 본성을 자극하고 위로하는 그 무엇으로 대우

한다면 얘기는 달라진다. 그때, 박민규의 소설은 본격문학과 대중문화의 행복한 조우로부터 탄생한 독특한 스타일의 미학적 구조물로 격상된다.

대중문화적 상상력이 한국소설의 지형도를 어떻게 바꾸어 놓을지를 예측하기란 쉽지 않을 것이다. 다만, 엄숙주의에 찌든 본격문학의 틀에서 탈피해 독자에게 경쾌하지만 경박하지 않은 웃음을 선사한다면, 단순히 일회적 재치의 발산에 머물거나 통속성에 함몰되지 않고 본격문학에 새로운 활력을 제공한다면, 대중문화적 상상력을 내장한 소설의 출현만큼 반갑게 느껴지는 일도 없을 것이다. 그렇다면, 박민규표 소설의 앞날에 만만치 않은 숙제가 놓여 있는 셈이다. 어떻게 그동안 본격문학이 지켜온 고유한 미덕을 잃지 않으면서 대중문화적 상상력을 본격문학의 활성화를 위한 새로운 동력으로 활용할 것인가? 대중문화적 상상력이 본격문학을 시장의 논리에 무차별적으로 편입시키는 트로이의 목마가 되는 것은 아닌가 하는 의구심을 어떻게 해소할 것인가?

이를 위해서는, 우선 소설이 인간의 실존을 문제삼는 장르라는 믿음을 버리지 못하는 고루한 독자들마저 설득할 수 있는 실존적 깊이와 진지함을 동반할 필요가 있겠다. 아울러 가치의 무화현상을 뚫고 나아가 조심스럽게 새로운 가치를 정립하려는 움직임을 보여줄 필요도 있으리라. '자본의 바깥은 없다'는 도저한 숙명론을 수락한 채 소극적인 위로를 건네는 차원을 뛰어 넘어 최소한의 극복의지와 이상적 공동체를 향한 차분한 모색의 몸짓을 보여 주어야 하리라……

작지만 경쾌한 소설들

: 김애란론

법고창신(法古創新)의 힘?

김애란 소설을 향한 과도하게 느껴질 정도로 이례적인 관심의 집중은 그 자체로 흥미로운 문학적 현상이다. 물리적 연령으로는 이제 갓 이십대 중반을 넘어 섰을 뿐이고, 문학적 이력으로는 겨우 창작집(『달려라, 아비』, 창비, 2005) 한 권을 냈을 뿐인 신출내기 작가. 게다가, 그녀는 기괴한 상상력으로 단박에 독자의 눈길을 사로잡는 강한 자극성과 파격을 선보이고 있는 작가도 아니다. 오히려 표면적으로 그녀의 소설은 전통적 소설문법에서 크게 벗어나지 않은 모양새를 취하고 있다. 물론 김애란에게는 과격한 파격 없이도 참신한 감각으로 낯익은 것들에 개성적 향취를 불어넣는 재주가 있다. 그렇다면, 김애란 소설의 매력은 법고창신(法古創新)의 미학에서 발원하는 것이라 말해도 되지 않을까. '옛것을 본받자 하는 사람은 낡은 것에 매달리는 것이 흠이고 새로운 것을 창조한다는 사람은 전통에 의거하지 않는 것이 걱정이다. 진실로 옛것을 본받되 개변시킬 줄 알아야 하며, 새로운 것을 창조하되 전통에 의거할 줄 안다면 오늘의 글이 옛글과 마찬가지 일 것이다.'(박지원, 「초정집서(楚亭集序)」) 기존의 것을 격렬하게 부정하지도, 그에 무조건 순응하지도 않으면서, 새로운 문학적 면모를 선보이는 유연한 상상력이 지닌 부드러운 힘. 그것이 김애란 소설로 하여금 신구세대를 초월해 폭넓은 공감을 불러일으키게 하는 원동력이랄 수 있다.

성숙한 아이가 상상하는 철없는 아비

김애란 소설에서 법고창신의 미학을 피워 올리는 발화점은 아버지다. 격렬한 부정과 저항의 대상이든, 어쩔 수 없는 복종과 순응의 대상이든, 아니면 끈덕진 애증과 원망의 대상이든지에 상관없이, 한국문학 속에 등장하는 아비는 한결같이 자아를 무겁게 짓누르는 떨칠 수 없는 악몽과 같은 존재였다. 그에 비한다면, 김애란 소설 속 아비는 그간 한국문학에 나타난 숱한 아비들과는 사뭇 다른 면모를 보여 준다. 이때, 그 다름은 책임의식이 희박하다거나 가장의 권위를 탈각한 모습에서 기인하는 것만은 아니다. 물론 김애란 소설 속의 아비는 가족을 버리고 달아나거나(「달려라, 아비」, 「사랑의 인사」), 현실에 무기력하게 스며들지만(「스카이 콩콩」, 「그녀가 잠 못 드는 이유가 있다」), 그런 아비의 모습은 이전의 문학에도 어렵지 않게 찾아 볼 수 있다. 그보다 김애란 소설 속 아비의 유다른 점은 어른답지 않게 어줍잖은 농담과 장난을 즐기는 천진난만한 소년의 이미지가 덧씌워져 있다는 것이다.

김애란 소설의 아비는 한국문학의 역사에서는 유례가 없을 정도로 철부지 어른이다. 몸을 허락한다는 여자의 말에 넋이 빠져 피임약을 사러 불이 나게 비탈길을 달려 내려가고(「달려라, 아비」), 능청스럽게 거짓말을 일삼다가 어수룩하게 점잔을 빼기도 하며(「누가 해변에서 함부로 불꽃놀이를 하는가」), "태아처럼 리모콘을 꼬옥 쥔 채 웅크리고 잠"(「그녀가 잠 못 드는 이유가 있다」)드는 아비에게서 어른의 위엄과 채신머리를 찾아보기란 쉽지 않은 일이다.

하지만 김애란 소설에서 무엇보다 흥미롭게 다가오는 점은 철없고 무책임한 아비를 바라보는 자식의 태도다. 아버지가 자신을 버리고 도망간다고 해도, 김애란의 아이들은 자기 연민에 빠지거나 원한에 사로잡히는 법이 없다. 대신 그 아이들은 이렇게 상상한다. 아버지는 '나'를 버린 것이 아니라 실종된 것이며(「사랑의 인사」), 도망간 것이 아니라 지구 곳곳을 달리고 있다(「달려라, 아비」). 여기서 자주 지적되고 있는 것처럼 상상의 전도작용을 통한 현실 뒤집어 보기가 빛을 발한다.

> 오랫동안 나는, 아버지에게 야광 반바지도 입혀드리고, 밑창이 말랑말랑한 운동화도 신겨드리고, 바람이 잘 통하는 셔츠도 입혀드리고, 달리기에 필요한 모든 것을 상상해왔다. 그런데 그중 썬글라스를 씌워드릴 생각을 한번도 하지 않았다는 게 이상하게 여겨졌다. 아버지가 비록 세상에서 가장 시시하고 초라한 사람이라고 할지라

도—그런 사람도 다른 사람들이 아픈 것을 같이 아프고, 다른 사람들이 좋아하는 것을 같이 좋아할 수 있다는 생각을 하지 못했다. 그러니 아버지는 내가 아버지를 상상했던 십수년 내내, 쉬지 않고 달리는 동안 늘 눈이 아프고 부셨을 것이다. 그래서 나는 오늘밤 아버지의 얼굴에 썬글라스를 씌워드리기로 결심했다.

—「달려라, 아비」, 『달려라, 아비』, 28~29쪽

김애란의 상상은 현실적 개연성에 아랑곳하지 않고 허무맹랑한 이야기를 지어내는 일종의 망상도, 무의식적 열망의 가시적 표출현상으로서의 환상도 아니다. 차라리 그것은 자아와 세계 사이에 새로운 관계를 설정하는 능력이자 자기 긍정에 이르는 유쾌한 재능이라고 말할 수 있다. 김애란의 아이들은 이 상상의 창조적인 활동을 통해, 현실을 지배하는 통념에 구애받지 않고 스스로의 힘으로 사유하고자 한다. 편견에 속박되지 않은 타자 이해에 기초해서 유쾌한 자기 긍정에 다다르고자 한다. 그간의 한국문학에서 가족이 존재를 규정짓는 선험적 울타리로 작용하고 있음을 감안한다면, 존재를 우울하게 짓누르는 상처와 결핍으로서의 아비를 경쾌하게 넘어서는 행보는 결코 사소하달 수 없는 의미를 지닌다. 드디어, 혈육이라는 원초적 정리(情理)에만 기대지 않고 아비를 독립적인 한 인간으로 인정한 상태에서 상호 이해와 관용의 정신을 발휘할 줄 아는 진정 자유롭고 성숙한 주체가 탄생하고 있으니 말이다.

장난과 농담의 세계

김애란의 소설이 인과적 필연성이 지배하는 사실의 세계를 부정하는 것은 아니다. 다만, 사실의 세계는 "진담의 세계이며, 범인들의 세계에다가, 오해의 세계이기까지" 해서, 인간은 그 안에서 "잘해야 비길 수밖에 없는 시간"(「종이 물고기」)을 감내하고 살아가야만 한다. 그러므로 김애란의 소설이 사실의 세계를 인정한다고 해서 마냥 거기에 안주하려 하는 태도까지 내보이고 있는 것은 아니다. 오히려 인과성의 법칙에서 놓여나 자유롭게 다양한 심상을 결합시키는 상상의 힘을 통해 사실의 세계를 넘어서려는 데서 김애란 소설의 독창성이 나타난다.

현실에 의해 피동적으로 '구성되는' 필연의 세상을 떠나 자신이 능동적으로 '구성하는' 자유의 세계로 나아갈 수 있게 하는 추진력이 상상이라면, 그 상상의 힘에 추동되어 사실의 차원을 뛰어넘어 자유롭게 현실을 재구성하는 구체적 매개수단이 장난과 농담이다. 장난은 고정된 현실의 제관계를 살짝 비틀어 신선한 변화의 바람을 불러온다. 물론 장난이 기존의 관계를 송두리째 흔들어 혼란을 유발하는 작란(作亂)으로 치달을 수도 있지만, 김애란 소설이 거기까지 나아가는 경우는 없다. 농담 역시도 재치와 익살로 새로운 관계를 불러오지만, 사회적으로 허용된 범위를 넘어서지 않는다. 그러므로 김애란의 소설은 기존의 질서를 급격하게 무너뜨리지 않으면서 새로운 변화를 불러오는 법고창신의 소설미학을 구현하기 위해 장난과 농담을 꾸준히 활용한다.

「달려라, 아비」는 말 그대로 짓궂은 장난과 활기찬 농담으로 가득 찬 세계다. 이 장난과 농담의 세계 속 어미는 딸에게 "알지는 털 없는 자지가 알지고"라며 천연덕스럽게 농담을 해대고, 그 딸이 막 젖멍울이 시작되었을 때는 "팔짱을 끼는 척하면서, 팔꿈치로" "젖가슴을 쿡쿡 찔러대"는 장난을 일삼는다. 한편, 자식의 고민에 대해서 "걱정이 아니라 장난"으로 대응하며 "농담으로" 자식을 키운 것에 대해, 그 딸은 모녀지간이 "입석표처럼 당당한 관계였다"며 "자신을 연민하지 않는 법"을 가르쳐 준 어머니에게 고마움을 표시한다. 이렇게, 「달려라, 아비」에서 장난과 농담은 결손가정의 초라하고 칙칙한 현실을 능동적으로 재구성하며 타자의 이해와 자기 긍정에 다다르는 도약대 구실을 한다.

그는 먼 옛날부터 그곳에 있었기 때문에 모르는 게 없었다. 해가 지는 시간과 달이 기우는 각도, 오랫동안 전해오는 사소함으로 불러보는 이름들과, 사랑에 대해 말할 때 우리들이 하는 이야기, 대성당의 아름다움과 샌드페블즈의 노래에 대해서도—그는 다 알고 있었다. (…중략…)

그러면 곧 날개를 접고 가로등 갓등 위에 내려앉는 익룡(翼龍)의 모습이 보였고, 커다란 성기를 내놓은 채 가로등 아래 오줌을 싸고 있는 크로마뇽인이 보였다. 가로등 위로 기어올라가 손가락에 침을 묻혀 하루살이 떼를 찍어먹는 원숭이와, 가로등 기둥을 붙잡고 훌쩍이는 마오리족 패잔병도 모두 우리집 앞에 나타났다 재빨리 사라졌다. 나는 골목 안으로 꼬리를 감추는 마다가스카르 손가락원숭이를 보며, 골목이란 참 사라지기 좋은 장소라 생각하곤 했다.

—「스카이 콩콩」, 『달려라, 아비』, 60~62쪽

장난과 농담의 세계는 사실주의 서사의 인과론적 법칙을 간단하게 넘어선다. 시공간의 인과성이 허술해지고 그 틈새로 논리적으로 함께 할 수 없는 존재들이 몰려 들어와 한데 어울려 지낼 수 있는 곳이 바로 장난과 농담의 세계다. 거기서는 "스카이 콩콩을 타는 나의 운동 안에는 뭐랄까, 어떤 '정신'이 들어 있"(「스카이 콩콩」)다고 해도 그것이 악의 없는 거짓말 이상의 의미를 띠고, 코스모폴리탄적 의식이 발동해서 자기의 형제가 "스칸디나비아반도에도 있고, 부에노스아이레스에도 있고, 스톡홀름에도 있고, 평양에도 있고, 이스탄불에도 있다"(「누가 해변에서 함부로 불꽃놀이를 하는가」)고 해도 그것이 엉뚱한 소리로만 치부되지 않는다. 그렇다면, 장난과 농담은 이성과 합리로 고착된 관계를 활기차게 재구성하고, 초라한 현실에 생기를 불어넣으며, 현실의 중력을 이겨내는 부양법이라 할 만하지 않은가. 흔히 장난과 농담은 세상에 대한 냉소와 위악(僞惡)으로 치닫기 쉽다. 그럼에도 김애란식 장난과 농담은 그 위험성을 훌쩍 뛰어넘어 활기와 자기 성숙을 도모하는 미덕을 발휘한다.

진담의 세계 혹은, 자본의 현실

그러나 결핍의 현실을 유쾌하게 봉합하며 자기 긍정에 이르는 상상의 전도전략으로도 어쩔 수 없는 세계가 있다. 상투적 현실의 단면을 살짝 비틀어 능동적으로 현실을 재구성함으로써 신선한 변화의 바람을 불어넣는 장난과 농담의 전술이 통하지 않는 세계가 있다. 김애란의 소설은 아예 그런 세계가 존재하리라고는 상상도 못했다고 고백한다.

그런데 고등학교 2학년이던 97년에 IMF사태가 터졌고, 다음해 나는 교대에 떨어졌다. 갑자기 교대에 지원하는 학생들이 많아지면서 경쟁률이 무척 높아진 것이다. 그동안 나는 '수학'이나 '내신' 탓이면 몰라도 내가 'IMF' 때문에 대학에 떨어지라고는 상상도 못했었다. 게다가 'IMF'는 태어나 처음 들어보는 말이었다. 그것은 마치 누군가 '네가 대학에 떨어진 이유는 올해 카시오페이아좌에 있는 7789 베타별이 자오선을 지나갈 때 반짝거렸기 때문이란다.'라고 말해주는 것과 똑같이 들렸다.

—「베타별이 자오선을 지나갈 때, 내게」, 『창작과비평』 2005년 겨울호, 239~240쪽

김애란의 소설이 상상도 못한 현실이란 바로 자본의 제국이다. 좀 더 정확히 말하면 개인의 일상생활과 문화생활을 좌우하는 토대로서의 하부구조다. 그렇다고 해서, 그동안 김애란의 소설이 자신이 몸담고 있는 사회적 현실에 대해 맹목적으로 눈을 감고 있었던 것만은 아니다. 이미 그녀의 소설은 일상과 문화의 층위에서 일어나는 상황들을 통해서나마 개인을 지배하는 자본의 하부구조를 어렴풋이 감지하고 있다.

"스스로 조금은 특별하다고 생각하는 사람, 그래서 내 앞사람이나 옆사람도 스스로 특별하다고 생각할지 모른다는 사실에 불쾌해지는 사람"(「영원한 화자」)들이 있다. 그러나 조금만 주변을 둘러보아도 이 민감한 자의식을 단번에 날려 버리는 현실이 그들을 둘러싸고 있지 않은가. 따라서 그 진상을 마주하는 순간 그들은 자신이 "하나의 오차도 없이 징그럽게 똑같은"(「노크하지

않는 집」) 취향과 똑같은 생활용품을 가진 많고 많은 사람들 중의 하나일 뿐임을 무력하게 자인해야만 한다.

"저…… 아시죠?"

그는 도시락을 쥔 채 내 얼굴을 빤히 쳐다보았다.

"저, 이 근처 사는……항상 제주 삼다수랑, 디스플럭스랑 사갔었는데……"

(…중략…)

"손님, 죄송하지만 삼다수나 디스는 어느 분이나 사가시는데요."

—「나는 편의점에 간다」, 『달려라, 아비』, 50~51쪽

"편의점의 관심은 내가 아니라 물이다, 휴지다, 면도날이다." 거기서 개인은 개별자가 아니라 많고 많은 소비자의 하나에 불과할 뿐이다. 그럼에도 "편의점이 없으면 존재하지 않는 사람", 거기에서나마 "궁핍한 자취생도, 적적한 독거녀도 무엇도 아닌 평범한 소비자이자 서울시민이" 될 수 있기에, 오늘도 그들은 무언가 필요한 것을 고안해내서라도 반드시 편의점에 간다. 그 거대한 자본의 현실을 살아가는 자신을 깨닫는 순간, 장난도 농담도 그로부터 발생하는 유머도 슬그머니 꼬리를 감춘다. 이 갑작스런 웃음의 소멸은 김애란 소설의 유머가 문화산업에 의해 '강요된 경쾌성', 즉 "인생이란 비극적이므로 경쾌하게 위로받아야 한다는 투의 불길한 비극으로까지 빠져버린"[2)] 경쾌성이 아님을 역설적으로 증거한다. 그럼에도, 부정적 현실을 뒤집는 상

2) 테오도르 아도르노, 김주연 옮김, 「예술은 경쾌한 것인가?」, 앞의 책, 158쪽.

상의 전도전략이, 장난과 농담의 전술이 그에 상응하는 물질성을 담보하지 못하거나 하부구조에 대한 인식을 게을리 하게 되면, 금방 막다른 벽에 부닥치게 되고 만다. 그런 측면에서, 김애란의 소설이 일상과 문화의 층위에 대한 관심에서 출발해, 점점 자신이 딛고 있는 삶의 물적 토대에까지 인식의 범위를 확대해 나가는 점은 주목되는 현상이다.

경제자본의 소유 정도에 따라 자기가 속한 계급이 결정되기 마련이지만, 그 계급의 차이가 가시적으로 드러나는 영역은 문화의 장일 것이다. 한국사회도 1990년대를 기점으로 경제자본이 급격하게 문화자본으로 전환되는 양상을 보인다. 새내기 작가답게 김애란이 「성탄특선」(『창작과비평』, 2006년 여름호)에서 주목하는 바도 그와 같은 문제다. 이를테면, 패밀리 레스토랑에서 메뉴판을 받아든 가난한 연인이 "모두 처음 보는 음식인 데다, 메뉴에 딸린 선택 사항을 어찌할지 몰라서" 당혹스러워 하는 장면은 사회계급에 따른 개인의 불평등한 능력이 문화자본의 영역에서 어떻게 표출되는가를 날카롭게 보여준다. 그리고 옷맵시와 매너에서부터 신체적 성향에 이르기까지 체화된 문화자본의 영역에서 넘을 수 없는 계급적 격차가 존재함을 확인해 가던 「성탄특선」은, 하룻밤 머물 사랑의 안식처를 찾아 헤매는 여인의 행로를 통해 문화자본의 격차가 실상은 경제자본의 차등에서 유래함을 표나게 드러낸다. 여관마다 만원인 성탄절 밤, 함께 보낼 방을 찾아 이리저리 전전하다 끝내 적당한 여관을 찾지 못하고, 한 달치 월세와 맞먹는 숙박비에 질려 고급모텔에서도 쫓기듯 빠져 나와, 끝내는 허름하고 지저분한 여인숙으로 스며든 그들. 그들은 거기서 숙박비를 아끼려 동료의 방에 몰래 숨어드는 외국인 노동자들의 비굴하고 안쓰러운 모습과 마주친다. 이로써, 「성탄특선」은 고도 소비사회의 풍요에서 소외된 채 자본의 뒤안길을 헤매는 반주변부 국가의 소외계층과, 주변부 자본주의의 빈곤으로부터 탈출하기 위해 반주변부 자본주의 국가로 흘러 들어온 외국인 노동자의 처지가 크게 다를 바 없음을 암시한다.

"그런데 난 참 이상했어."

동생이 사내에게 등을 돌리고 누우며 졸음에 겨운 목소리로 묻는다.

"뭐가?"

사내는 추억에 잠긴 목소리로 말한다.

"그게, 티브이나 영화에서 보면 크리스마스 선물이 되게 예쁘게 포장돼 있었잖아.

그것도 꼭 장식된 전나무 밑에 놓여 있고. 거기 나오는 선물들은 전부 커다랗고 근사한 박스 안에 들어 있었잖아. 정말 산타가 준 선물같이."

동생이 점점 흐려지는 목소리로 대답한다.

"…… 응."

"근데 우리들 머리 위에 있던 선물은 왜 항상 까만 봉다리 속에 들어 있나. 나는 그게 참 이상했었어."

"……"

—「성탄특선」, 『문학과사회』 2006년 여름호, 202~203쪽

그렇다면, 변두리인생을 살아가야 하는 희망 없는 존재의 삶은 어디서부터 유래하는가? 「성탄특선」은 결구의 의문 섞인 질문을 통해 그것이 개인으로서는 어쩔 수 없는 구조적 문제로부

터 발원함을 암시한다. 이때, 삶의 진상을 조용히 확인하는 동시에, 특별한 자기 연민이나 원한 없이 자신이 몸담고 있는 삶의 지반을 담담하게 수용하려는 인물의 자기 수락적 태도에서 김애란 소설 특유의 어떤 조숙함을 감지할 수 있다. 그러나 여기에는 현실을 능동적으로 재해석해 내려는 의지, 다시 말해 상상의 전도전략이나 장난과 농담으로 현실의 중압감을 훌쩍 뛰어넘어 자기 긍정으로 도약하는 경쾌한 마법이 들어설 여지가 전혀 없다. 가족의 결핍과 상처를 훌쩍 뛰어넘는 상상력마저 옴짝달싹 못하게 하는 것이 자본의 힘이라면, 김애란 소설이 자기 연민이나 원한 없이 자본의 난경(難境)을 헤쳐 나가기 위해서는 또 다른 무엇이 필요하다.

자기의 기원을 더듬는 몸짓

인간의 기원은? 우리는 어디서 와서 어디로 가는가? 언뜻 생각하면 이는 조금의 의문도 들어설 여지가 없는 너무나 자명한 사실로 여겨진다. 그러나 영원히 풀리지 않는 수수께끼로 남아 끊임없이 인간의 의문을 자아내는 것이 바로 이 문제이기도 하다. 세상에는 인간 기원의 비밀을 풀어내려는 수많은 이야기들로 가득하다. 특히 '인간은 똥과 오줌 사이에서 태어난다'는 결코 부인할 수 없는 사실을 부인하고 싶어하는 욕망은 오래 전부터 있어 왔다. '인간이 땅에서 솟아났다'는 그리스 테베의 출토인(出土人)서사는 그 명백한 사실을 부인하고자 하는 대표적인 신화 중 하나다. 우리는 이 신화에서 필연의 영역에만 갇혀 있지 않고 자유의 영역으로 나아가려는 인간의 자유의지를 읽어낼 수 있을 것이다. 거기에는 죽음의 필연에 둘러싸인 미지의 운명을 주체적으로 제어하려는 인간의 능동적 의지가 숨어 있으니 말이다.

김애란 소설에도 자기의 기원을 더듬는 장면이 심심찮게 등장한다. 이때, 초라하고 남루한 현실을 초라하지도 남루하지도 않게 서술하는 대목이 눈길을 끈다. 거기서 현실의 결핍과 고통에 정면으로 맞서 이를 극복하고자 하는 끈질기고 강인한 의지를 찾아내기란 쉽지 않을 것이다. 그러나 거기서 생물학적 필연이나 사회의 구조적 메커니즘의 장력에서 벗어나 좀 더 자율적인 인간으로 존재하고자 하는 무의식적 의지를 읽어내는 것은 그리 어렵지 않다.

> 내가 씨앗보다 작은 자궁을 가진 태아였을 때, 나는 내 안의 그 작은 어둠이 무서워 자주 울었다. 그러니까 내가 아주 작았던 시절—조글조글한 주름과, 작고 빨리 뛰는 심장을 가지고 있었던 때 말이다. 그때 나의 몸은 말[言]을 몰라서 어제도 내일도 갖고 있지 않았다.

> 말을 모르는 몸뚱이가, 세상에 편지처럼 도착한다는 것을 알려준 것은 나의 어머니였다. 어머니는 나를 어느 반지하방에서 혼자 낳았다. 여름날이었고, 사포처럼 반짝이는 햇빛이 빳빳하게 들어오고 있었다. 그때 윗도리만 입은 채 방안에서 버둥거리던 어머니는 잡을 손이 없어 가위를 쥐었다. 창밖으로는 어디론가 걸어가고 있는 사람들의 다리가 보였고, 죽고 싶다는 생각이 들 때마다 어머니는 가위

로 방바닥을 내리찍었다. 그렇게 몇시간이 지난 뒤, 어머니는 가위로 자기 숨을 끊는 대신 내 탯줄을 잘라주었다.

—「달려라, 아비」, 8~9쪽

누군가 아버지의 성기에 기다란 불꽃놀이 막대를 꽂는다. 그리곤 그곳에 라이터로 불을 붙인다. 아버지가 놀란 눈으로 자신의 아랫도리를 바라보는 동안 친구들이 하나, 둘, 셋을 외친다. 심지를 타고 조급하게 타들어가는 불꽃이 피유우웅—하늘 높이 날아오른다. 아버지도, 그녀도, 친구들도, 모두 고개를 들어 하늘을 바라본다. 아주 짧은 순간의 고요가 그들의 머리 위에 머문다. 펑! 펑! 불빛이 터져 나온다. 아버지는 누운 채 불빛을 세례받는다. 펑! 펑! 활짝 피는 불꽃들이 아름답다. 그리하여 아버지의 거대한 성기에서 나온 불꽃들이 민들레씨처럼 밤하늘로 퍼져나갔을 때, 아버지의 반짝이는 씨앗들이 고독한 우주로 멀리멀리 방사(放赦)되었을 때,

"바로 그때 네가 태어난 거다."

—「누가 해변에서 함부로 불꽃놀이를 하는가」, 『달려라, 아비』, 176~177쪽

「달려라, 아비」의 첫 장면은 태초의 어둠에서 나와 최초로 세상의 빛과 마주했을 때 주인공 '나'가 느끼는 현실의 질감을 담백하게 드러낸다. 특히, 그리 행복하달 수 없는 탄생의 정황을 관조적으로 더듬어 가는 와중에 "예의바름, 그것은 태어나 내가 세상에 대해 느낀 최초의 불쾌(不快)였다"(「달려라, 아비」)고 진술하는 대목이 눈에 들어온다. 이 말 속에서는 세상의 규범과 질서에 순응하기보다 오히려 장난과 농담으로 그것을 타고 넘으려는 몸짓이 움트고 있음을 감지해 낼 수 있다. 「누가 해변에서

함부로 불꽃놀이를 하는가」의 유쾌한 상상은 또 어떤가. 떠들썩한 축제의 이미지로 채색된 문제의 장면에는 비루한 현실을 딛고 일어나 자신의 생을 온전히 긍정하려는 의지가 숨어 있다. 이처럼 현실에 발을 딛은 상태에서 삶의 불가해성을 주체적으로 수용하려는 자세를 견지할 때, 근거 없는 낭만주의나 모호한 신비주의에 빠지지 않을 수 있다.

"공룡이지 임마! 원숭이 이전에 공룡이 있었으니까. 공룡의 조상은 물고기고, 물고기의 조상은 메탄, 질소 뭐 그런 공기인 거야. 그러니까 사람도 결국 그런 '공기'며 '바람'이며 '햇빛'에서 나온 거야. 그게 바로 우리의 진짜 조상이라고. 알겠니?"

아이는 알 듯 모를 듯 고개를 끄덕였다.

"그런데 이 공기랑 바람이 별걸 다 만들어놨잖아, 지금. 그러니까 우리 조상은 참치일 수도 있고, 의자일 수 있고, 스테인리스 압력밥솥일 수도 있고, 말하자면 이 블랙박스일 수도 있는 거야."

"왜?"

"조상이 같으니까."

—「플라이데이터리코더」, 『문학·판』, 2006년 여름호, 325쪽

그러나 김애란의 소설이 지금—여기의 인간적 현실을 떠나 너무 멀리 나아가서 모든 것을 추상적 보편으로 환원할 때, 장난은 활력을 잃고 농담도 건강한 생산성을 상실하게 된다. 「플라이데이터리코더」는 그 부정성이 노출된 작품이라 볼 수 있다. 사실적 요소와 우화적 요소가 뒤섞인 이 작품에서 고착된 인식을 뒤흔드는 그녀 특유의 발상법은 진부한 농담 내지 난센스 이

상의 것이 되지 못한다.

창조적 변용을 통한 새로운 생성과 도약

그가 첫 포스트잇을 붙인 벽면은 곧 다른 포스트잇들로 빼곡이 채워졌다. 그는 읽은 책에서 좋아하는 부분을 골라 포스트잇에 적었다. (…중략…) 규칙도 순서도 없는 문장들이었지만, 그것들은 스스로 어떤 질서를 만들어내고 있었다. 그는 전혀 다른 시대, 다른 분야에 있는 사람들의 목소리가 모두 '연결'되어 있다는 점에 놀라워했다. (…중략…)

두번째로 할 일은 자신에 관한 이야기를 쓰는 것이었다. (…중략…)

그는 첫번째 벽면에서와 마찬가지로 그것들이 모두 '연결'되어 있다는 사실에 놀랐다. 그 당시 정말 아무 의미가 없거나 사소한 일들이 자기 인생에 중요한 영향을 미친 것을 깨닫고 그는 경이로움을 느꼈다. (…중략…)

세번째 벽면은 좀더 무질서했다. 그곳의 포스트잇들은 뚜렷한 문맥이 있는 것도, 완결된 형태의 문장으로 이뤄진 것도 아니었다. 그는 스치는 생각, 단어, 문장을 암호처럼 적었다. 그 중에는 '실패한 농담들의 쓰레기장'이나 '진심을 위한 뱃지가게'도 있었다. 그것들은 어떤 것도 말하고 있지 않지만 왠지 모르게 기분좋게 해줌을 느꼈다. (…중략…)

공사장에서 일하며 그는 네번째 벽면을 채울 것들을 발견했다. 그곳에서 일하는 아저씨들의 입담이 새로운 충격을 주었던 것이다.

(…중략…) 뿐만 아니라 버스 뒷자리에서 중학생들이 나누는 수다나 시장 아주머니들의 음담패설, 공원 할아버지들의 참견도 빠뜨리지 않고 적었다. 그는 말들이 가진 건강함에 놀라며 단상(斷想)으로 채워진 세번째 벽면을 때어내고픈 충동을 느꼈다.

—「종이 물고기」, 『달려라, 아비』, 209~213쪽

사족을 다는 것으로 글을 마무리하기로 하자. 김애란 소설이 법고창신의 미학을 구현하고 있다면, 「종이 물고기」는 그 미학적 비밀의 일단을 살며시 드러내고 있다. '해 아래 새로운 것은 없다.' 소설쓰기란 앞서 살다간 이들이 남긴 글들, 삶의 연륜이 묻어나는 시중(市中)의 농익은 언어들, 그리고 일상의 수다와 음담패설과 말참견들, 이 모든 것들을 수집하고 "위치와 배열을 바꾸는 일"에 다름 아닌지도 모른다. 물론 그 말이 단순한 모방예찬론이나 포스트모던적 혼성모방 기법의 추종을 뜻하는 것은 결코 아니다. 아마 그것은 발화주체로서의 저자(author)보다 새로운 배치를 창안해내는 작가(writer)의 역할을 강조하는 말이리라.

김애란의 소설은 고착된 관계를 활성화하고 예상 밖의 배치로 새로운 의미를 생성할 줄 안다. 이를테면, 가족 로망스의 서사적 재배치로 이전과 다른 새로운 아버지상을 고안해 낼 줄 안다. 또 기발한 상상력으로 궁색한 일상에 우주적 생기를 불러넣을 줄도 안다. "지하철 안—매일 아침 목숨을 걸고 한강을 건너는 사람들 틈에 앉아, 덜컹이는 이 세계의 박자를 느끼고 있다보면, 어느새 나는 눈을 감고 고산지대 사람들의 휘파람 소리를 상상하게 된다. 내가 한번도 불러본 적 없는 입술에서부터 출발해 골짜기를 타고 내려가 산을 한 바퀴 돈 다음, 제자리로

돌아왔다가, 지구를 휘감은 뒤—이제 막 내 귓바퀴에 도착하는 긴— 긴— 휘파람 소리, 처음부터 나에게로 오게끔 약속돼 있던 언어.”(「사랑의 인사」)

아울러 김애란의 소설은 선행하는 작품을 빌려오되, 그것을 자기만의 독특한 발상법으로 용해시켜 재맥락화할 줄도 안다. 예를 들어, 「즐거운 편지」의 시구를 적절히 변용하면서 그 시의 반어적 경쾌성을 절묘하게 재활용한다. “오랫동안 전해오는 사소함으로 불러보는 이름들과, 사랑에 대해 말할 때 우리들이 하는 이야기”(「스카이 콩콩」), “비가 오고 바람이 불었다. 사사롭거나, 잊어선 안될 일들이 지나갔다.” 또 “모두 병들었는데 아무도 아프지 않았다”는 역설로 종결되는 「그날」(이성복)의 우울한 시적 풍경을 전혀 다른 서사적 풍경으로 재현해 낸다. “내가 편의점에 갔던 그사이, 나는 이별을 했고, 찾아갔고, 내가 누군가를 죽일 수도 있는 사람이라는 것을 깨달았다. 그러나 이 모든 것을 아무도 알지 못한다.”(「나는 편의점에 간다」) 그리고 「성탄특선」에서는 경제자본의 불평등이 문화자본의 격차로 표출되는 양상을 예리하게 짚어 낸 김이소의 『거울 보는 여자』의 성과를 이어가면서도, 연애담의 한계를 탈피해 사회적 의미망을 덧씌우는 데 성공하고 있기도 하다.

불순한 소설미학, 불온한 정치성

: 백민석론

백민석 다시 읽기

이제 백민석은 새로운 한국문학을 대표하는 작가의 한 사람으로 자리잡았다. 그 사실은 '백민석론'을 표방한 글들이 제법 두툼하게 쌓여 있는 모습에서도 쉽게 확인할 수 있다. 그러나 비평의 쇄도에도 불구하고, 백민석 소설세계의 중간 점검이 전적으로 올곧게 이루어졌다고 볼 수 없을 것이다. 지금까지 백민석에 대한 조명은 주로 '신세대론'의 자장 안에서 이루어져 왔다. 이전 시기의 문학과 1990년대의 문학 사이에 현저한 차이가 존재하고 있다는 점에서, 이는 매우 자연스러운 현상처럼 보인다. 분명 1990년대의 문학은 엄숙성과 사실적 재현원리를 신봉하던 시절의 문학이 아니다. 역사적 현실과 별다른 연관성이 없어 보이는 문화적 기호들이 소설공간을 화려하게 수놓는가 하면, 인과성의 제약으로부터 자유스러운 서사적 행보를 보여주기도 한다. 이에 비추어 보면, 신세대의 문학을 현실에 아랑곳하지 않고 유희의 즐거움에 탐닉하는 문학으로 몰아세우는 평가가 지나치게 부당하다고만 볼 수도 없다.

분명 백민석의 소설은 기성 문학판에 적잖은 충격을 안겨 주었다. 예찬의 시선으로 바라보든 경멸의 시선을 던지든 상관없이, 일단 그의 소설에 나타난 과격성에 마주친 독자들은 누구나 당혹감을 느끼기 마련이다. 하지만 표면적으로 드러난 도발적 새로움에도 불구하고, 백민석 소설의 심층에는 부조리한 현실과 존재의 실존적 아픔을 담아내려는 문학적 전통이 면면히 흐르고 있다. 그런 면에서, 그 차이에 대한 고려 없이 문화적 기호들의 유희라는 신세대 텍스트론에 백민석의 소설을 몰아넣는 비평적 태도는 그 타당성에도 불구하고 다소 일면적인 감도 없지 않다. 정작 비평이 할 일은 현란한 문화적 기호의 유희 이면에 흐르는 실존적 존재의 고통스런 몸부림과 상처받은 영혼의 동경을 밝혀내는 작업이 아닐까? 지금까지의 논의는 백민석의 소설을 일정한 틀 안에서만 재단하려 하고 있다는 인상을 지울 수 없는 것이 사실이다. 이 글은 그러한 문제의식에서 출발한다. 세대론에 입각한 조명만으로는 그의 독특한 소설미학을 제대로 조명할 수 없다고 본다. 특히 지금까지 걸어온 문학의 길보다 앞으로 가야할 문학적 여정을 더 많이 남겨놓고 있는 이 작가에게, 『목화밭 엽기전』(문학동네, 2000)에 과도하게 집중된 관심은 축복이기에 앞서 불운으로 여겨진다.

우리는 1990년대의 문학에서 그동안 문학이 기대고 있던 규범적 가치와 형상화 원리에 어떤 변화가 일어나고 있음을 분명하게 감지할 수 있다. 독자가 기대지평의 전환을 재촉받고 있다는 느낌이 들 만큼 1990년대 문학은 낯설고 새로웠다. 그럼에도 불구하고, 1990년대의 문학과 전 시대의 문학 사이에 결코 메울 수 없는 간극이 존재하는 것은 아니다. 따라서 우리는 연속성의 관점에서 불연속성을 사유한다는 자세로 백민석의 소설이 가져온 기대지평의 지속과 변화 양상을 고찰할 필요가 있다.

폭력의 발생학적 기원

백민석 문학의 원형을 고스란히 담고 있는 시원(始原)의 텍스트로 무엇을 들 수 있을까? 흔히 말하듯 처녀작에 한 작가의 문학적 원형질이 고스란히 담겨 있다는 말에 동의한다면, 당연히 『내가 사랑한 캔디』(김영사, 1996)를 손꼽을 수 있다. 반면 백민석에 대한 기존의 평가에 따른다면, 단연 그의 출세작 『목화밭 엽기전』을 우선적으로 거론해야 할 것이다. 하지만 통념이나 일반적 평가와 달리, 백민석 소설의 원형이자 시원으로 간주될만한 텍스트로는 『헤이, 우리 소풍 간다』(문학과지성사, 1998)를 내세울 수 있을 것이다. 가슴 시린 아픔과 날 선 분노가 어우러져, 읽는 이에게 날카로운 아름다움을 선사한다는 점에서 그렇고, 이후 그의 소설들이 다양하게 분기되는 모태가 되고 있다는 점에서도 그렇다.

『헤이, 우리 소풍 간다』는 상처의 기원을 찾아가는 과거로의 여정이 서사의 주요한 얼개를 이루고 있다. 이는 이 소설이 삶의 지층 깊숙한 곳에 봉인해 두었지만 끊임없이 영향력을 행사하는 과거의 어두운 상처와의 고통스런 조우과정을 담고 있다는 것을 의미하는 것이다. 그리고 그 여정은 '소풍'이라는 가벼운 언사와 달리, "자기 삶의 지층 저 깊은 아래에, / 얼마나 거대한 죽음과 공포의 불연속 힘이 꿈틀대는지, 얼마나 치명적인 불안과 스트레스의 불연속 힘이 발광하고 있는지"를 파들어 가는 고행길이기도 하다. 특히 이 소설은 그 고행길의 마디를 이루는 각 장의 들머리마다 "죽음과 공포의 아우라의 현대적 현현(顯現)"이라 일컫는 딱따구리들의 잔혹한 살육행위를 배치하고 있다. 그 분출하는 폭력의 환영은 이 소설의 공간을 "훼손과 결핍뿐인 어떤 난장판"에 다름 아니게 만든다. 하지만 잔혹하고 선혈 낭자한 폭력의 이미지가 소설의 무대를 뒤덮고 있음에도 불구하고, 우리는 거기서 분노와 적개심을 읽는다. 분노와 적개심? 그렇다, 우리는 거기서 세상으로부터 배척당한 '태생이 다른 자'의 원초적 분노와 적개심을 읽을 수 있다.

편의점과 지하철을 휘저으며 이유 없는 폭력을 휘두르는 딱따구리들의 모습은 대단히 잔혹하고 섬뜩하게 묘사된다. 그러나 여기서 우리가 직시해야 할 것은 그 잔혹한 폭력이 인간을 향한 것이 아니라, 자신들을 광기와 폭력을 휘두르는 괴물로 만들며 세워진 저 거대자본의 화려한 인공도시('퐁텐블로')를 향한 복수라는 점이다. 그렇다면 그 광기와 폭력이 도대체 어디서 발원하는가는 자명해진다. 그건, 무허가 판자촌에 편재하는 미시적 폭력, 즉 공과금 몇 푼을 떼먹기 위해 저주를 퍼부으며 세입자들과 싸우는 어머니, 추운 겨울에 어린 아들을 발가벗겨 대문 밖으로 내쫓아 죽음에 이르게 하는 아버지, 자기 딸을 놀렸다고 멍키 스패너로 아이의 이마를 둘로 쪼개놓는 이웃집 아저씨, 그리고 그런 미시적 폭력들을 감싸며 "한 사회, 한 나라 구성원들 전체에 작용하는 어떤" 거대폭력으로부터 유래한다. 따라서 그것은 결코 상상의 폭력에 그치는 것이 아니라 역사적 경험의 응축이자 실재하는 악몽의 그림자라 할 수 있다. 그렇다면 여기서 우리는 백민석을 여타의 신세대 작가와 구분 짓는 중요한 차이점 하나를 구체적으로 발견한 것이 된다. 일테면, 백민석이 차용하는 문화적 기호들이 다른 작가의 그것처럼 텍스트를 세련되게 치장하는 장신구가 아니라, 현실의 결핍과 모순을 폭로하는 매개체라는 사실이 바로 그것이다.

『헤이, 우리 소풍 간다』는 파편화되고 균열된 서사가 얼기설기 이어진 모습을 하고 있다. 각 장의 들머리와 본서사가 단절되어 있음은 물론, 본서사 역시도 무수한 균열을 지니고 있으며, 심지어 문장마저 불연속적으로 단절되어 있다. 그리고 이 의도된 단절과 균열의 불협화음을 바로 문화적 기호들이 봉합하고 있다. 무허가 빈민촌의 현실적 결핍을 만화영화의 주인공들이 메워주고 있는 데서 볼 수 있듯이. 그러므로 무수한 가상의 이미지들은 빈민촌의 어린이들에게는 "전자빔이 만들어낸 수많은 휘점" 이상의 그 무엇이다. 물론 그 가상의 이미지들이 탈신화화될 때, 그것들은 "빛의 점들에 불과"하게 되지만.

그 마이티마우스란, 평소엔 대도시 지하의 어떤 거대한 하수도 속에 살다가, 친구 쥐들이 어떤 위기에 처하면 그들을 구출하기 위해, 망토를 뒤집어쓴 슈퍼마우스로 돌연 변신하는, 어떤 생쥐에 관한 만화영화였지…… 그래, 기억나,

그 새까맣고 더럽지만 정의로웠던…… 마이티마우스.

하지만 얘야, 그건 정의의 생쥐, 가 아니란다…… 마이티마우스가 안선생의 목소리를 흉내내며 말을 잇는다…… 그건, 우리 속내의 하수도를 헤집고 다니는, 추악함과 더러움의 이름으로서의 생쥐란다…….

—『헤이, 우리 소풍 간다』, 문학과지성사, 1995, 232쪽

그들이 선망하던 그 수많은 가상의 이미지들이 실은 인간의 "추악함과 더러움"을 은폐하고 현실의 본질을 왜곡하는 그 무엇에 지나지 않는다면 어떻게 해야 할까? 백민석은 가상의 이미지를 거부하는 것이 아니라, 이를 보다 적극적으로 이용하는 전략을 선택한다. 그것을 쉽게 드러나지 않는 현실의 어두운 배면이나 삶의 비의를 가시화하는 방편으로 이용하는 것이다. 딱따구리들이 행하는 가상의 폭력을 통해, 언제 "이 거대 도시의 심층에서, / 불쑥, 또다시 튀어나올지" 모르는 도시의 야만을 가시적으로 드러내는 데서 알 수 있듯이. 이처럼 백민석은 현대문명의 표면을 가로지르는 가상의 이미지를 적극적으로 활용하여, 그 이면의 보이지 않는 실재를 드러내는 데 재능을 발휘한다. 특히 『헤이, 우리 소풍 간다』는 보이는 이미지를 이용하여 보이지 않는 실재를 드러내는 서사전략이 가장 성공적으로 구현된 텍스트로 손꼽아도 좋을 것이다.

그렇다면 다시 실재와 관련하여 소풍의 막바지에 다다른 원초적 상처의 공간 '동굴'에 주목해 보자. 토질을 확 바꿔버리기 전에는 어떤 생명체의 거주도 용납지 않는 척박한 땅을 가로질러, 흉한 모양으로 녹슬어 가는 거대한 바위 절벽에 다다라야만 나타나는 그 동굴은, 자궁 같은 원형적 의미의 부여를 허용치 않는다. 그곳은 끔찍한 윤간이 벌어지고, 잔혹한 살인이 발생하며, 폭

력의 주체들이 “단단히 틀어막힌 깜깜함들 속으로 스며들 듯” 숨어버리는 악의 블랙홀이다. 다시 말해, 그 동굴은 도시의 하수도 혹은 우리 내면의 시궁창의 또 다른 은유에 불과하다. 그렇다면, 우리는 작가가 그토록 집요하게 보이지 않는 실재의 드러냄에 천착하는 이유를 물어야 한다. 왜냐하면, 그것은 우리가 몸담고 있는 삶의 근원적 지반에 대한 성찰과 맞닿아 있다는 점에서, 독특한 정치적 미학적 효과를 산출하기 때문이다. 보이지 않는 실재에 대한 탐색은 좀처럼 자신의 실체를 드러내지 않으려는 문명의 어두운 지층에 대한 추적이다. 그런 측면에서, 『헤이, 우리 소풍 간다』는 ‘문명은 야만이다’라는 명제의 서사적 구현으로 볼 수 있다. 그리고 이는 이 작품뿐 아니라 이후의 백민석 소설 전체를 관통하는 근원적 화두라 말할 수 있다.

하위문화, 비현실적 현실, 저항과 투항

‘문명은 야만이다!’ 백민석에 의하면, 인간은 “죽임의 도구들을 발명하고 그 터전 위에 문명, 죽임의 미로, 들을 건설했”(『헤이, 우리 소풍 간다』)다. 그리고 수백만 년 전부터 끊임없이 변주되는 그 우울한 법칙은 오늘날까지 이어져 “죽임과 또 죽임으로 가득찬 현대”를 지속시키고 있다. 하지만 현대사회는 편만한 죽음과 야만에 기초해 자신의 문명을 건설하였음에도 불구하고, 이를 교묘하게 은폐한 채 현대문명 세계가 인간의 지상낙원임을 줄기차게 선전한다. 『16믿거나말거나박물지』(문학과지성사, 1997)와 『목화밭 엽기전』의 문제의식이 겨냥하고 있는 지점도 바로 여기다.

이들 작품은 괴기한 상상력을 총동원하여 현대문명이 창조한 인공낙원을 보여주면서 스스로가 자신의 기만과 야만성을 노출하게 만든다.

먼저 『16믿거나말거나박물지』를 살펴보자. 우리는 실재보다 더 실재 같은 시뮬라크르의 세계 속에 살고 있다는 말이 결코 과장이 아님을 실감하는 시대에 살고 있다. 현대의 자본과 기술이 창조한 이 놀라운 세계는 실재의 대상을 죽이고 실재의 현실을 압살하며, 스스로를 끊임없이 재생산하는 가상의 이미지로 구축된 자율적인 공간이다.

믿거나말거나 박물지사(社)라는 벤처기업이 있다. 말이 벤처기업이지, 잡지를 발간하며 다이어트 회사에서부터 테마 파크와 병원에 이르기까지 손을 대지 않은 사업이 없다시피 하고 뉴욕에도 박물관이 있는 걸 보면, 다국적 자본과도 연계된 거대한 재벌회사임에 틀림없어 보인다. 이 회사는 상상해 낼 수 있는 모든 것을 이미 다 생산해 내고 이제 상상해 낼 수 없는 것들을 생산해 내고 있는 새로운 생산시대의 선두주자다. "세계를 구조하는"(「캘리포니아 나무개」) 박물지사는 "이 세상에서 한 번도 보지 못한 그 어떤 것을 보고 싶어"하는 사람들의 도락을 위해서 "뭘 의미하는지 도무지 알 수 없는" 희귀한 동물들을 끌어 모은다. 또 달걀 다이어트 프로그램을 이용해 불행한 비만자들을 "자가 분열에 성공한 전형적인 현대인"(「믿거나말거나박물지식 달걀 다이어트」)으로 탈바꿈시켜 주기도 한다. 심지어 믿거나말거나 박물지사의 중환자실은 그곳에 입원만 하면 그 누구도 죽어나가지 않도록 생명을 무한히 연장해 주기도 한다. 대신 "죽음 없는 죽음을 소원하는 많은 남녀들"(「그들은 운명적으로 자질구레함을 타고났다」)을 위해 가상의 위기적 상황을 체험할 수 있는 홀로그램 프로그램을 개설하는 세심함도 잊지 않는다. 이쯤 되면 믿거나말거나 박물지사가 가상현실을 지속적으로 생산하는 거대한 현대문명 체계의 알레고리임을 어렵지 않게 눈치챌 수 있다. 새로운 차원의 현실이 되어 버린 이 가상현실은 현대문명을 유지하고 관리하는 중요한 기제 역할을 한다. 그러나 이 거대한 체계가 현대인에게 완벽한 행복의 낙원을 제공해주지 못하며, 가상현실도 실재의 어두운 그림자를 완전히 가리지 못하는 모양이다. 왜냐하면 그것은 "애를 뗄 때는 반드시 더치 페이"(「사랑의 고통」)를 하고, "가족이란 것이 자기 자신에게조차도 결코 설명해줄 수 없는, 그런 신비"(「요람 속의 고양이 둘」)가 되어 버리는 삭막한 현실과, 현실의 불만을 리모트컨트롤에 대한 편집증적 집착으로 보상받으려는 무력한 인간(「술집 가스등」)을 양산하는 체제이기도 하기 때문이다.

그러나 『16믿거나말거나박물지』에서 우리의 눈길을 끄는 것은 현대문명 체계의 숨겨진 모순과 병리적 실상이 아니라, 이를 그려나가는 서사형식의 독특함이다. 이 연작형태의 단편들은 가상의 이미지들을 극단적으로 활용하여 초현실적이고 기괴한 서사공간을 창출한다. 거기에서는 기승전결식의 인과적 서사고리가 부재하며, 대신 의미화를 교란하는 종잡을 수 없이 강렬하고 자극적인 이미지가 난무한다. 때문에 이 괴이하고 무의미한 형태의 서사는 한편의 뮤직비디오를 연상케 하는 면이 있다. 예를 들어, 그것의 서사전개는 빠르고 역동적인 카메라의 움직임으로 기의와 무관하게 시각적 기표의 돌발적인 출몰을 유도하는 MTV 스타일과 모종의 유비관계를 갖고 있는 듯 느껴지기도 한다. 긴밀한 연결고리 없이 부유하는 이미지의 강도가 의미의 강도를 결정하는 양상이 그렇고, 재현도 비재현도 아닌 듯한 재현효과를 낳는 의미 구성방식의 독특함도 그렇다. 하지만 『16믿거나말거나박물지』가 지닌 가장 큰 미덕은 의미를 파괴하면서 의미를 생산하는 대단히 특이한 서사양식에 있다. 각 단편들은 개연성 없는 비선형적 서사라인을 전개해 나가면서 현실의 혼돈과 무질서를 보여준다. 그런데 각각의 단편이 연이어지면 표면적 혼돈의 이면에서 현실을 통제하는 거대한 권력의 체계가 자연스럽게 드러난다. 이처럼 전위적 서사양식을 통해 비판이론가들이 비판의 칼날을 들이댄 '문화산업'의 실체를 간명하게 드러내는 방식은 분명 눈길을 끈다. 그럼에도 불구하고 여기서 개연성과 총체성이 사멸된 전복의 소설미학이 좀 더 극단으로 치달을 때 생길 수 있는 위험성을 지적하고 넘어가지 않을 수 없다.

"생산의 속도가 너무 빨라, 의미의 속도를 추월"(「캘리포니아 나무개」)할 정도로 맹목적인 무한생산 시스템을 갖추고, 인간의 욕망마저 교묘하게 관리하는 체제. 이제 사실적 재현의 방식으로는 더 이상 그 체제의 실상을 명증하게 포착할 수 없게 되었는지도 모른다. 그렇다면 체제가 생산해 낸 문화적 기호들은 보이지 않는 체제의 실상을 드러내는 데 효율적인 기제로 활용될 수도 있을 것이다. 하지만 그 정도가 지나쳐 체제의 닮은꼴이 될 때 예기치 않은 문제점을 노출할 수가 있다. 여기서 체제의 닮은꼴이 된다고 함은 곧 체제와의 공모 내지는 체제의 강력한 구심력에 흡수될 수 있는 위험성을 안고 있음을 뜻한다. 다시 말해 대중문화 기호들의 과도한 활용은 그 비판의 의도는 포즈로 전락시킨 채, 저도 모르게 체제의 재생산 메커니즘을 그대로 답습할 우려가 있다는 것이다.

『목화밭 엽기전』은 B급영화 혹은 컬트영화와 만화 등 하위문화의 상상력을 차용하여 인간의 내면 내지 문명의 이면에 잠재해 있는 폭력성을 선정적으로 드러낸다. 이 소설의 주무대는 경기도 과천 일대다. 거기에는 현실을 규율하는 제도적 권력의 상징인 정부종합청사가 있고, 잔혹한 야성을 안전하게 가두는 동물원이 있는가 하면, 억압된 본능을 안전하게 발산하는 서울랜드가 있다. 이러한 배치는 과천을 현실공간의 차원을 넘어 현대문명 체제의 알레고리로 받아들이게끔 만든다. 꿈의 도시 '퐁텐블로'의 현실적 구현태인 과천은 인공적으로 조성된 유토피아적 공간에 다름 아니다. 그러나 깔끔하게 잘 관리되어 있는 듯한 외면에도 불구하고 그 인공도시의 이면에는 잔혹한 폭력성이 자리하고 있다. '수컷성'으로 지칭되는 폭력성은 체제와 대립하는 듯이 보이지만, 실은 체제를 작동시키는 근원적 동력이다. 이 작품에서 폭력성은 끝내 실체를 드러내지 않았던 믿거나말거나 박물지사의 마지막 격납고와 다를 바 없는 공간인 '펫숍'과, 거기에 스너프 필림을 제공하는 한창림의 지하 작업장 사이를 초고속으로 질주한다. 이때 하위문화의 서사문법은 실제적 공간에 비현실적인 폭력과 광기가 끝없이 넘쳐흐르게 해서 비현실적인 현실을 창출한다. 이렇게 『목화밭 엽기전』은 하위문화를 활용하여, 평화스럽고 안온한 이미지와 달리 체제의 폭력에 유린된 존재의 자양분을 먹고 자라는 '목화밭'의 이율배반성이 바로 현대 문명체계의 메커니즘임을 폭로하면서, 폭력의 난장을 마무리한다. 그러나 절대권력자 삼촌에게 공포와 동시에 매혹을 느끼는 한창림처럼, 정작 이 텍스트가 자신의 의도를 배반하며 은연중에 체제의 권력에 이끌리고 있는 것만 같은 인상을 지울 수 없다.

> 그는 이제 자신이, 초월의 나무의 일부가 되는 것이라고 생각했다. 중추신경 없는 말단 신경, 즉 독립 신경이 되는 것이라고 생각했다. 자기 자신이 세계가 되는 것이라고 생각했다. 그리고 그 생각들은, 빠르게 사라졌다. 어떤 것에 대한 완벽한 확신은, 그것에 대해 더이상 생각하지 않는 것이다. 생각이 사라짐과 동시에, 그는 광휘가 됐다.
>
> —『러셔』, 문학동네, 2003, 180쪽

『목화밭 엽기전』에 이어 창작된 SF소설 『러셔』의 소설적 배경은 초월자, 능력자, 기술자, 노동자 계급으로 구성되어 있는 미래 세계다. 하지만 체제가 "토하고 싶게 아름답"(『러셔』)기 때문일까? 아니면 반항적 존재가 "제아무리 용을 써도 사회 체계 안의 내용물에 그 어떤 영향도 미칠 수가 없다"(『목화밭 엽기전』)는 사실을 깨달았기 때문일까? 반정부 테러활동을 벌이던 능력자 모비는 "지배 계급을 향한 아무런 반감도"(『러셔』) 느끼지 못하게 되고, 결국은 그 자신이 체제의 일부가 되어 버린다. 이처럼 체제의 저항자가 체제가 되어 버리는 이 기막힌 역설 앞에서, 지나치게 자본주의 체계의 산물에 의존하다 체제에 포섭되는 텍스트의 운명을 본다 해도, 그것이 과잉해석의 결과만은 아닐 것이다.

환멸, 환상, 성장

아무리 주체의 죽음을 운운하더라도, 결코 텍스트의 구조로 환원될 수 없는 저자의 고유성은 분명히 존재한다. 아니면, 저 작가와 다른 이 작가의 텍스트가 지닌 고유한 특성을 어떻게 설명할 수 있단 말인가? 작가는 텍스트 속으로 용해되어 사라짐에도 불구하고, 어떤 식으로든 자신의 고유한 흔적을 남긴다. 따라서 그 흔적을 더듬어 가다 보면, 텍스트의 구성을 견인하는 작가의식의 시원을 포착할 수 있다.

"난 최선을 다했어." "그런데 왜 나한테 이런 일들이 생기는 거야."(『불쌍한 꼬마 한스』, 현대문학북스, 1998) 이것은 백민석 텍스트를 견인하는 심층적 작가의식의 하나로 추정된다. 그런 인식은 "씨발좆도되는게없어나의유일한현실은비현실이다"(「음악인 협동조합 2」)라는 발언을 가능하게 한다. 여기서 우리는 작가의 내면에서 발원하는 분노와 좌절감이 백민석 텍스트의 고유한 자질을 형성하는 밑거름이 되고 있음을 어렵지 않게 감지할 수 있다. 그 분노가 외부세계로 향할 때 냉소와 엽기가 텍스트의 표면을 뒤덮고, 그 좌절감이 주체 내부로 흐를 때 권태와 무력감이 텍스트를 가로지른다.

그러므로 백민석 텍스트에 나타난 '권태'는 풍요로움이 불러온 나태가 아니라 소외와 좌절이 가져온 절망의 표지다. 이는 "우리의 현실은 저, 포르노그라피 앞에서조차 무릎을 꿇어야 한다"(『내가 사랑한 캔디』)는 고백을 통해서도 쉽게 확인할 수 있다. 당연히 권태는 현실에 대한 환멸을 동반하게 되는데, 그 환멸은 삶의 미덕이라 일컬어지는 것들을 부조리한 현실을 은폐하는 악덕으로 간주케 한다. '진실 → 일인 이역(탐정이면서 범인)', '역사적 사실 → 암호', '건강한 삶 → 알리바이', '시대의식 → 죽임의 미로', '교훈 → 변장', '존재 → 돌연변이', '중심 → 얼굴 없는 사제'(『내가 사랑한 캔디』). 이처럼 "믿지 않음"이 삶의 양식이 되어버린 존재에 의해 견인되는 서사 텍스트는 두 갈래 길로 분기된다. 하나는 이미 우리가 되짚어 본 바와 같이, 문화적 기호가 장전된 서사의 권총을 문명사회를 향해 마구 난사하는 텍스트-되기. 또 하나는 문명사회라는 상징적 공간의 문턱에서 서성거리면서, 그것이 파괴한 혹은 그것 때문에 잃어버린 것들을 더듬어 보는 텍스트-되기.

이제부터 후자의 유형에 속하는 텍스트들로 눈을 돌려보자. 『내가 사랑한 캔디』는 반사회성을 표상하는 동성애의 코드를 활용해서 환멸의 성장을 보여준다. 이 성장 없는 특이한 성장소설에서, 성장이란 "어른들의 습성, 즉 현실에 여전히 불만투성이지만 어쩔 수 없이 자기 자신도 그 현실의 일부라는 사실을 인정하는, 그런 습성"을 체득하는 일에 불과하다. 이때 미성숙에서 성숙으로의 이행이 아닌 전락과 환멸의 성장은 김승옥식 성장소설의 1990년대적 부활이라는 점에서 눈길을 끈다. 일찍이 김승옥은 "힘들의 음모에 가담한다는 건 아주 간단한 일이"(「건(乾)」)라고 자신을 달래며, 이웃집 누나를 윤간하려는 음모에 적극적으로 가담하는 소년을 통해, 환멸의 성장을 그려 낸 적이 있다. 『내가 사랑한 캔디』는 위악을 일삼으며 부조리한 세계로 입사하는 무기력한 주체의 모습을 담아내고 있다는 점에서, 김승옥의 성장소설과 닮은 데가 있다. 그 와중에서 말끝마다 되뇌는 "우리,

불쌍한"이라는 읊조림은 부조리한 체제에 너저분하게 투항할 수 밖에 없는 주체를 향한 조곡이라 하지 않을 수 없다.

『불쌍한 꼬마 한스』는 자신도 모르게 오이디푸스 콤플렉스의 전형이 되어 버린 꼬마 한스를 표제로 내세워, 그것의 허구성을 문제삼는다. 그런데 정작 여기서 우리의 눈길을 끄는 것은 인과적인 소설원리에 충실하면서도 인공화된 현대도시에 나타난다는 괴물, '쉐도우드링커(shadowdrinker)'라는 환영을 통해 문명계의 병적 징후를 암시하는 대목이다. 옛날의 전설들이 세가 험한 산이나 습지 늪에서 태어났다면, 도시전설은 빌딩 숲의 스카이라인이나 도심 뒷골목, 맨홀 뚜껑 아래의 하수도, 지하철, 슈퍼마켓, 한때 떠들썩했던 와우 공동주택단지 붕괴현장 같은 데서 태어난다고 한다. 도심의 하늘을 떠도는 쉐도우드링커나 병원의 고통과 죽음을 먹고사는 괴물 '던전 캣(dungeon cat)'은 그 도시전설이 가시적 이미지로 형상화된 것이다. 이때 그것은 단순한 비현실적 가상이 아니라 실재하는 미지의 괴물이자 도시의 악몽을 암시하게 된다. 아울러 그 환상은 불쌍한 꼬마 한스처럼 본의 아니게 '범생'에서 '문제아'로 전락한 주인공이 성인이 되어서도 앓게 되는 문명계의 병적 징후와 깊은 관련이 있다.

『장원의 심부름꾼 소년』(문학동네, 2001)에 오면, 환상은 보다 뚜렷한 형태를 띠고 등장한다. 결여된 것들에 대한 열망, 의식의 심층에 억눌려 있는 무의식, 사라져 가는 것들이 뿜어내는 고통의 몸부림, 일상에 도사린 병적 공허의 그림자가 유령이 되어 텍스트를 배회한다. 이때 섬뜩한 환상 이외에 별다른 공통성이 없어 보이는 개별 텍스트들을 자전적 경험의 편린이 연결시켜 주고 있다. 하지만 실제작가의 이력이 날것 그대로 드러난 예외적인 텍스트(「이 친구를 보라」)를 제외하면, 대부분의 텍스트에서 작가적 삶의 체취는 서사의 배면으로 가라앉아 징후적으로 감지될 뿐이다. 대신 텍스트의 표면을 배회하는 유령이, 개인적 환영의 티를 벗지 못한 『불쌍한 꼬마 한스』의 환영과 달리, 현대사회의 병적 징후를 암시하는 복합적 형상의 의미를 띠는 데 성공하고 있다. 이는 '집'에 대한 작가의 집착이 문학적으로 승화하여 낳은 작품 「장원의 심부름꾼 소년」과 「이렇게 정원 딸린 저택」에 잘 드러나 있다. 전자에서 자신의 정체성을 지우고 그 위에 타인의 정체성을 덧씌우는 과정은 자기의 영혼을 상실해 가는 현대인의 초상을 암시하는 듯이 보이기도 하고, 사회가 강제한 규범적 정체성을 거부한 채 새로운 나를 생성하는 무의식적 저항으로 읽히기도 한다. 또 후자에서 자기 살을 파먹는 아귀인지도 모르고 제 발로 지배자의 갈고리에 걸려들어, 영원히 발을 빼지 못하고 마을에 들어앉은 사람들이 담긴 그림은 부조리한 현실에 영합해 살아가는 존재의 비루한 실상을 비추는 거울처럼 보이기도 한다. 그러므로 유령들의 향연장이 되어 버린 이 텍스트에서, 우리는 유령이 단순히 비현실적인 환영이 아니라 부조리한 상황을 아이러니하게 드러내며 안일의 장막을 뚫고 현실을 직시하게 하는 실재의 악몽임을 다시 한 번 확인하게 된다.

한편 『죽은 올빼미 농장』(작가정신, 2003)은 지속적으로 현대문명의 질환을 문제삼으면서도, 과격한 부정으로만 일관하던 태도에 변화의 조짐을 나타내고 있다는 점에서 매우 주목되는 작품이다. 농장과 도시의 대립구조를 취하고 있는 이 소설은 사회로부터 버림받고 황폐화된 자연을 반추하고 애도한다. 나아가 '들샘'을 통해 불모의 땅에 새로운 생명력이 돋아나기를 갈망하는 동시에, 상징계의 문명 안에서 성숙한 자아를 구축하려는 의지마저 드러내고 있다. 유년기로의 퇴행욕망을 상징하는 '인형'을 들샘에 던져버리는 행위가 자못 의미심장하게 다가오는 이유도 이와 관련이 있다. 상호 텍스트적 맥락에서 보면, 퇴행적 자아의 표상인 인형은 백민석 텍스트에서 현실의 결핍을 메우는 역할을 하던 수많은 문화적 기호들과 진배없다. 따라서 유년기 망령과의 결별의식은 주체와 현실 사이에 가로놓인 간극을 더 이상 가상의 이미지로 봉합하지 않겠다는 의사표명으로 여겨지기도 한다. 현 시점에서 문화적 기호들로 채워진 가상의 세계가 가져다주는 공격적 위안보다 "만질 수 있고 볼 수 있고 맘에 따라선 변형도 시킬 수 있는 실체"에 가깝게 다가가는 노력이 요청되는 것도 분명한 사실이다. 그런 측면에서 본다면, 내적 자연을 억압하지 않으면서도 자연과 문명 사이에서 기이한 균형을 유지하는 민은 한층 성숙한 존재라 말할 수 있다. 그러나 '나'도 마찬가지지만 "쓰러져가고 허물어져가는 것들에 제 마음이 반응을 한다"고 말하는 민 역시도, 끊임없이 현실 속으로 밀려들어오는 실재의 악몽으로부터 자유롭지 못하다는 점에서, 아직 상징계의 문명 속에 평화롭게 안착할 수는 없을 듯하다.

실험성과 진정성의 융화를 기대하며

백민석의 소설세계는 일관된 화두와 함께, 문화적 기호의 난무라는 고정된 시각으로 간단하게 재단될 수 없을 만큼 다양한 스펙트럼을 갖고 있다. 규범적 소설의 양식과 급격한 단절을 보여주는가 하면, 전통적 소설양식의 흐름과 맥을 같이 하기도 한다. 이를 재현의 리얼리즘을 중심에 두고 원심력과 구심력이 길항하고 있는 형국이라 표현해도 무방할 것이다. 물론 다소 상반된 이 두 소설적 움직임은 공통적으로 자연적 세계의 상실과 인위적 문화의 번성이라는 시대적 정황에 토대를 두고 있다. 따라서 그의 텍스트는 표피적 무국적성에도 불구하고 한국사회의 지형이 근원적으로 변화하고 있음을 감지하게 만든다. 아울러 두 길항적 힘들 사이에서 문학적 곡예를 하고 있는 텍스트를 바라보고 있노라면, 문득 '문학이란 무엇인가', '문학의 정치성을 어디서 찾아야 하는가'라는 의문을 떠올리지 않을 수 없다.

원심력이 강하게 작용하는 텍스트들은 관습적 서사문법을 '유린한다'고 표현해도 좋을 정도로 파격적인 형식을 선보인다. 이는 더 이상 수미일관하게 질서 잡힌 형식으로는 불균질적인 세계의 실상을 제대로 그려낼 수 없다는 인식에 기인한 현상으로 여겨진다. 인과적 연계고리가 약화되는 대신 파편화된 이미지가 무질서하게 유동하는 서사형식이 불안정하고 불가해한 현실의 무의미성을 드러내기에는 보다 적절할 것이다. 하지만 백민석 소설형식의 독특성은 과격한 위반이 단순히 무의미하고 무질서한 현실의 참상을 그려내는 데 그치지 않고, 배면에서 현실에 가공할만한 지배력을 발휘하려는 비가시적 체제의 실상을 드러낼 수 있게 해주는 데 있다. 다시 말해, 관습적 형식의 해체와 위반은 상투화된 형식에 대한 미학적 반란일 뿐 아니라 체제의 은폐된 실상을 폭로하는 나름의 정치성을 발휘한다.

그러나 끊임없이 자신을 새롭게 혁신해 나감으로써 예술로서의 자기 정체성을 보장받는 전위예술에서 잘 알 수 있듯이, 정서적 측면을 도외시한 채 충격효과만을 노리는 예술은 어떤 숙명적 한계를 안고 있을 수밖에 없다. 그래서일까? 형식적 실험이 새로운 인식의 생성에 성공할 때 현실 비판의 계기를 제공하지만, 그것이 상투화된 반복에 지나지 않을 경우에는 찻잔 속의 태풍에 그치거나 심지어 문학의 예술적 정체성마저 심각하게 훼손하게 된다. 원심력이 강하게 작동하는 백민석의 텍스트들이 초기에는 하위문화를 차용하여 관습화된 형식을 과감하게 파괴하고 새로운 충격을 주는 데 성공하지만, 실험이 거듭될수록 점점 새로움을 잉태하는 생명력을 고갈한 듯한 인상을 풍기는 것도 그와 연관이 있다. 그러므로 개인의 원한을 예술적으로 승화시키지 못한 채, 뻔하고 상투적인 대중서사의 문법을 과도하게 차용해 원초적 감정을 무분별하게 배설하는 듯한 텍스트는 새로운 예술을 가장한 오락물에 불과할 수 있음을 유의해야 할 것이다.

그에 비한다면, 재현적 서사양식을 향한 구심력이 작동하는 텍스트는 상대적으로 강렬하게 눈길을 사로잡는 충격효과는 부족하지만, 새로운 가능성을 담고 있다는 점에서 새삼스레 주목을 요한다. 이들 텍스트는 자전적 경험을 밑바탕에 깔고 사실적 리얼리즘의 원리에 충실하면서도 '환상성'의 개입을 통해 백민석의 개성을 발휘하게 한다. 이때 환상은 세계의 심층과 인간의 내면에 존재하는 알 수 없는 그 무엇을 표상하는 객관적 상관물이 되곤 한다. 전통적 형식 속에 강렬한 문제의식이 순치된 듯한 느낌에도 불구하고, 구심적 서사에서 찾아볼 수 없던 자기 성찰적 면모를 드러내는 것도 그에 연유하는 것처럼 보인다.

문학의 문학다움은 "아름다움 속에 있는가 더러움 속에 있는가 / 용서 속에 있는가 칼 속에 있는가"(김명인, 「동두천 VIII」). 아직 이를 알지 못하겠다. 다만 백민석이란 작가가 앞으로 실험성과 진정성 사이에서 어정쩡하게 균형을 유지하는 것이 아닌, 자신만의 개성으로 양자가 절묘하게 융합된 새로운 소설의 진경을 펼쳐 보이기를, 진심으로 기대해 마지않는다. 그와 같은 갱신은 인간과 세계의 어두운 본성을 보다 깊이 있게 파헤치는 동시에, 그것을 미학적으로 승화하는 문학적 진로를 진중하게 모색하는 가운데 이루어질 수 있을 것이다. 이를 위해서는, 자기 내부에 자기 운명의 실을 풀어 낼 힘이 있음을, 우리 내부에 인간의 비합리적 야만을 극복할 능력이 있음을 보여주는 신화적 상상력에서, 현대사회의 병폐를 치유할 수 있는 길을 발견한 신화학자 조셉 캠벨의 조언에 귀를 기울일 필요가 있을 것이다.

육필을 통해 본 문학적 삶의 궤적

: 김현론

신화의 탄생

김현은 문학판을 떠도는 아름다운 신화다. 그가 남기고 간 수많은 글들이 그가 한국문학의 신화로 남기에 전혀 손색이 없는 존재라는 것을 조용히 증거한다. 때로는 "1백년만에 한번 날까 말까한 평론가"라거나, 그의 죽음으로 "앞으로 백년 동안 인문주의의 야만 시대가 도래하리라는" 수사적 과장이, 그 신화를 부추기고 있다고 하더라도 그렇다. 텍스트의 속살을 부드럽게 파고들며 실존적 공명을 불러일으키는 그의 마술에 한번쯤 매혹되지 않은 자가 누구란 말인가. 촉촉한 감성의 물기를 머금은 그의 글쓰기에 이끌려 한번쯤 문학비평의 바다로 나가고 싶은 유혹에 시달리지 않은 자가 과연 누구란 말인가. 그러므로 너무도 명백한 생물학적 죽음에도 불구하고, 아직 그를 죽은 자들의 세계에 완전히 보낼 수 없다. 그의 육체는 한 줌의 흙이 되어 굳은 땅을 보드랍게 들척거리고, 그의 영혼은 아직도 문청(文靑)들의 마음속에 생생이 살아 있으니 말이다. 그러나 희미해져 가는 기억을 더듬으며 김현의 문학적 삶의 자취를 되짚어 보는 이 자리에서 그의 현실적 삶과 문학적 글쓰기의 연관성을 무미건조하게 나열하려 하지는 않을 것이다. 왜냐하면 그 자신이 말하듯이 그에게는 일상적 삶보다 문학적 삶이 더 중요하고, 우리에게도 그의 생물학적 삶보다 문학적 삶이 더 소중하므로.

> 여기저기 흩어져 있는 원고를 모으면서, 그리고 모아놓은 원고를 다시 읽으면서, 나는 과거의 나 자신에 대해 기이한 느낌을 받은 적이 한두 번이 아니다. 전에 씌어진 글들이 그만큼 미소로웠던 것이다. 그러나, 나는 그것들을 그대로 싣기로 결국 작정했다. 그것들은 내가 어떻게 지적으로 성장해왔는가를 보여주는, 내 일상적 삶보다도 훨씬 귀중한 내 상상적 삶의 흔적들이기 때문이다.
>
> —「자서」, 3권, 10쪽[1)]

김현의 문학적 글쓰기가 본격적인 닻을 올리기 시작한 것은 그가 스무 살이 되던 해인 1962년, 『자유문학』의 평론공모에 「나르시스 시론: 시와 악의 문제」가 당선되면서부터다. 이후 1990년 마흔여덟의 나이로 길지 않은 삶의 항해를 멈추기 전까지, 그는 근 삼십여 년 동안을 쉼 없이 글읽기와 글쓰기에 몰두한다. 그러고 보면, 그가 문필활동을 한 시간은 그대로 한국문학의 황

1) 이 글에서 인용되는 김현의 텍스트는 제목과 함께 그것이 실린 『김현문학전집』(문학과지성사, 1992)의 권수와 쪽수만을 밝힌다.

금기와 일치한다. 사실, '근대문학의 종언'마저 얘기되는 현시점에서 보면, 문학이 지상에서 가장 고결한 그 무엇임을 조금도 의심치 않고 자신의 온 삶을 기꺼이 문학에 내던질 수 있었던 그는 정녕 행복한 글쟁이였다. 다른 한편으로 "문학비평이 무엇이냐는 질문은 사치스럽기 짝이 없는 질문"(4권, 346쪽)으로 치부될 수밖에 없던 암울한 시대를 지나와야 했다는 점에서, 그를 불운한 문학주의자라 말할 수 있을지도 모르겠다. 여하튼, 그가 한국문학의 영광과 고난을 함께 하며 아름다운 신화를 만들어 갔다는 점에 있어서는 조금도 의심의 여지가 없을 것이다.

그러나 한 인간을 둘러싼 신화의 탄생은 한 개인의 단독적 성취만으로 이루어지지는 것이 결코 아니다. "명성은 사회적 현상이다. 한 사람의 외경은 우정이나 사랑에 있어서는 충분할지 몰라도 명성에 있어서는 충분치 않다." 김현은 등단의 순간부터 타성으로 굳은 기성문단에 거리를 두고 독자적인 길을 모색하려는 포즈를 취한다. 당대 문단의 주도권을 쥐고 있던 주류 문예지 『현대문학』이나 영향력 있는 종합 정론지 『사상계』를 제쳐 두고, 그가 굳이 『자유문학』을 통해 문단에 얼굴을 내민 데도 그러한 이유가 자리 잡고 있었을 것이다. 그는 등단하기가 무섭게 소설동인지 『산문시대』를 결성하고, 66년에는 시동인지 『사계』를 만들었다가, 다시 68년에는 『산문시대』와 『사계』에 몸담았던 문인들을 규합해서 『68문학』을 창간함으로써, 기성문단에 맞서 새로운 문학적 목소리를 내기 위한 행보를 거듭한다. 그리고 마침내 70년에는 현실적 실천에 무게 중심을 둔 『창작과 비평』에 자극을 받아 문학 내재적 실천을 지향하는 문예지 『문학과지성』을 창간하기에 이른다. 문학적 취향을 공유한 에콜에 기초한 『문학과지성』은 그로 하여금 한 개인의 힘만으로는 불가능한 수많은 문학적 성취를 가능케 한다. 더불어, 그것은 김현 신화를 제도적으로 밑받침해 준 강력한 힘이기도 하다.

김현이 『문학과지성』을 중심으로 자신의 문학적 취향에 부합하는 작가를 활발하게 발굴하는 동시에, 이들의 작품세계를 적극적으로 옹호해 나간 사실은 잘 알려진 일이다. 실제로 김현 신화의 발화와 성장은 곧 이들 작가의 성장과 맥을 같이 한다. 이와 함께, 그의 탁월한 문제설정 능력도 한국문학의 지형도를 새롭게 그리며 김현 신화의 형성을 가능케 한 중요한 원동력으로 작용한다. 그의 문제설정 능력은 단순히 그때그때의 이슈를 적절하게 선점하는 저널리스틱한 감각만을 의미하지 않는다. 그는 기존의 문제설정 방식을 근본적인 지점에서부터 성찰한 후, 그 사유방식에 내재된 문제점을 비판하며 발상의 전환을 모색한다. 이는 기존 견해가 자리한 입지점 자체를 의문에 부치며, 자신이 새롭게 제기한 문제설정 방식을 정당화하는데 매우 유리한 국면을 조성한다. 그렇게 기왕의 논의를 근원적인 지점에서부터 일거에 무너뜨리며 자신의 문제의식을 참신하게 부각시키는 전략은 김현 신화를 형성하는 중요한 원천이 된다.

단적인 예로, 김현은 본질적인 동시에 진부한 질문이 되기 쉬운 '문학이란 무엇인가'라는 물음을 한 번도 제기 되지 않은 새로운 질문인 것처럼 던진 후, "문학은 억압하지 않는다. 그러나 그것은 억압에 대해서 생각하게 만든다"(1권, 54쪽)는 자신의 사유가 녹아든 참신한 답변을 내놓는다. 또 야만적 폭력에 대해 저항만이 참이고 정의라고 생각할 수밖에 없었던 저 어둠의 시대에, "태평스러운 세상을 만들기 위해 사람을 죽이는 사람들!

그 세상의 지배 이념이나 대항 이념의 폭력성은 같은 유형의 폭력성이다. 타기해야 할 것은 공식 문화의 지배 이념뿐만 아니라, 같은 방식으로 거기에 대응하는 대응 이념의 폭력성이다."(7권, 206쪽)라는 발언을 서슴없이 내뱉는다. 물론 때론 그 과정에서 사실을 자의적으로 왜곡하면서까지 자신의 문제제기 방식을 정당화한다는 비판이 제기되기도 한다. 비평적 헤게모니 장악을 위해서, 실제 이상으로 전후문학을 평가절하하고 자신이 속한 세대의 작가와 작품을 높게 평가했다는 지적[2]이 그 한 예로 거론될 수 있다. 또 문제설정 자체가 잘못되어 있는 가짜논쟁이라고까지 평한 1960년대의 순수·참여 논쟁에 대한 김현의 평가가 "사실상 있지도 않은 어떤 허상을 현실화하고, 현실을 허구화 비실재화시키는 관념적 진술일 뿐이"[3]라는 반론도 그러한 예로 언급될 수 있다.

'뜨거운 상징'의 바다로

이미 우리는 김현의 신화가 나르시스 신화와 함께 탄생했음을 알고 있다. 그러므로 여기서 김현 비평의 원형질이 내장되어 있는 나르시스의 신화 해석에 대해 살펴보지 않을 수 없다. 그의 신화 해석도 우물가에 조용히 앉아 잔잔한 수면에 비친 자신의 영상을 물끄러미 내려다보고 있는 고독한 나르시스로 출발

2) 권성우, 「4·19세대비평의 성과와 한계」, 『문학과사회』 2000년 여름호, 문학과지성사.
3) 황국명, 「『문학과지성』의 도식적 기술체계」, 『비평과 형식의 사회학』, 지평, 1988, 56~57쪽.

한다. 그러나 김현의 나르시스는 자기애로 인해 깊이 병든 존재가 아니다.

> 나르시스는 자기의 고뇌에 찬 얼굴을—그 고뇌는 '갈증'에서 일어난 것이다. 이때까지 느끼지 못했던 욕망의 존재를 느끼기 시작했기 때문이다—보았을 때 그는 마음속에 존재하던 고뇌의 그림자 곧 욕망의 그림자를 본 것이다. 고뇌에 차 있는 얼굴을 발견하였다는 것은 표면적이 아닌 진실한 자기의 존재를 보기 시작했다는 것을 의미한다. 그리하여 그는 생각하는 것이다. 이 얼굴은 누구의 얼굴인가. 이 고뇌에 찬 얼굴은 나의 얼굴이 아니다. 나의 얼굴은 아름다우며, 다만 아름다울 뿐이다. 나르시스는 자기의 얼굴을 질시하기 시작한다. 그는 동일성에 대한 질시를 시작한 것이다. 같은 얼굴이 두 개의 얼굴로 나르시스에게는 나타나게 되었던 것이다. 이전의 나르시스—명랑하고 하늘만을 동경하던 그의 얼굴(즉 우물에 자기의 얼굴을 비춰보기 전의 그 상상적 얼굴)과 이제 그의 눈앞에 나타난 우수에 차고 고뇌에 차서 떨고 있는 얼굴(현실 앞에 비추어진 즉 내부의 이름 모르는 욕망의 형상화된 얼굴)이 나르시스의 눈앞을 아롱대는 것이다. 그러나 나르시스는 이 상상적 얼굴을 동경하면서도 그가 택하는 것은 언제나 고뇌에 차 있는 현실의 얼굴이다. 여기에 나르시스의 신화가 우리에게 보여주는 시의 본질이 있다.
>
> —「나르시스 시론: 시와 악의 문제」, 12권, 14~15쪽

또 하나의 예리한 감성이 날카롭게 지적 한 바처럼, 김현의 나르시스는 1950~1960년대 한국사회를 풍미했던 실존주의의 체취를 물씬 풍기고 있다.[4] 좀 더 구체적으로 말하자면, 그의

나르시스에는 쿠라(Cura)적 색채가 덧입혀져 있다. 시냇가에서 시름에 잠겨 진흙으로 인간의 형상을 빚은 쿠라. 그녀는 주피터(Jupiter)에게 청해 그 형상에 생명의 숨결을 불어넣지만 인간의 소유권을 놓고 그와 언쟁을 하게 된다. 자신의 품속에서 태어났음을 근거로 대지의 신 텔루스(Tellus)마저 그들의 다툼에 끼어들자, 시간의 신 사투른(Saturn)은 그들의 이야기를 다 듣고 이렇게 판결을 내린다. "모두 공평히 제몫을 찾을지어다. 운명의 높으신 뜻이 그리 원하는 바이므로. 이 갓난이에게 생명을 선사한 자, 주피터여, 그대는 그것이 죽은 다음에 영혼을 다시 찾아가라. 그리고 텔루스여, 너는 그가 죽으면 해골을 다시 찾으라. 그밖에 너에게 더 속할 몫은 없다. 그리고 끝으로 애기 어미인 쿠라여, 이것은 목숨이 붙어 있는 동안 너에게 맡기련다. 이 어린이는 무덤에 들어가는 그날까지 매일같이 너를 닮은 채 시름에 잠겨서 지낼지어다."[5)]

그렇다면, 김현의 나르시스는 어째서 늘상 고뇌에 사로잡혀 지낸단 말인가? 그의 나르시스는 갈증을 느끼는 존재, 다시 말해 욕망으로 들끓는 존재다. 욕망의 갈증이 나르시스를 우물가로 향하게 한다. 김현은 그 우물을 시인을 둘러싼 사회, 즉 현실이라고 말한다. 하지만 그 우물은 실제의 현실이라기보다 내면의 현실, 더 정확히 말해서 상징의 현실이라고 해야 옳을 것이다. 나르시스는 "명랑하고 언제나 하늘만을 동경하던 그의 얼굴(즉 우물에 자기의 얼굴을 비춰보기 전의 그 상상적 얼굴)과 이제 그의 눈앞에 나타난 우수에 차고 고뇌에 차서 떨고 있는 얼

4) 남진우, 「공허한 너무도 공허한」, 『문학동네』 1995년 봄호, 42쪽.

5) 조가경, 『실존철학』, 박영사, 1991, 165쪽.

굴(현실 앞에 비추어진 즉 내부의 이름 모르는 욕망이 형상화된 얼굴)" 사이에서 자기 분열을 겪는다. 라캉(Jacques Lacan)식으로 말하면, 상상계에서 상징계로의 진입에 따른 피할 수 없는 고통과 균열을 체험하게 되는 것이다. 다시 말해, 그것은 자연의 상태에서 문화의 영역으로 진입하게 됨을 뜻하는 것이기도 하다.

인간은 상징의 동물이다. 아무리 감각기능이 고도로 발달했다고 하더라도 여타의 동물은 인간과 달리 시공간적 한계를 벗어날 수 없다. 그에 비해, 인간은 상징을 통해 물리적 세계에만 갇혀 있지 않고 추상적 기호로 이루어진 문화의 세계를 창조할 수 있다. 그러나 문제는 인간이 상징으로 이루어진 문화의 세계로 들어서기 위해서는 실재의 죽음이라는 매우 값비싼 대가를 치러야만 한다는 점이다. 이를테면, 인간은 상징반응의 소산인 언어를 통해 문화를 건설할 수 있지만, 동시에 그 대가로 실재의 죽음을 요구하는 언어기호로 말미암아 원초적 자연의 상실이라는 아픔을 겪을 수밖에 없다. 그럼에도 김현의 나르시스, 아니 김현은 실재의 현실이 인간을 억압하는 물리적 감옥에 불과할 뿐이며, 물에 비친 이미지, 즉 상징의 현실만이 참된 현실이라는 믿음을 포기하지 않는다. 그가 샤머니즘을 비판하고, 육체를 혐오하고, 한국적 허무주의를 '비개성적 허무주의'로 치부하며 그에 대해 강한 반감을 드러내는 이유도, 그것들이 지나치게 실재의 현실에 종속되어 있는 가짜라고 생각하기 때문이다. 즉물성에 대한 강한 혐오는 김현으로 하여금 끊임없이 '뜨거운 상징'을 찾아 나서게 만든다.

제가 생각하는 문학은 바로 그러한 더운 상징을 보여주는 일입니다. 그것은 멋진 말의 수사도 아니고, 즉각적인 반응을 유발시키는 힘있는 구호도 아닙니다. 그것은 그 자체가 하나의 더운 상징이 되어 거기에 대한 뜨거운 반응을 유발하는 하나의 사건입니다. 수사는 역겨움을 불러일으키고 구호는 시들게 마련이지만, 뜨거운 상징은 비슷한 정황이 되풀이 될 때마다 새로운 반응을 불러일으킵니다. 그 반응은 한결같은 것이 아니고 거의 매번 다릅니다. 저는 바로 그것이 문학의 힘이라고 생각합니다. 문학이 인간의 모든 문제를 다 해결해줄 수 있는 것은 아닙니다만, 문학은 그 어떤 예술보다도 더 뜨겁게 인간의 모든 문제를 되돌아보게 합니다.

—「'뜨거운 상징'을 찾으며: 팔봉비평문학상 수상 소감」, 16권, 125쪽

상징은 필연의 영역에서 자유의 영역으로 나아가고자 하는 인간의 희망을 실현시키는 강력한 무기다. 김현에게는 상징 중에서 그 무엇에도 비견될 수 없는 상징의 순금, 상징의 상징이 바로 문학의 상징이다. 그에 의하면, 문학적 상징은 허황된 꿈에 사로잡혀 공허한 말의 잔치를 늘어놓지도, 경화된 현실에 발목을 잡혀 즉발적인 반응을 도모하지도 않는다. 진정한 문학적 상징은 구체적인 삶에서 생생한 동경을 이끌어내고 그 동경을 형식화한 그 무엇이다. 그는 삶과 형식의 일치를 꿈꾸고 결핍과 균열을 넘어서려는 문학의 상징을 '뜨거운 상징'이라 부른다. 그리고 그는 딱딱하게 굳은 환멸의 대지를 떠나 '뜨거운 상징'의 바다로 나아가고자 한다.

김현은 "시란 대지 위에서 살면서 바다로 도망가려 하는 동물의 일기"라는 칼 샌드버그(Carl Sandburg)의 말을 인용하며, 시인이 바다 동물, 육지에서 살도록 선고받은 채 영원히 도달할 수 없

는 바다에의 향수에 애달아 하는 바다 동물이라는 말에 전적인 공감을 표시한다(12권, 13쪽). 비평가 김현 자신도 그러한 시인의 운명과 별반 다르지 않은 삶을 살았다고 할 수 있다. "내가 확실히 말할 수 있는 것은 다만 응고되어 응결하고, 썩어 냄새나는 안정성을 내가 제일 싫어한다는 그것뿐이다. 정말로 바다로 가는 길을 나는 알지 못하지만 그러나 나는 바다로 가는 노력을 그쳐본 적은 없다."(12권, 200쪽) 그렇다면, 여기서 그가 지칭하는 바다는 '뜨거운 상징'으로 넘쳐나는 문학적 유토피아의 은유적 표현이다.

김현이 죽음을 코앞에 둔 병상에서마저 혼미한 정신을 가다듬으며 이성복의 시 「바다」[6]를 애독했다는 사실은 문학적 유토피아의 바다를 향한 그의 열망이 얼마나 뜨거운 것인가를 온몸으로 증언하고도 남음이 있다. 하지만 그의 문학적 유토피아의 지향이 결코 안온한 평화의 이미지로 충만한 태초의 낙원으로의 회귀가 아니라는 점에 유의할 필요가 있다. 「나르시스 시론」에는 나르시스의 신화에 에덴동산의 신화를 겹쳐 읽는 장면이 있다. 저 창세기 속의 아담과 이브는 선악과를 따먹는 순간 애초의 순진무구함을 잃고 타자의 시선에 노출된 자신들의 벌거벗은 상태를 부끄러워한다. 김현은 그 태초의 인간에게서 상상적 자아와 현실적 자아 사이의 분열과 간극을 체험하며 자의식을 지닌 인간으로 거듭나는 모습을 본다. 이로써 인간은 한편으

6) 서러움이 내게 말 걸었지요 / 나는 아무 대답도 안 했어요 // 서러움이 날 따라왔어요 / 나는 달아나지 않고 / 그렇게 우리는 먼 길을 갔어요 // 눈앞을 가린 소나무 숲가에서 / 서러움이 숨고 / 한 순간 더 참고 나가다가 / 불현듯 나는 보았습니다 // 짙푸른 물굽이를 등지고 / 흰 물거품 입에 물고 / 서러움이, 서러움이 달려오고 있었습니다 / 엎어지고 무너지면서도 내게 손 흔들었습니다

로 육신 입은 자로서의 비루한 숙명을 자각한 존재가 되고, 또 한편으로는 즉자적 존재에서 대자적 존재로 존재론적 전환을 거치며 자유라는 비극적 운명을 짊어진 존재가 된다. 인간에게 주어진 자유가 비극적 운명인 이유는 그것이 한치의 틈도 없이 자아와 세계의 완벽한 일치를 구현하는 아담의 언어를 상실하고 난 후에 얻은 것이기 때문이다. 에덴동산의 추방 이후, 인간의 언어는 사물 고유의 본질을 드러내지 못하고 자의적 관계로 이루어진 한갓 도구적 수단으로 전락한다. 그와 함께, 인간은 도구적 언어로 형성된 상징의 세계 안에서 소외와 억압을 감내하며 비본래적 삶을 살아갈 수밖에 없게 된다. 김현은 문학의 언어에서 인간이 처한 이 비극적인 존재론적 상황을 극복하고 참된 존재를 구현하며 절대 자유에 다가갈 수 있는 가능성을 본다. 물론 그는 이 문학적 유토피아의 꿈이 한 순간의 빛나는 현현에도 불구하고, 다시 순식간에 물거품처럼 사라지리라는 걸 너무나 잘 알고 있었다. 그것은 더욱 검은 심연을 파놓고 영원히 도달 불가능한 신기루처럼 인간에게 끊임없는 갈증을 불러일으킬 것이다. 그럼에도 그는 검은 심연을 숨기고 있는 뜨거운 상징의 바다로 가기를 두려워하지 않았다.

그러나 우물이라는 폐쇄적 공간에 쭈그리고 앉아 잔잔한 수면만을 바라보고 있는 나르시스가 어떻게 그 먼 바다에 이를 수 있었을까. 역사의 현장으로부터 유리되어 있는 이 자폐적 나르시스의 초상이 김현 초기비평의 한계를 숨김없이 드러내고 있지 않은가. 당연히 떠오를 수밖에 없는 이런 의문에도 불구하고, 그는 자신의 말대로 욕망으로 들끓고, 역사의 소용돌이로 요동치는 생의 바다로 나아가기를 두려워하지 않았다. 김현의 우물만큼은 여느 그것과 달라, 한 곳에 고여 있지 않고 넘쳐 흘러 냇가에 이르고 다시 강을 지나서 바다로 나아간다. 김현 비평의 영민함이 여기에서도 빛을 발하고 있지 않은가. 비록 초기에는 역사적 현실에서 한 발 빗겨나 있는 자세를 취하고 있지만, 그럼에도 자족적 문학주의에 머물지 않고 이 땅의 현실을 사유하는 비평이 되기를 멈추지 않은 것이 그의 글이기도 하다. 비록 당대의 지배적 조류에서 한 발짝 빗겨나 있었지만, 그는 그 자신만의 방식으로 조금씩 역사의 현장으로 다가가고 있었다.

검은 심연을 가로지르는 만남의 비평

흔히 김현을 이원론자로 간주하곤 한다. 하지만 이원론적 세계인식에 기초해 자기 사유를 전개하고 있다고 해서 그를 이원론자로 단정하기에는 곤란한 점이 없지 않다. 그는 정신과 육체, 현상계와 본질계, 상상계적 자아와 상징계적 주체, 유한성과 무한성, 그 사이에서 어느 한 축을 부정하고 다른 한 축을 긍정하지 않는다. 오히려 그는 양자 사이의 벌어진 간극과 균열에 예민한 촉수를 드리우며 그 봉합의 가능성을 모색한다. 그러므로 그는 이원론자라기보다는 차라리 이원론 사이에 가로놓인 거대한 심연을 직시하고 이를 넘어서고자 했던 내재적 초월주의자라고 보는 것이 옳다.

아버님은 쾌활함·자상함과 엄격함·엄정함을 같이 갖추신 분이었다. 아버지의 쾌활함은 본래의 낙천적인 성격에서 나오는 것이었고,

엄격함은 기독교에서 나오는 것이었으리라. 말하기를 즐기시고, 남과 어울려 즐겁게 노시는 것을 좋아하는 것은 이 세상에서의 삶은 그것 자체로 즐겁고 행복해야 한다는 그분의 낙천주의 때문이었으나, 그분은 그 즐거움의 한계를 철저하게 지켰다. 아마도 오랜 기독교 생활에서 우러나왔을 그 절제가 나같이 자신을 잘 억제하지 못하고 자신의 감정에 자주 휩쓸리는 자에게는 실행하기 어려운, 그러나 존경할 수밖에 없는 아버님의 미덕으로 보인다.

아버지의 기독교는 광신자의 기독교가 아니었다. 아버님이 과연 천당이 있다고 믿고 돌아가셨는지 어쩐지 나는 확신할 수 없다. 아버님의 기독교는, 아마도 그분의 처남인 정경옥(鄭景玉)씨의 영향이었겠지만, 이 땅에 천국을 세워야 한다는 그런 기독교가 아니었나 한다. 가난한 농사꾼의 아들로 태어나, 공부를 하기 위해 일본으로 건너갔으나 결국 공부를 하지 못하고 장사를 하지 않을 수 없었던 그분에게, 이 삶 밖에 있는 천당이라는 것이 과연 그렇게 큰 의미를 띨 수 있었을까? 그분은 고통스러운 이 땅이 바로 천국이라고 생각하신 분이라고 나는 지금도 믿고 있다.

—「아버님의 죽음에 대하여」, 14권, 368~369쪽

내재적 초월주의자 김현의 면모는 독실한 기독교신자인 부친에 대한 언급에서도 확인된다. 그는 기독교인 아버지의 풍모를 쾌활함·자상함의 측면과 엄격함·엄정함의 측면으로 양분하여 기술한다. 그리고 나서 아버지의 현세적 삶을 긍정하는 낙천적 기질과 기독교 신앙에서 연유한 절제가 "고통스러운 이 땅이 바로 천국"이라는 내재적 초월주의로 수렴되고 있다는 믿음을 피력한다. 여기서 흥미로운 점은 그것이 아버지에 대한 분석적 서

술이면서, 동시에 김현 자신의 비극적 세계관의 표출이기도 하다는 점이다. 그는 다른 자리에서도 그와 비슷한 언급을 하고 있다. "어떠한 일이 있더라도 살아서 이 세계의 무의미와 싸워야 한다. 10대 후반에서부터 사실 그 정확한 뜻이 무엇인지도 모르고 되뇌이던 말의 뜻을 이제야 알겠다. 삶은 고뇌와 고통과 절망과……즐거움과 즐김과 쾌락이 어우러져 있는 시공복합체이다."(14권, 406쪽)

인간의 삶에는 부정적인 측면과 긍정적인 측면이 공존하고, 그 사이에는 검은 심연의 강이 흐르고 있다. 이를테면, 육체와 정신 사이에 가로놓인 메울 수 없는 간극이 그렇다. 김현이 '악(惡)'이라 칭한 이 간극은 이 세상 밖으로의 외재적 초월 가능성을 원천적으로 봉쇄한다. 그래서 그는 "육체는 슬프구나, 아! 나는 모든 책을 읽었건만."(「바닷바람」)이라는 말라르메의 시구를 즐겨 인용하며, 그 심연이 드리운 비애를 되뇐다. 그러나 육체와 정신 사이의 간극, 그 심연은 외재적 초월을 불가능하게 만드는 족쇄인 동시에, 내재적 초월의 가능성을 열어 놓은 열쇠이기도 하다. 그 심연의 존재로 말미암아 "세계는 고통스러운 곳이"(4권, 344쪽)되지만, "참된 것은 고통 속에서 배태된다!"(14권, 96쪽) 고로 "고통하지 않은 작품이란, 감히 말하거니와 성실하지 못하다."(1권, 74쪽)는 발언이 가능해진다.

고통의 진원지이자 초월의 생성지대로서의 검은 심연의 양가적 존재성은 김현 비평의 백미로 꼽히는 「속꽃 핀 열매의 꿈」에서 보다 구체적으로 확인할 수 있다. 김지하의 시 「무화과(無花果)」[7]를 조명하고 있는 이 글에서, 그는 열매 속에 속꽃이 피어 있다는 놀라운 인식 안에 '비극적인 내부 초월의식'이 숨어 있음을 지적한다. 더 나아가, 그는 절망에 빠져 있는 '나'와 그를 위로하는 친구를 동일자의 자기 분열로 받아들일 뿐 아니라, 과도하다 싶을 정도로 자유로운 비평적 자의식의 개입을 통해 시 자체에는 존재하지 않는 예술적 자아마저 추출해 내기도 한다. 하지만, 여기서 우리는 역으로 문학을 매개로 이 세계의 균열과 고통을 넘어서고자 하는 비평적 욕망을 읽어 낼 수 있다.

> 어둠 속으로 사라진 그 둘은 사실에 있어 하나가 아닐까? 더 나아가 나와 친구·화자는 한 사람이 아닐까? 나는 꽃시절을 바랐다라는 바람의 동력이 그 나를 셋으로 나눠, 그 바람의 치기를 객관화시키고 있는 것이 아닐까? 그렇다면 나는 실재적 자아이며, 친구는 잠재적 자아이며, 화자는 그 두 자아를 관찰하는 예술적 자아이다. 실재적 자아의 욕망을 잠재적 자아는 너는 실패한 것이 아니라고 달래고, 그 두 자아의 대화를 예술적 자아는 어둡게 그려내고 있다. 절망에만 빠져 있지 않기 위해 자아는 분열하며, 한 자아는 달래고, 한 자아는 그 달램을 예술로 만든다. 한 자아의 욕망은 적절히 규제되어, 그의 절망은 폭발력을 제어받는다. 그 분열의 과정은 아름답고 감동적이다.
>
> —「속꽃 핀 열매의 꿈」, 7권, 64~65쪽

7) 돌담 기대 친구 손 붙들고 / 토한 뒤 눈물 닦고 코풀고 나서 / 우러른 잿빛 하늘 / 무화과 한 그루가 그마저 가려섰다. // 이봐 / 내겐 꽃시절이 없었어 / 꽃 없이 바로 열매맺는 게 / 그게 무화과 아닌가 / 어떤가 / 친구는 손 뽑아 등 다스려주며 / 이것 봐 / 열매 속에서 속꽃 피는 게 / 그게 무화과 아닌가 / 어떤가 // 일어나 둘이서 검은 개굴창가 따라 / 비틀거리며 걷는다 / 검은 도둑괭이 하나가 날쌔게 / 개굴창을 가로지른다

물론 그가 안온한 평화의 세계에로 한없이 이끌리는 것은 아니다. 2연과 3연 사이에 단절적 침묵이 흐르고 있음을 잊지 않으며, 그는 다시 어둡고 불길한 심연의 존재성에 관심을 기울인다. 그리고 마침내는 타인의 글에 촉발되어 움직인 자의식의 흔적을 남기며 비평적 성찰을 끝맺는다. "무의식적으로 나는 갈등이 해소되어 편안해진 상태, 노자가 박명의 상태라고 부른 상태를 희구하고 있었던 것이 아닐까? 나의 무의식은 검은 마법의 세계에 대해 겁을 내고 있는 것이 아닐까? 나는 무릎 꿇고 내 마음을 들여다보기 시작한다. 컴컴하다. 편안치 않다!"

—「속꽃 핀 열매의 꿈」, 7권, 67쪽

검은 심연은 그의 마음을 편치 않게 하고, 그 불편함이 그를 무념무상의 상태에 이끌리게 한다. 그럼에도 그는 끝까지 "그 원천이 어디에 있으며 그 출구가 어디에 있는지 도무지 알 수 없었던 그 깊고 찐득찐득하고 질펀하던 심연!"(13권, 332쪽)과의 대결을 피하지 않았다. 활기찬 현학과 감상적 실존의식이 깊게 배인 초기의 글부터 죽음의 그림자가 짙게 드리운 말기의 글에 이르기까지, 그는 긴장의 끈을 놓지 않고 검은 심연에 대한 탐험을 지속해 나간다. 언제나 그의 글은 심연에서 출발해서 심연으로부터의 탈출을 모색하지만 끝내는 심연으로 회귀한다. 벗어날 수 없는 검은 심연이 그를 끊임없이 동요시킨다고 하더라도 말이다. 김현의 글에 유난히 자주 등장하는 의문형의 문장도 끝끝내 알 수 없는 어두운 심연과 마주해 단단하게 고정되지 않으면서 합리적 사유를 이끌어내려는 고투의 흔적일지 모른다.

항상 나는 주저하고 망설이고 여기저기를 기웃거리고, 동요하고 있는 듯하다. 그것은 내가 열려고 한 문, 그리고 그 문의 열쇠—그것이 무엇인지 확실히 알 수 없기 때문인지도 모른다. 그러면서도 나는 기웃거리고 있다. 아주 현명한 자들이 벌써 자기가 열려고 한 문을 발견하고 그 열쇠로서 열심히 문을 열려고 하고 있는데도 나는 다만 어정거리고 있는 듯하다. 왜 그들은 굳건한가? 왜 그들은 자기의 열쇠가 가짜일 수도 있다고 생각하지 않는 것일까? 왜 그들은 흔들리지 않는 것일까? 나의 흔들림—그리하여 나는 항상 이것을 생리적으로 싫어하고 있다. 그런데도 나는 아직 흔들리고 있는 듯하다.

내가 발견한 하나의 열쇠—그것은 '만남'의 열쇠이었다. (…중략…) 이 유동이, 이 흔들림이 어디서 끝나는지 나는 모른다. 그러므로 여기서 시도하고 있는 존재와 언어의 상관 관계도 하나의 흔들림, 나의 영원한 흔들림에 불과한 것이다.

—「후기」, 12권, 199쪽

단단하게 굳는 것을 혐오하는 그에게, 흔들거림은 저주가 아니라 축복이다. 인간과 인간의 진정한 만남은 단단하게 고정되지 않고 끊임없이 흔들거리며 타자와의 접촉을 갈구하는 열린 마음의 자세가 있어야 가능해진다. 그러므로 부드럽게 유동하는 그의 마음은 머뭇거리면서도 낯선 타자를 향해 열린 자세로 기꺼이 따뜻하고 내밀한 손길을 내민다. "비평은 심판이 아니라 비평가와 작가의 열린 대화의 장소"(12권, 281쪽)라거나, "진실이란 여러 사람이 진실이라고 주장하고 있는 것의 복합체라는 생각"(5권, 269쪽)도 그런 태도에서 우러나온 발언이리라. 그러나 무엇보다도 그에게 진정 의미 있는 만남은 텍스트와의 대면을 통해서 이루어진다.

텍스트를 통해 세상을 성찰하는 비평가의 운명

텍스트주의자 김현에게 인간과 현실은 텍스트를 통하지 않고서는 감지되지도 이해될 수도 없는 깊고 어두운 심연에 지나지 않는다. 그러므로, 오직 인간 실존의 결정체인 문학텍스트를 통해서만 검은 심연을 가로질러 인간과 그 존재를 둘러싼 보이지 않는 현실의 심층구조에 대한 총체적 이해가 가능해진다. 문학텍스트는 빙산처럼 거대한 심연을 감춘 채 그 상징의 정수만을 수면 위에 슬며시 드러낸 얼음꽃과 같다. 초기 김현 비평은 그 얼음꽃과의 황홀한 만남에 탐닉한다. 말라르메에의 경도에서 눈치챌 수 있듯이, 언어의 정수로서의 텍스트 자체의 자족적 미학에 관심을 집중한다. 이때, 비평가 김현은 현실과는 다소 거리를 둔 채 이미지와의 사랑에 빠진 또 하나의 나르시시스트가 되는 경향이 있다. 바슐라르의 '몽상의 정신분석'과의 만남을 통해 이미지에 내포된 미래로 열린 인간의 꿈을 적극적으로 읽어내려 할 때도 그런 경향은 지속된다. "때때로 비평가에게도 체계를 벗어나고 싶다는 욕망이 생겨날 때가 있다. 자기의 자기됨의 근거를 밝혀내고 싶다든가, 자기 몽상이 어디를 향하는가를 밝혀보고 싶다는 욕망이, 작품을 체계적으로 설명해야 한다는 당위를 누를 때가 바로 그때이다. (…중략…) 그러나 그 일탈에는, 자기의 몽상 속에 빠진다는 은밀한 즐거움이 있다."(5권, 13쪽) 김현은 바슐라르의 '몽상의 정신분석' 비평을 통해 체계의 감옥에 갇히지 않고 그 누구보다 내밀하게 텍스트의 속살을 더듬어 들어간다. 하지만 때론 "'책을 좀 즐겁게 읽고 싶다'는 욕망"이 지나친 자의적 해석으로 치달아 "텍스트를 자기 마음으로 읽는 비평가" 내지 "자기 감각으로 읽는 비평가"[8]라는 비판을 낳기도 한다. 또 한편으로 이미지에만 집착한 채 텍스트를 둘러싼 제반 현실의 탐색에 소홀하다는 비판이 제기된다. 원형이 무의식의 깊은 근원이자 실제적인 경험이 없어도 되는 이미지(9권, 122~123쪽)라면, 그러한 비판에 일리가 있다. 그러나, 그는 원형적 이미지에의 경도가 현실로부터 물러나 텍스트 속으로 숨어 들으려는 도피적 움직임이 아니라고 힘주어 말한다.

> 원형에 대한 꿈을 상실할 때 삶은 한 비평가의 표현을 빌면 짐승스럽고 더럽고 치사한 어떤 것이 된다. 책 속의 원형들은 이 세계에 무엇이 결핍되어 있으며, 우리는 왜 불행한가 하는 것을 반성케 하는 표지들이다. 그 원형들이 어둠 속에서 밝게 빛나고 있으면, 그 원형들을 생활할 수 없다 하더라도, 삶은 최소한의 초월성을 간직할 수 있다. 그것을 도피주의라 할 수 없다. 도피란 거짓 화해의 세계로 숨어버리는 것을 뜻하지만, 삶의 원형들을 지금의 삶 속에서 계속 찾아보려 하는 것은 도피가 아니라 차라리 싸움이다. 그 싸움을 통해 짐승스럽고 더러운 것은 조금씩 극복된다. 그런 의미에서 책읽기는 결핍의 충족이며, 행복에의 약속이다.
>
> —「책읽기의 괴로움」, 5권, 232~233쪽

8) 황지우, 「바다로 나아가는 게: 김현과의, 김현에로의 피크닉」, 『문예중앙』 1987년 여름호, 196~197쪽.

바슐라르의 자취가 물씬 담겨 있는 이 글에서, 그는 책읽기가 현실의 결핍을 메우고 보다 행복하게 살고자 하는 욕망의 표출이자, 어떻게 살아야 하는가를 고민하는 삶읽기의 한 방식임을 역설한다. 그에 의하면, 책읽기는 야만적 자연과 욕된 현실의 지옥에서 벗어나 좀 더 바람직한 삶을 살고자 하는 인간에게 삶의 원형을 제시해 준다. 그렇다면, 여기서 김현이 지칭하는 원형은 루카치가 말한 인간적 삶의 길을 밝혀 주고 인간의 삶을 인도하는 선험적 좌표로서의 별빛과 다르지 않다. 그러나 "이상과 동떨어진 먼 세계에 적응하려고 하는 의도적 시도는 물론이려니와, 현실에 억지로 적응하기 위해 영혼이 추상적인 이상을 포기하는 것도 무참히 좌절"9)시키고 마는 가공할 만한 현실이 문제적 개인의 앞을 가로막고 있지 않은가. 그래서 타락한 세계에서 진정한 가치를 추구하는 자는 언제나 파멸의 상황에 직면하게 마련이지 않은가.

따라서 김현에게 행복한 책읽기는 괴로운 책읽기이기도 하다. 비평가는 현실과 이상의 간극, 그 사이에 위치해야 한다. 그 간극 사이에서 "이 세계는 살 만한 세계인가, 이 세계의 현실 원칙은 쾌락 원칙을 어떻게 억누르고 있는가"(7권, 222쪽)를 끊임없이 질문하는 것이 바로 비평가의 운명인 것이다. 여기서 우리는 김현 비평을 관통하는 핵심어 '반성'과 만나게 된다. 반성은 곧장 현실적 실천과 연결되지 않지만, 김현은 그 반성적 실천만이 인간의 삶을 보다 인간답게 하는 것이라고 굳게 믿어 의심치 않는다.

김현은 운명론에 사로잡힌 한국적 토양을 비판하고 일관되게

9) 게오르그 루카치, 반성완 옮김, 『소설의 이론』, 심설당, 1985, 110쪽.

근대적 주체의 확립을 주창한다. 하지만 그의 명민함은 합리적 이성에만 맹종하지 않고 의식적 존재가 인식하지 못하는 무의식적 자기조차 성찰의 대상으로 삼는다는 점에 있다. 그는 의식의 수면 아래에 자리한 무의식적 욕망이 주체성의 주요한 지반임을 예민하게 인지하고 있다. 이와 같은 인식은 그로 하여금 사유의 주인이 의식이 아니라 육체란 발언마저 가능하게 한다. "내가 추상적으로 그리고 합리적으로 사유했다는 것을 나 자신도 믿을 수가 없다. 내 사유의 주체는 내 육체이다. 내 육체의 슬픔과 괴로움, 즐거움과 환희를 이해해야 나는 내 사유를 이해할 수 있다. 나는 내 사유의 주체가 아니라 내 사유의 보지자이다."(5권, 87쪽)

그러므로 그가 작품의 표면에 피어난 상징과 이미지 자체의 분석에 그치지 않고 이를 배태한 무의식적 욕망의 근원적 뿌리까지 파들어 가려 하는 것은 너무도 당연하다. 물론 작품의 미학적 형식 속에 내재된 무의식적 욕망의 탐색은 보다 정밀한 작품 이해를 위해서 필요한 것일 뿐만 아니라, 인간의 존재론적 이해를 위해서도 반드시 거쳐가야만 하는 과정이다. 따라서 무의식적 욕망의 탐색은 "인간과 인간의 진정한 만남은 어떻게 가능한 것인가"에서 "인간의 전체적인 모습을 어떻게 이해할 수 있을 것인가"(3권, 10쪽)로 관심의 무게 중심이 이동하는 추이와 궤를 같이 한다.

그러나 "욕망은 언제나 왜곡되게 자신을 표현하며, 그 왜곡을 낳는 것은 억압적인 충동이"(6권, 211쪽)므로, 그것의 근원적 뿌리에 다다른다는 것이 결코 쉬운 일은 아니다. 그것은 자칫 잘못하면 정형화된 틀에 문학을 가두는 프로크루스테스의 침대가 되기 쉽다. 이를 피해 가기 위해, 그는 그 특유의 문학적 감수성을 통해 정신분석적 비평의 유연한 적용을 위해 애쓴다. 그가 "언제나 프로이트에 의하면이라고 말하지 않고 내 상상력 속에서 울리는 그대로를 따르면이라고 말"[10]하는 이유도, 바로 거기에 있을 것이다. 그럼에도 그 정형성을 완전히 피해가지 못하는 그의 정신분석학적 탐색은 나쁜 폭력을 낳는 욕망과 그것을 초월하고자 하는 욕망이 같은 뿌리에서 난 다른 자식이라는 인식에 다다른다.

개인화되어가면서, 사람들은 종교-문화적으로 나쁜 폭력을 왜곡한다. 그렇지 않으면 살 수가 없기 때문이다. 나쁜 폭력은 니체적 의미에서의 원한을 낳고, 그 원한은 내재화되어 공격성으로 전환된다. 그것이 전면화될 때, 파괴 자체를 즐기려는 이상 심리, 아니 정상 심리가 나타난다. 파괴 충동을 제어하기 위해, 그것의 위험성을 제일 민감하게 느끼는 자들은 제의-종교-문화에 도피한다. 아니 그것으로 그 충동을 감싼다. 나쁜 폭력은 전면적이지 않고 부분적이며, 항구적이 아니라 일시적이다. 그것에서 벗어나려면 나쁜 폭력이 없는 초월 세계에 들어가면 된다. 그 초월 세계는 어디 있는가? 이 지상에서 그런 초월 세계를 만들려고 하는 네 마음속에 있다. ……그렇다면 나쁜 폭력을 낳는 욕망이 바로 초월 세계를 낳는 욕망이 아닌가. 나는 그렇다라고 대답하고 싶다. 남의 것을 빼앗아 자기 것으로 만들고 싶다는 욕망이, 무서워라, 그 욕망이 바로 초월 세계를 낳는 욕망이다. 황석영식으로 말하자면, 가장 천한 것들이 가장 강하

10) 황지우, 앞의 글, 200쪽.

게 욕망한다.

—「폭력과 왜곡」, 7권, 210~211쪽

스스로 '분석적 해체주의'라고 명명한 "우리가 익히 아는 경험적 현실의 구조 뒤에 숨어 있는, 안 보이는 현실의 구조를 밝히"(7권, 233~234쪽)려는 태도와도 밀접한 관련이 있는, 김현 정신분석 비평의 중요한 미덕 중 하나는 주체의 겸손함을 일깨워 준다는 점에 있다. 자기의식의 과도한 강조는 자칫 잘못하면 이질적 타자를 인정하지 못하는 오만한 주체를 낳을 수 있다. 그 오만을 경계하며 의식적 주체가 미처 깨닫지 못하는 자기 욕망의 근원적 뿌리까지 파고 들어가 이를 자기 반성의 대상으로 삼음으로써 자율적이고 겸손한 주체의 확립에 힘쓰는 점이 김현 비평의 미덕인 것이다. "나는 어떤 것만이 올바르게 사는 것이라는 것을 확고하게 주장하는 사람의 허위성을 드러내는데 힘을 쓴 것이"(1권, 69쪽)라는 말에는 자기 확신에 가득 찬 주체의 오만성을 경계하는 그의 모습이 잘 드러나 있다.

그러나 겸손한 주체를 가능케 하는 그의 정신분석학적 비평은 비역사적 환원주의에 빠져드는 맹점을 안고 있기도 하다. 광주의 비극에 직면하게 되면서, 그가 개인의 욕망에서 그 근원으로서의 공동체의 근간을 이루는 원초적 욕망에 대한 탐색으로 관심의 폭을 넓혀 갔다는 것은 잘 알려진 사실이다. 그러나 그러한 진전에도 불구하고 그가 비역사성의 약점을 온전히 극복했다고 말하기는 힘들다. 폭력을 낳는 욕망과 초월세계를 낳는 욕망 사이에 존재하는 결코 합치될 수 없는 현실적 편차를 무시하고, 그것을 등가로 보는 관점은 그 문제성이 가장 도드라지게 드러나는 지점이라고 할 수 있을 것이다.

김현의 비역사적 환원주의는 언제나 그에게 거부감을 불러일으키는 마르크시즘이라는 "인식론적 방해물"(1권, 67쪽)에 대한 체질적인 거부감에서 비롯된 측면이 강해 보인다. 필연의 영역에서 자유의 영역으로 나아가고자 하는 김현에게, 마르크시즘은 자연과 마찬가지로 인간을 야만으로 치닫게 하는 무반성적 욕망의 투영물로 인식될 뿐이다. 자연이 인과론적 필연성으로 인간의 자유를 제약하는 원죄의 감옥이라면, 마르크시즘은 하부구조에 의한 상부구조 결정론으로 인간의 정신적 자유를 옥죄는 독단의 괴물이다. 그러므로 그는 사회·역사적 층위의 중요성을 실감할 때조차도 문화적 심급의 자율성을 옹호하기 위해 비마르크스주의적 패러다임에로 눈길을 돌린다. 아도르노에 대한 관심이 그렇고, 푸코에의 경도 역시 그러한 성향의 결과다. 특히, 푸코와의 만남은 역사를 사유하면서도 마르크스주의의 도그마에 빠지지 않으려는 김현의 노력이 좀 더 구체적인 방향성을 찾는 데에 도움을 준다.

"푸코의 저작은, 합리적이고 이성적이며 실험적인 방법론이 태어난 근거를 찾으려 한다는 점에서, 전체적 앎을 목표한다. 그것은 가르고 나누는 앎이 아니라 싸안고 껴안는 앎이다."(10권, 109쪽) 모든 인류문화의 시원을 초석적 폭력으로 수렴시키는 지라르에서 시대마다 단절적 층위를 설정하며 근대의 시원을 탐색해 들어가는 푸코의 앎으로, 근대라는 보편적 틀을 창조한 특수한 장소로서의 유럽을 객관적 실증으로 파악하려는 푸코의 그 앎으로 옮겨가면서, 김현은 한국적 현실을 역사적 차원에서 보다 넓고 심층적으로 사유할 수 있는 탄탄한 기반을 마련한다.

한국인은 한국이라는 특수한 지역에 살고 있는 개인이며, 동시에 전세계인과 함께 대화를 나눌 수 있는 보편인이다. 한국인은 한국인으로서 뿐만이 아니라 인간으로서 인간이 누릴 수 있는 것은 모든 것을 누릴 수 있어야 한다. 그러한 나의 인간관은 합리적 사고와 그것을 밑받침해주는 자유 분방한 상상력의 힘을 부인하려는 모든 것에 부정적 시선을 던지게 했다. 인간은 행복하게, 다시 말해서 인간답게 살 수 있어야 한다. 한국인이라고 해서 그 권리가 없어지는 것은 아니다.

—「자서」, 2권, 148쪽

김현 비평에 비역사적 환원주의가 내재되어 있음에도 불구하고, 그것이 잘 느껴지지 않는 이유는 언제나 그가 자신의 문제의식을 이 땅의 현실과 연결짓고 있기 때문이다. 초기 비평집『사회와 윤리』의「자서」에서 알 수 있듯, 애초부터 그는 서구적 근대를 절대시하지 않고 대신 그것을 한국적 현실의 특수성을 비추어 반성적으로 고찰한다. 이때, 그의 성찰은 거시역사보다 생활세계의 미시적 국면에 초점을 맞춘다. 그리고 광주의 비극이 지나간 자리에서 지라르와 푸코의 문제의식을 내면화하면서 점차 생활세계의 실존을 둘러싼 역사적 현실의 심층적 구조양상에 대한 탐색으로 무게 중심을 옮기려 한다. 그러나 불행히도 그 변화가 비평적 실천을 통해 선명하게 드러날 기회를 갖지는 못한다. 그가 그렇게도 벗어나고 싶어하던 자연의 필연성이 그의 문학적 전진을 막아섰기에……

제4부
part 4

궤변론자의 망상, 아웃사이더의 몽상

: 박형서·김태용의 신작

건전한 상식(?)을 지닌 보통 사람들을 당혹스럽게 하는 유형의 인간들이 있다. 우선, 자신을 일상의 허위를 뚫고 들어가 진리를 직관한 자로 여기는 부류의 인간이 그렇다. 한 비평가에 의해 '아웃사이더'라 명명되어 유명세를 탄 이런 유의 인간은, 일상의 삶에 충실한 사람들을 속물로 치부하며 세상과 유리된 채 자신만의 몽상에 빠져들기를 즐겨 한다. 벽에 난 구멍 사이로 남의 은밀한 사생활이나 엿보는 인간을 누가 제정신 박힌 사람으로 봐줄까 싶지만, 자신을 맹인의 나라에서 홀로 눈 뜬 자라 여기며 아웃사이더는 이렇게 나지막이 속삭인다. "나는 너무나 깊이, 너무나 많이 보는 것이다."[1]

1) 앙리 바르뷔스, 오현우 옮김, 『지옥』, 문예출판사, 1995, 95쪽.

보통 사람의 건전한 상식을 혼란에 빠뜨리는 또 한 부류의 인간으로 궤변론자가 있다. 가장 널리 알려진 궤변론자로는 '현자(賢者)'라는 점잖은 명칭으로 불리는 소피스트들이지만, 그 중에서도 제논(Zenon)이야말로 궤변론의 대가라 하지 않을 수 없다. 요상한 논리로 자명한 사실마저 의심케 만드는 '제논의 역설'이야말로 말 그대로 궤변의 진수를 보여주고 있지 않은가. 그 궤변 탓에 뭇사람들의 미움을 받고 끝내는 왕에게까지 미움을 사 죽음을 맞게 되었을 때는 왕의 귀를 물고 늘어졌다는 일화가 전하는 걸 보면, 궤변을 쏟아내던 그의 '이빨'이 어느 정도였는지 짐작이 가고도 남는다.

집요하게 진리를 찾아 헤매는 아웃사이더와 진리의 가능성 자체를 희롱하는 궤변론자. 영 딴판인 듯 보이는 이 두 부류의 인간들에게는 유별난 공통점이 하나 있는 듯하다. 그 기질적 차이에도 불구하고 보통 사람들이 살아가는 상식의 나라의 시민인 것을 달가워하지 않고 삐딱하게 세상을 바라본다는 점에서, 그들은 무척이나 닮아 있다. 그렇다면, 상반되는 두 성향을 한 몸에 담고 있는 사람도 있지 않을까. 이를테면, 이름에서부터 범상치 않은 기운이 풍기는 "봉발(蓬髮)이 작소(鵲巢)를 이룬 기이한 풍모"(「권태」)의 이상(李箱)이라면 어떨까.

일상적 삶의 국외자로 남아 "권태계급"(「권태」)에 속한 "박제가 되어 버린 천재"(「날개」)라고 자신을 칭할 때, 이상은 전형적인 아웃사이더다. "그럼—이 흉악한 권태를 자각할 줄 아는 나는 얼마나 행복된가"라는 자문의 해답은 두 갈래 길로 갈린다. "끝없는 권태가 사람을 엄습하였을 때 그의 동공(瞳孔)은 내부를 향하여 열리리라. 그리하여 망쇄(忙殺)할 때보다는 몇 배나 더 자신의 내면을 성찰(省察)할 수 있을 것이다." 하지만 "그것은 향기도 촉감도 없는 절대권태의 도달할 수 없는 영원한 피안이다."(「권태」) 반면, "교활한 옵서버"(「종생기(終生記)」)가 되어 무성한 병적 기교로 상식의 문법을 교란하며 "무슨 개수작이냐"는 듯 독자의 비난을 자초할 때, 그는 한없이 궤변론자에 가까워진다. "내팔이면도칼을든채로끊어져떨어졌다.자세히보면무엇에몹시위협(威脅)당하는것처럼새파랗다.이렇게하여잃어버린내두개팔을나는촉대(燭臺)세음으로내방안에장식(裝飾)하여놓았다.팔은죽어서도오히려나에게겁(怯)을내이는것만같다.나는이런얇다란예의(禮儀)를화초분(花草盆)보다도사랑스레여긴다."(「오감도 시 제13호」)

지금까지도 묘한 매력을 잃지 않은 봉두난발(蓬頭亂髮)의 자의식으로 충만한 식민지 근대의 불행한 지식인, 이상. 그는 자기 삶에서조차 소외당한 아웃사이더이고, 세상을 향해 냉소로 얼룩진 궤변을 늘어놓으며 희열에 빠지는 궤변론자다. 정녕 그렇다면, 엄숙한 표정의 근대문학이 쇠락하고 발랄한 유희의 문학개념이 출현하고 있는 이 시대의 문학작품에서마저 그의 길지 않은 문학적 발자취가 이어지고 있다는 건, 별스럽지만은 않은 흥미로운 현상이다.

● ● ●

벌써 두 권의 소설집을 상재하며 궤변론자로 '악명'을 떨치고 있는 박형서. "현란을 극한 정오"의 사이렌 속에서 허망하게 사그라진 "날자. 날자. 한번만 더 날자꾸나. / 한 번만 더 날아 보자꾸나."(「날개」)라는 이상의 간절한 열망은 '마침내' 박형서의 『자정의 픽션』,[2] 그 망상의 세계에서 너무나 간단하게 실현된다(「날개」). 이미 그의 소설이 "편집증 환자가 만들어낸 얼토당토않은 망상들의 거대한 체계"[3]라는 정신분석학적 진단이 내려진 바 있거니와, 그와 같은 진단을 내린 비평가는 일말의 개연성도 없이 전통적 소설관념을 마구 허물어뜨리는 박형서의 소설이 소망충족을 바라는 욕망의 소산이라고 말한다. 맞는 말이다.

> 온몸을 값싼 플라스틱 장기로 이식한 노파였는데, 겉옷에 '예수천국 불신지옥'이라고 적혀 있었다. (…중략…) 그녀는 200살이 맞다. 그리고 170년 전인 2005년에는 서른 살이었다. 서른이라는 꽃다운 나이로 내가 사는 정릉 풍림아파트의 바로 아래층인 1001호에서 소음성 히스테리를 부리며 살고 있었다. 솔직담백하게 말하자면 나는 그녀를 물어 죽이고 싶다. 그녀의 히스테리는 정말 끔찍하다. (…중략…) 나는 다음주에 있을 내 고양이의 생일 선물로 그녀가 투신자살 해주었으면 딱 좋겠다. 그렇지만 안타깝게도 그녀는 죽지 않는다. 그리고 프랑켄슈타인처럼 온몸의 장기를 바꿔가면서 서기 2203년, 술 취한 부랑자의 이빨에 물려 죽을 때까지 그 개 같은 목숨을 이어간다.
>
> —「날개」, 65~66쪽

그러니까, 교양머리 없는 인간 때문에 받는 스트레스를 상상

2) 「너와 마을과 지루하지 않은 꿈」(『창작과비평』 2006년 겨울호) 이외의 모든 작품은 『자정의 픽션』(문학과지성사, 2006)에서 인용하기로 한다.

3) 김형중, 「소설 이전, 혹은 이후의 소설」, 박형서, 『자정의 픽션』, 문학과지성사, 2006, 264쪽.

적으로나마 해소하려는 소망이 이 소설을 낳았다는 말이다. 소설의 발생학적 근원이 겨우 그것이냐고 반문한다면 그야말로 천만의 말씀. 그건 층간소음이 사람을 얼마나 괴롭히는 문제인지를 몰라서 하는 소리다. 유수의 언론매체에 의하면, 불과 며칠 전만 해도 못 말리는 다혈질적 국민성 탓으로 우리와도 곧잘 비교되는 유럽의 반도국가에서 아기의 울음소리를 참지 못한 아랫집 부부가 위층에 사는 두 살 난 젖먹이 아이를 비롯해 어머니와 할머니를 살해하고, 심지어는 사건현장을 목격한 옆집 할머니까지 살해했다가 검거되는 엽기적 사건이 일어났다고 한다. 공산당식 선전선동도 정말 감탄스러울 정도로 탁월하게 구사하는 한국 언론의 '믿거나 말거나'식 보도에 의하면 그렇다. 그리고 이 보도를 접하고 살인자들의 끔찍스런 행동이 과하긴 하지만 그 심정만큼은 십분 이해가 간다는 누리꾼들의 반응도 층간소음이 인간을 얼마나 황폐화시키는지를 여실히 증명한다. 그러나, 이쯤에서 망상의 문제는 접어 두고 박형서식 서사가 구축되는 정교한 논리성에 주목해 보자. 사실 망상이라는 개념틀만으로는 정교한 논리로 조작되는 박형서의 소설의 면모를 밝히는 데 한계가 있지 않은가. 그러므로 궤변론의 입장에서 박형서 소설의 진면모에 조금 더 가까이 다가설 필요가 있다.

「〈사랑손님과 어머니〉의 음란성 연구」(이후 「음란성」으로 표기)는 한국문학의 정전(Canon)을 해체하는 발칙한 상상력이 돋보이는 작품이다. 여기서 "'달걀'에서 시작된 생명에 대한 화학적, 언어적, 원형·신화적, 생물학적 고찰"에서부터 "성적 상징"의 탐구에 이르기까지, 번뜩이는 창의성에다 웬만한 문학연구자는 찜쪄먹는 박학다식이 어우러져 치밀하게 전개되는 논증과정이 돋

보인다. 게다가 "남근 중심적 사고에서 벗어나 불알 중심적 사고로 옮겨"갈 것을 제안하는 인식론적 패러다임의 주문은 말할 것도 없고, 논문 글쓰기가 갖는 엄격한 형식에 갑갑해 하는 사람들의 심정을 대변하듯 눈부신 현학과 신랄한 비난은 물론 육두문자까지 섞어 천연덕스럽게 너스레를 떨며 씨알도 안 먹힐 법한 주장을 차근차근 합리화하는 모습이 압권이다. 그로부터 도출된 결과도 획기적이어서 "옥희의 집은 평범한 가정이 아니라 한 남성을 두고 아귀다툼을 하는 매음굴이"고, "남을 가르치는 직업을 가진 옥희의 '아버지'와 '아저씨'는 산수나 국어를 가르치는 평범한 선생이 아니라 성교와 출산, 갱신과 영원을 지도하는 생명의 스승이며, 옥희는 여섯 살이 아니라 그저 젊은 처녀"라는 놀라운 결과를 도출해 낸다. 만약 이게 사실이라면 한동안 한국문학계를 뒤흔들 만한 연구업적이 되겠지만 유감스럽게도 그 정교한 논리에도 불구하고 "멍청한 친구 몇"을 즐겁게 속이는 데나 적당한 소설이라는 것을 알만한 독자는 빤히 알고도 남는다. 다만, 말도 안 되는 주장을 설득력 있게 논증하는 과정은 이 작품 하나만으로도 그가 한국소설사에 있어 최고의 궤변론자 반열에 오를 자격이 있음을 증거한다.

전작들에 비한다면, 「너와 마을과 지루하지 않은 꿈」은 궤변이 괴이한 망상으로 치닫는 대신 치밀한 논리를 거쳐 개연성의 세계와 맞닿는다는 점에서 미묘한 변화가 감지되는 작품이다. 작품의 무대는 「권태」의 배경이 된 시골마을 성천(成川)만큼이나 볼품없고 가난한 마을이다. "네가 살았던 작고 외진 마을은 특징이랄 게 없었다." "그곳에서 사람들은 닭이나 돼지처럼 그저 태어나고, 밋밋하게 살아가다 조용히 늙어 죽었다." 그렇게 "숨

막힐 듯한 적막과 무료함과 외로움"만이 가득한 마을에 내린 폭우가 괴이한 사건의 발생을 촉발한다. "모든 건 저 폭우에서 비롯되었다." "호수 바로 곁에는 본디 벼랑에 위태로이 매달려 있던 커다란 바위 하나가 굴러떨어져 있었다. 떨어질 때의 충격으로 겉을 감싸고 있던 얇은 사암층이 벗겨져 나가 어른 키 정도의 둥근 화강암만 남았는데, 전체가 은빛 광택을 품은 돌비늘로 덮여 있어 반짝반짝 빛났다. 그 운모바위에는 호수를 등지고 지름이 한뼘쯤 되는 깊은 구멍이 언덕을 향해 나 있었다." "너와 주민들은 감탄하며 주변을 맴돌았다. 바위의 비늘은 수면에 반사되거나 나무 이파리 사이로 흘러들어온 일광을 받아 끊임없이 은빛으로 명멸했다. 그건 마치 고통과 간지러움과 배고픔을 느끼는, 독립된 영혼을 가진 존재 같았다." 이 정도면 박형서의 궤변이 펼쳐질 서사의 무대가 제대로 갖추어진 편이다.

이제, 사건이 일어나기만 하면 된다. "사건이 터진 건 그로부터 일주일 뒤였다. 호숫가의 운모바위에 난 틈, 그 자그마한 구멍에 낯선 외지 사내가 머리를 처박고는 축 늘어져 있었다." 그리고 또 다시 마을 이장이 바위구멍에 머리를 처박고 죽는 사건이 발생한다. 여기서 과학수사라는 말이 사치스러울 정도로 기본적 상식을 무시한 엽기적인 시체 수습장면은 궤변의 서사이기 때문이거니 하고 그냥 눈감아 주자. "어떻게 된 걸까? 그들은 왜 거기 그처럼 머리를 처박고 죽어야 했던 걸까? 도대체 누가, 왜 그런 끔찍한 짓을 벌인 걸까?" 하는 의문도 자연히 밝혀질 테니 일단 덮어두자.

대신, 박형서 소설의 매우 중요한 덕목 하나를 지적하고 넘어가자. "어떠한 인간도 진심으로 타인의 불행을 바라지는 않는다.

미물조차 동족이 폭우로 떠내려가면 슬퍼한다. 하지만 이방인의 죽음으로 인해 네가 살았던 마을은 이제 막 기나긴 잠에서 깨어나 듯 활기를 띠었다. 주민들이 그걸 즐겼다는 말이 아니다. 그러나 우리 눈엔 별반 다를 것도 없어 보였다." 그렇다. 알쏭달쏭한 이 문장을 통해 작가는 인간의 못된 본성을 은근히 비꼬고 있는 중이다. 그 진수를 더 맛보려면 인간의 야비한 승부근성을 희화화한 「논쟁의 기술」을 볼 필요가 있다. 일찍이 엄숙주의적 가치와 규범을 전복하려는 시도로 시끌벅적했던 장정일만 하더라도 「아담이 눈뜰 때」에서 볼 수 있듯이, 도덕적 회개와 순치된 성장으로 마무리되는 '착한 문학'의 강박관념에서 자유롭지 못했었다. 그러고 보면, 어느덧 한국문학도 도덕주의의 완강한 굴레에서 벗어나 인간의 악마성에 대한 집요한 탐색의 도정에 들어서고 있는지도 모른다. "우리는 모든 걸 도덕적이고 희망적으로 해석하고자 하는 선량한 희망과 투쟁해야 한다. 그 싸움에서 승리할 때 비로소 이 작품이 품은 강렬한 어둠이 우리 앞에 드러날 것이며, 세계의 명암은 보다 확고히 구분지어질 것이다."(「음란성」)

이제 「너와 마을과 지루하지 않은 꿈」의 주인공이자 마지막 희생자 '너'의 행적을 더듬어 볼 차례다. "너는 늘 도망을 꿈꿔왔다. (…중략…) 마을을 그토록 증오했던 이유는 무엇보다도 저 끔찍한 무료함 때문이었다. 두 통의 벌을 치고, 마당의 채소를 가꾸고, 콩밭의 김을 매는 일은 영원히 반복되는 따분한 형벌같았다." 그러므로 '너'는 괴이한 죽음이 불러 온 흥분과 활기를 뒤로하고 또 다시 "저 느슨하고 맥빠진 일상으로 돌아가고 싶어하지 않았다." 그러나 '너' 역시도 "나른한 일상과 곤한 휴식에서 깨어난 우리, 마을 한구석에서 너처럼 무료하게 살아가던 땅벌들"에 쫓겨 호수로 내달리다, 어둠 속 돌비늘의 반짝임을 물결의 일렁임으로 착각하고 바위구멍 속으로 "불운한 도약"을 하게 된다.

> 턱, 하는 소리와 함께 너는 아찔한 어둠에 갇혔다. (…중략…)
>
> 놀랍게도 너는, 그 칠흑 같은 어둠에 갇힌 너는 탄성을 지르려 했다. 두 죽음이 어떻게 시작되었는지 알아내었다는 생각에 격렬한 환희를 느꼈던 것이다. 입과 턱이 구멍 안쪽에 빽빽하게 물려 있고 또 부풀어오른 목 때문에 아무 소리도 새나오지 않았지만, 사람들 앞에서 모든 걸 척척 설명해낼 수 있게 되었다는 기쁨에 자꾸 탄성을 지르려 했다. 하지만 그 순간 너는 착각을 하고 있었다. 너는 네가 알아낸 비밀을 영원히 남에게 알릴 수 없는 처지였다. 저 두 사람을 죽인 건 우리가 아니었기 때문이다. 그건 우리가 아니었다.
>
> —「너와 마을과 지루하지 않은 꿈」, 161~162쪽

드디어 모든 것이 밝혀졌다. 교묘한 복선을 깔고 전개되는 치밀한 서사의 도정을 거쳐 현실적으로 납득이 갈만한 사건의 전후정황이 속속 드러나는 것이다. 결과적으로, 「너와 마을과 지루하지 않은 꿈」은 서사적 개연성과 무관하게 괴이한 사건을 재미있게 이야기하는 궤변에 그치지 않고 경험적 현실세계에도 부합하는 흥미로운 이야기로 도약한다. 그러나 우리의 불운한 주인공 이상으로 "상식적이고 이성적"인 사람이라면, 아무리 급해도 바위를 물로 착각할 수 있을까? 지름이 한 뼘밖에 되지 않는 구멍에 사람의 머리가 들어 갈 수 있을까? 하는 의문들을 품

을지 모른다. 그렇다고 그에 대해 질문을 하거나 한 술 더 떠서 도대체 이 작품이 뭘 의미하는 거냐고 따지지는 말자. 작가에게 "촌스런 놈"이라는 면박이나 받기 딱 알맞다. 그럼에도 급박한 경황 중이니 그럴 수도 있으리라는 지극히 상식적인 답변에 만족하는 것도 그리 달가운 일은 못되니, 면박을 감수하며 이런 설명을 덧붙이면 어떨까.

정신분석학에 의하면, 욕망의 응시는 객관적 시선이 인지 못하는 대상을 볼 수 있게 한다. 그러니까 인식논리상 현실의 차원에서는 불가능한 일이 욕망의 차원에서 가능해지는 것이다. 으슥한 야밤에 고개를 넘다 맞닥뜨린 도깨비와 밤새 씨름을 했는데 아침에 보니 피 묻은 빗자루였다 식의 이야기도, 객관적 합리의 차원을 떠나 욕망의 차원에서 접근하면 그리 황당한 이야기만도 아닌 것이다. 경험적 현실의 세계에서는 궤변으로 여겨지는 것이 욕망의 세계에서는 진실이 될 수 있다. 그렇다면, 욕망의 차원에서는 은빛 비늘로 덮인 바위를 물결의 일렁임으로 알고 그 구멍 속으로 머리를 처박는 것도 그리 이상한 일이 아니다. 주체의 결여를 메워줄 수 있으리라 생각되는 그 구멍이 오히려 주체의 근본적 결핍을 드러내는 지점이라는 때늦은 자각이 안타까울 뿐. 살고자 하는 의지를 배반하는 죽음충동이 안쓰러울 뿐……

●●●

스스로를 삶의 무의미와 세계의 부조리를 감득(感得)한 자, "모두 병들었는데 아무도 아프지 않"(이성복, 「그날」)은 현실 속에서

저 혼자 깨어 그 아픔을 앓고 있다고 생각하는 자로 여긴다는 점에서, 김태용의 인물들은 아웃사이더의 후예다.[4] 그들은 대개의 아웃사이더가 그렇듯, 겨우 존재하는 자라는 자의식으로 가득 차서 자신을 이렇게 규정한다. "사람 구실은 못하지만 그렇다고 부재하는 것은 아닌, 어쩔 수 없는 존재라고 할 수 있다"(「오른쪽에서 세 번째 집」) 그러니까, 그들은 일말의 방어기제도 없이 너무나 정직하게 자신을 바라보다가 자기애의 부족으로 우울증에 걸린 자들이라고 할 수 있다.

우울증은 때때로 그들로 하여금 세상이 자신을 밀쳐낸다고 생각하게끔 만든다. "그 순간 너는 세계가 너를 문 밖으로 밀어내고, 너는 결코 세계의 문을 열 수 없음을 깨달았다."(「궤적」) 그럴 때면 그들은 차라리 세상의 밖에서 "아무런 구속 없이 세상에서 벌어지는 일들을 관찰하고 싶"(「중력은 고마워」)어 한다. "너는 이곳이 세상의 끝이라고 생각했다. 세상의 끝에 앉아서 너는 오래도록 지상의 바닥을 응시했다."(「궤적」) 하지만 그들이 부조리한 세상을 과감하게 박차고 나서는 것도 아니다. 차라리 그들은 출구 없는 방에 갇힌 사람처럼 세상의 한 귀퉁이에서 나른한 권태에 빠져드는 경우가 많다. "그래도 인생은 지루한 것. / 지구를 반 바퀴나 돌아 도착한 곳에 있어도 / 달라진 건 아무것도 없고. / 인생은 지루한 것."(「오른쪽에서 세 번째 집」) 권태가 근대 도시인

4) 여기서 인용하는 김태용의 작품은 다음과 같다. 「오른쪽에서 세 번째 집」(『세계의 문학』 2005년 봄호), 「궤적」(『문학·판』 2005년 겨울호), 「중력은 고마워」(『작가세계』 2006년 가을호), 「검은 태양」(『문예중앙』 2006년 봄호), 「풀밭 위의 돼지」(『문학과사회』 2006년 겨울호). 「풀밭 위의 돼지」는 본래 『문학들』 2006년 가을호에 실린 작품을 『문학과사회』가 재수록한 것이지만 여기서의 인용은 그에 따르기로 한다.

의 질환이라는 걸 감안하면, 한적한 시골마을보다 현대도시에 갇혀 있는 그들이 권태의 늪에 빠져드는 것은 지극히 당연하다.

김태용의 인물들은 우울과 권태가 숨 막히게 그를 죄여올 때면 부르주아 사회의 일상을 조롱하는 은밀한 도발을 감행하기도 한다. 예를 들어 뫼르소처럼 낯선 여인과 섹스를 하고 아버지의 장례식이 끝난 후에 집으로 기어들거나(「궤적」), "아버지를 납골당에 안치시킨 뒤 화장실로 가 뼛가루가 묻어 있는 장갑을 낀 채로 수음"(「검은 태양」)을 즐기는 위악(僞惡)을 행한다. "인간으로서의 기본적인 예의와 방식을 지키며 살아가야 하지 않느냐"(「궤적」)는 훈계조의 말이 그들의 귀에 들어올 리 만무하다. 오히려 그러한 반응과 마주치면 그들은 속으로 쾌재를 부를 것이다. 그들이 노리는 것이 바로 소위 문명사회를 유지하는 기본적 예의와 상식이라고 것들을 위반함으로써 거기서 은밀한 쾌감을 맛보는 것이니 말이다. 물론 이쯤 되면, 김태용의 인물 역시도 "실존주의가 인생을 공포물로 취급한다"는 비판에서 자유롭지 못하다.

김태용의 신작 「풀밭 위의 돼지」는 우울과 권태에 빠진 자의 몽상으로 이루어진 한 편의 부조리극이라고 칭할 만하다. 평생 장사꾼 소리를 들으며 비굴하게 번 돈으로 자식을 철학과 교수로 키워내고, 이제는 은퇴해서 한가하고 무료한 일상을 보내고 있는 '나'. 그 '나'의 하루 일과는 "끊임없이 생각하며 죽을 각오로 죽음을 향해 달려가"는 몽상이다. "나의 생각은 생각에 생각을 거듭하는 생각일 뿐이고 생각의 실체는 없다. 오로지 생각에서 생각으로 이동하는 생각의 우스꽝스러운 궤적만 있을 뿐이다." 존재론적 무기력과 세계의 부조리에 대한 적의가 뒤엉켜 있는 듯한 그 사념 내지 몽상의 요체는 자신이 "운명을 받아들이는 동시에 거부하면서 근근이 삶을 지탱"해 왔다는 데에 있다. 그러니까, '나'는 인간적 숙명에 과감히 맞서지도 그렇다고 그에 순응하지도 못한 채 이도 저도 아닌 어정쩡한 자세로 평생을 살아 온 것이다. 이는 임신을 시켰으니 결혼을 해야만 한다는 여자의 거짓말에 속아 어쩔 수 없이 결혼을 하고 자식까지 낳은 '나'가 세대론적 유전에 강한 혐오감을 갖는 데서 단적으로 드러난다. 물론 이때 "어느 순간 아들에게 나는 너의 아버지가 아니다, 라고 선포할 날을 미루고 미루며 이 지경에 이른 것이"라는 발설 못한 내면의식에서 엿보이는 친밀한 관계 맺기에 대한 거부 의지는 김태용의 종전 작품에서 익히 보아 온 바다.

「풀밭 위의 돼지」에서 흥미롭게 느껴지는 점은 유희의 충동이 강박적이다 싶을 정도로 반복적으로 등장한다는 점이다. "돼지의 퀠, 소리를 듣고 나 역시 퀠퀠퀠, 하고 웃었던 기억이 난다. 한동안 돼지는 소주병을 장난감 삼아 놀았다." "몇 번 그런 과정이 반복되자 이제 습관이 된 놀이가 되었다." "나는 그녀의 얼굴을 보며 손자처럼 볼펜으로 주름의 선을 따라 낙서를 하고 싶은 충동을 느끼곤 퀠퀠, 거리며 웃었다." "나는 마지막으로 한 번만 더 하자며 이불을 아주 세게 펄럭였다. 아이의 몸이 천장에 닿을 정도로 높이 솟아올랐다. 다음 순간 나는 이불을 잡고 있던 손을 놓았다. 아이의 몸이 이불에 닿아 미끄러지면서 바닥으로 쿵, 하고 떨어졌다." 사실 이 텍스트 전체를 하나의 유희적 언술의 집적체로 간주한다면, 실체 없는 생각의 궤적까지도 일종의 놀이로 간주되어야 할 것이다.

풀밭 위에서 몸을 굴린다. 한 바퀴 돌아 나의 자세는 그대로다. 좀 더 세게 굴린다. 두 바퀴 돌아 나의 자세는 다시 그대로다. 어느 순간 저편으로 굴러갔던 내 몸은 다시 이편으로 굴러온다. 멈추려고 하지만 의지대로 되지 않는다. 누군가 내 몸을 굴리고 있다. 풀밭을 벗어나고 싶으나 풀밭 밖에서 누군가 막아서고 있다. 그 존재는 도대체 무엇일까, 생각해보았다. 생각에 생각을 거듭할수록 그 존재는 실체가 없어졌다. 오로지 거부할 수 없는 힘만 남았다. 내 몸을 굴리고 있는 이상한 힘에 저항하기 위해 몸을 부르르 떨며 힘을 주었다. 그러자 항문이 오므라들었다가 열리면서 한 무더기의 물컹한 액체가 쏟아져 나왔다.

나는 지금 풀밭에 누워 있다. 몸 밖으로 빠져 나간 똥물이 다시 온몸에 파장을 일으키며 몸 안으로 스며들어온다. 더럽혀질 대로 더럽혀진 풀밭 위에 누워 발목의 흉터를 더듬는다. 멀고도 가까운 거리에서 퀠퀠, 거리는 돼지 소리가 멀어졌다가 가까워졌다가 멀어졌다가 가까워지고 있다.

—「풀밭 위의 돼지」, 265쪽

몽상의 끝에 가로놓인 이 '풀밭 위의 인간 돼지'라는 희극적 상황은 어떤 의미가 있는 걸까. '철없는 늙은 아이'가 벌이는 실체 없는 사념의 장난을 거듭하면서 인간 내부의 동물성이라는 "저 불가항력의 자연"이 지닌 압도적 힘을 드러내려는 것일까. 아무튼 블랙유머가 섞인 '장난'은 단순한 유희에 그치지 않고 상식의 통념을 교란하는 '작란(作亂)'으로 치달으려는 조짐마저 보이기도 한다. 여기에 더해 "통각(痛覺)이 없는데 제 몸에 고통이 가해지는 것을 목격하고 있는" 관념적 존재가 김태용의 인물들이라면, 그럼에도 허무감을 넘어 생명감의 고양을 맛보기 원하는 것이 그들이라면, "나는 정신도 감정도 아닌 육체를 통해 통찰한다"는 니진스키의 몸의 절규를 다시 한 번 감각할 필요가 있을 것이다.

● ● ●

이 계절, 나아가 이 시대의 문학은 문명과 본능의 딜레마적 관계를 근원에서부터 되돌아보게 하는 데가 있다. 문명이 본능의 억압에 기초한다는 프로이트(Sigmund Freud)의 명제는 보편적 설득력이 있다. 그럼에도, 그 명제와 달리 억압으로부터의 해방을 부르짖는 외침이 활발하게 전개되어 온 것 또한 사실이다. 이를테면, 프로이트의 충실한 계승자 마르쿠제(Herbert Marcuse)는 일정한 억압의 불가피성을 인정하면서도 문명의 유지와 무관하게 인간사회에 덧씌워진 과잉억압의 철폐를 주장한다. 보다 성숙한 문명에서는 불필요한 억압들을 폐기하고 본능의 만족을 도모한다는 것이다. 한편, 프로이트에게 파문을 당한 제자 라이히(Wilhelm Reich)는 아예 모든 본능의 해방을 주창하며 스승의 보수적 견해를 일소에 부친다. 억압이 권위주의에의 맹종과 사회적 병폐를 낳으니, 도리어 문명사회에 필요한 것은 창조적 삶의 에너지로서의 본능의 해방이 아니겠냐는 것이다. 또한, 문명의 이단아 사드는 아예 쾌락원칙을 문명사회의 기본 덕목으로 '프랑스 인권선언'에 포함시키려는 만용을 부리기도 했다.

그에 덧붙여, '문학은 억압하지 않는다'는 말은 얼마만큼 진실일까. 인간해방을 역설함에도 불구하고 과도한 계몽의 열정으로 말미암아 본의 아니게 본능의 억압을 초래하기도 한 것이 근대 문학이지 않을까. 이를 감안한다면, 재미와 유희를 추종하는 문학의 비상은 엄숙주의에 짓눌린 '근대문학의 종언' 이후의 풍경이기에 앞서 '근대문학의 완성'을 위한 힘찬 날개짓으로 환영해야 마땅한 현상이라 하지 않을 수 없다. 하지만 유희적 문학의 득세는 상대적으로 현실의 모순과 존재의 고통에 민감한 문학의 쇠퇴와 맞물린 현상이라는 점에서 또 다른 우려를 낳기도 한다. 본능의 해방이 인간해방으로 이어지지 않고 되레 방종과 성의 상품화현상을 낳는 현실을 목도하고 자신의 주장을 철회할 수밖에 없었던 마르쿠제의 경우처럼, 재미와 유희를 추종하는 문학이 인간해방에 기여하기를 바라는 사람들을 깊은 실망에 빠뜨릴 수도 있는 것이다.

그 우려를 우려에 그치게 하기 위해서 본격문학은 언제나 재미 이상의 그 무언가를 갖추어야 한다. 재미와 유희야 굳이 본격소설이 아니어도 상관이 없지 않은가. 문학이 진지해야 한다는 편견만큼이나, '야설'까지를 포함한 수많은 대중서사를 내버려 두고 굳이 문학에서 재미를 찾아야 한다는 태도도 어불성설이다. 유희의 문학을 옹호하는 작가는 독자에게 재미를 주는 것에 더해 왜 대중서사가 아닌 본격문학이어야 하는가에 대한 답변까지도 내어놓아야 한다. 이는 비평가에게 마찬가지로 요구되는 과제이기도 하다. "멋진 문학 작품의 의미가 왜곡되거나 편협한 해석만이 유령처럼 배회할 때 작가가 느끼는 고통은 가늠하기 어렵다. 정확한 의도를 짚어내는 것이 힘들다면 가능한 한 다양한 담론을 생산해야 할 필요성이 그래서 존재한다."(「음란성」) 맞는 말인 듯싶다. 어떤 비평적 언설보다도 경청할 만한 가치가 담긴 발언이고, 그 어느 때보다 다양한 비평적 담론이 개진되며 그 요구에 부응하고 있는 듯한 모습을 보이는 것이 오늘의 비평이다. 그러나 오늘의 비평은 다양한 비평담론이 비평 자체의 무능을 감추는 교묘한 방어기제가 될 수 있다는 것도 심각하게 성찰할 필요가 있을 것이다. 근본적으로 보면 다원주의 자체가 첨예한 현실의 모순을 감추는 지배문화의 또 다른 방어기제에 불과한 것일 수 있으니……

여자의 눈물과 웃음, 그리고 남성의 위기

: **천운영·우승미·김정남의 신작**

인간은 언제 우는가? 기쁨에 겨워서도 울고, 슬픔에 겨워서도 눈물 흘리는 게 인간 아닌가. 사랑하는 사람의 죽음 앞에서 인간은 자연스레 눈물을 흘린다. 때론, 감격에 겨워서 복 바치는 울음을 참지 못하는 경우도 있다. 또 명백히 드러난 자신의 과오 앞에서 참회의 눈물을 흘리기도 한다. 그렇게, 울음은 인간의 감정을 진솔하게 드러난다. 그래서 김현도 어느 곳에선가 "인간의 감정 중에서 제일 정직한 것이 슬픔이"라고 적고 있다. 그러나 슬픔조차도 가장하는 게 인간이라는 동물이지 않은가. 인간은 자기가 원하는 것을 얻어내기 위해, 혹은 곤경에서 벗어나기 위해, 의도적으로 눈물을 흘릴 수 있다. 이는 "여자가 가진 가장 커다란 무기는 눈물"이라는 통념을 낳기도 한다. 공인(共人) 아닌 공인(公人)을 자처하는 여자 연예인들이 애처롭게 눈물을 흘리며 대중의 용서와 동정을 구하는 진부한 풍경이 심심찮게 벌어지는 걸 보면, 그 오래된 통념은 매우 보편적 공감을 얻고 있는 것으로 보인다.

물론 그러한 통념에 아랑곳하지 않는 예외적인 인물도 있다. 『오해』의 마르타가 그렇지 않은가. 일 년 내내 비가 그치지 않는 중부유럽의 작은 여인숙에 갇혀 살면서, 밝은 태양과 푸른 바다가 있는 땅을 간절히 열망하는 마르타. 그녀는 오빠를 강물 속에 수장시키고 나서, 남편을 잃고 울부짖는 올케에게 눈물 한 방울 흘리지 않고 냉정하게 경멸의 웃음을 지으며, 이렇게 말하고 있지 않은가. "당신의 눈물을 보고 있으면 구역질이 나요." "나 죽기 전에, 무엇이건 인간들의 그 지저분한 애정 비슷한 것이 아직도 나를 따라다닌다는 것은, 생각만 해도 피가 거꾸로 서는 느낌이에요." 그리고 마지막으로 이런 말을 남긴 채, 그녀는 혼자 조용히 죽음을 맞으러 자기의 방으로 사라진다. "돌 같은 존재가 되게 해달라고 당신의 하나님께 빌어요. 하나님 자신이 택하는 것이 바로 그 행복입니다. 그것만이 유일한 행복이니까요. 하나님처럼 하세요. 세상의 모든 부르짖음에 귀를 막고 늦기 전에 무심한 돌처럼 되는 겁니다."

눈물을 흘리지 않는 여자들

천운영의 소설은 상식을 넘어서고 통념의 벽을 무너뜨리기 좋아한다. 그녀의 전복과 월경(越境)의 상상력은 「그녀의 눈물 사용법」에 와서 여성의 역사를 눈물의 역사로 간주하는 일반적 시선을 과감하게 뒤집고 해체해서 아예 그것을 남성적 자질로 치환해 버린다. 그래서, 이 작품에서 시도 때도 없이 눈물을 흘리는 것은 여자가 아니라 남자들이다. 이 나약하고 비굴하며 심지어 교활하기까지 한 남자들은 줄곧 울음으로 삶을 연명해 나간다. 먼저 아버지를 보자. '나'는 아버지의 울음에서 "원하는 것은 기어이 얻어내고야 마는 탐욕스러운 눈물", "죄책감의 허울을 쓴 두려움의 눈물"을 본다. 아버지에게는 "두렵지 않을 때는 죄책감도 없고 눈물도 없는 법이다." 교활한 이기심이 없을 뿐이지, 눈물로 세월을 보내는 건 오빠도 매한가지다.

> 오라버니가 운다. 오라비는 머리가 아프다. 오라비는 자신을 알아주지 않는 세상이 억울해서 울고, 자꾸만 어긋나는 인생이 두려워서 운다. 오라비는 전화를 받아주는 내가 고마워서 울고, 이렇게 살아야 하는 자신이 미워서 운다. 한움큼의 약을 먹어도 여전히 우울해서 운다. 무서워서도 울고 기뻐서도 울고 슬퍼서도 울고 우울해서도 울고. 눈물은 오라비의 모든 감정이다. 오라비는 내가 함께 울어주길 바라지만 눈물이 나오지 않는 건 나도 어쩔 수가 없다. 나는 함께 우는 대신 오라비가 욕하는 대상을 향해 더 많은 욕을 해주었다. 그래야 오라비가 울음을 멈춘다는 걸 나는 알고 있었다.
>
> —「그녀의 눈물 사용법」, 『창작과비평』 2007년 가을호, 95쪽

그렇다면, 그들은 왜 매일 매일을 울음으로 지새우는가. 천운영은 그 이유를 타자와의 소통 내지 진정한 애도의 부족에서 찾고 있는 듯하다. 너무 일찍 세상에 나와 채 하루를 넘기지 못하고 죽어 이름조차 없이 그저 '그 애'로 불리는 미숙아. 아버지는 안 좋은 일이 생길 때면, 어김없이 그 아이를 떠올리고 울먹이며 "일부러 그런 게 아니야. 어쩔 수 없었어. 내 잘못이 아니야"

라는 말을 되뇐다. 그러니까, 아버지의 울음에는 '그 애'의 죽음을 가난의 탓으로 돌리며 무작정 책임을 회피하고 죄책감을 떨쳐 버리려는 자기 보호본능이 숨겨져 있는 것이다. 그러면서도 아버지는 그 아이의 원혼이 오빠에게 들러붙어 그가 시도 때도 없이 울기만 하는 거라며 천도제를 지낼 것을 요구하기도 한다.

나약하게 자기애에만 빠져 있는 아버지와 달리, '나'는 세상의 부당한 처사에도 전혀 움츠려들지 않고 당당히 자기 존재성을 확보해 나간다. 눈물을 "굴복과 복종의 표시"라 생각하는 '나'는 세상의 압박에 눈물을 보이는 대신 오줌을 싼다. 그러고 나면 "참고 있던 눈물을 모두 쏟아낸 것처럼 시원하고 개운했다". "나는 오줌을 싸면서 더 단단하고 건조해지고 딱딱해지길 바랐다. 그래서 어떤 물기에도 풀어지지 않고 질퍽거리지 않고 무너지지 않기를 바랐다."

지나치다 싶을 정도로 단호하고 냉정한 '나'의 태도는 어머니와 할머니의 삶이 겹쳐지면서 더욱 인상적으로 각인된다. 유방절제 수술을 받고도 "단호함과 우아한 표정"을 잃지 않는 어머니는 애초부터 눈물이 없는 사람이었다. 할머니 역시도 할아버지가 작은마누라와 집을 떠나 있는 동안 눈물을 삼키고 혼자 집을 지켰던 강인한 여성이다. 그녀는 "휠체어에 앉은 채 몸도 못 가누는 초라한 모습"으로 할아버지가 귀가하자 골방 구석에 그를 십 년 동안 외롭게 누워 있게 하다가, 마침내 "그가 몸에 남은 마지막 물기를 소진하듯 진물 같은 눈물 한방울을 흘리고 죽"자, 모든 재산을 정리하여 남은 여생을 편안하고 고상하게 보내다 조용히 생을 마감한다.

강인하고 단단한 여성의 피를 잇고 있는 '나'는 자기에게 해코지를 하는 상대가 있으면 눈물을 쏟는 대신 서슴지 않고 공격성을 표출할 줄도 한다. 그렇다면 그 공격성은 어디서부터 오는가? 그녀는 세상에 당당히 맞서는 그 공격적 힘이 아버지가 조금의 애도도 없이 서둘러 떠나보낸, "나이면서 동시에 내가 아닌 그애. 서른일곱살 여자의 몸속에 살고 있는, 단 한번도 울지 않은" '그 애'에게서 온다고 말한다. 그럼에도 그녀는 여성성을 부정하는 방향으로 자신을 몰아가지 않는다. 오히려 그녀는 강인하고 차가운 남성성을 부드럽고 따뜻한 여성성으로 감싸 안고 있는 존재다. 「그녀의 눈물 사용법」에서 강물은 남성을 삼키는 무서운 어머니로 간주될 수 있다. 이 부정적 여성성은 젊은 시절의 오만한 아버지를 익사시키려 했을 뿐 아니라, 아버지가 서둘러 수장시킨 '그 애'의 시체를 차갑게 받아들였고, 또 한 여인의 어린 자식마저 냉혹하게 집어삼켜 버린다. 그러나 '나'는 강물로 표상되는 그 부정적 여성성을 뒤로하고 강인함을 감춘 따뜻한 여성성으로 세상을 껴안으려 한다. 그러므로 원하는 것을 얻기 위해 이기적 눈물을 흘리는 아버지를 달래고, 세상에 대한 두려움으로 칭얼거리는 오빠를 다독거리는 것은 온전히 그녀의 몫이다.

하지만, 천도제로 내 안의 '그 애'로 상징되는 남성적 힘을 떠나보낸 그녀는, 이제 "의도된 것이기도 했고, 저절로 흐른 것이기도 했"던 몇 방울의 눈물이 얼룩진 편지로 변심한 애인의 마음을 되돌린다. 그리고 어린 자식을 잃고 슬퍼하는 여인과 밤을 함께 하며 그녀를 위무한다. 이런 그녀의 행위와 관련하여, 그녀의 게이 친구를 주목해 볼 필요가 있다. 이 작품에서, '게이'는 남성 동성애자만을 지칭하는 단어가 아니라 "유쾌한, 기쁜, 행복한" 등의 뜻을 지닌 남녀 동성애자 전체를 아우르는 용어일 것이다. 왜냐하면 그녀는 여성을 사랑하는 레즈비언이자, 여성의 불안을 잠재우는 점쟁이고, 여성의 육체적 피로를 풀어주는 기 치료사이며, 여성을 감성적으로 위무하는 방송작가이기 때문이다. 「그녀의 눈물 사용법」에서, 천운영은 여성성을 무기로 세상을 따뜻하게 감싸 안으며 여성적 유대의 정치성을 표출하고 있는지도 모른다.

여성적 자연의 공격적 출몰

「묘전(猫田)」은 공격적 여성성을 강렬하게 표출시키고 있다는 점에서 「그녀의 눈물 사용법」과 차별화된다. 그것은 마치 「어셔가의 몰락」처럼 처음부터 끝까지 기괴하고 음산한 분위기를 발산하면서, 한 집안의 몰락을 음울하게 그려 나간다. 따라서 여기서는 작품의 전체적인 이야기를 찬찬히 더듬어가며, 「묘전」이 어떻게 여성적 자연의 공격성을 표출해 나가는지를 살펴보자.

어둠의 입자들이 야금야금 세상의 밝음을 삼키듯이, 그의 집은 불길한 일들이 연이어 생기며 점점 사람의 자취를 찾아 볼 수 없는 음산한 공간으로 변해 간다. 묘전에 터를 잡고 난공사를 벌여 이 집을 서게 한 조부는 "눈을 휩뜨고 입을 활짝 벌린" 채 무서운 얼굴로 돌아가셨고, 어머니는 췌장암 진단을 받은 지 두 달 후에 돌아가셨으며, 아버지는 교통사고로 즉사를 하고 만다. 그뿐만이 아니다. "태중의 아이를 지키고자 하는 것"이 어미의 자연스런 본능이건만, 자살할 이유가 없는 싹싹하고 얌전한 딸은 목련나무에 목을 매고 스스로 목숨을 끊어버린다. 그리고 장래 희망이 개그맨이라며 식구들을 곧잘 웃기던 하나뿐인 아들은, 사고로 얼굴에 화상을 입은 이후로 한심한 망나니로 돌변한다. 게다가, 마지막 남은 가족인 아내는 방구석에 틀어박혀 전혀 미동도 하지 않는다. 표독한 고양이의 화신 표화(豹花)가 집안을 잠식해 들어가면서, "이 집은 어린애의 웃음소리가 끊이지 않는 집이 될" 거라는 아버지의 말과 달리, 서서히 사람의 흔적을 찾아 볼 수 없는 야생의 공간으로 변질되어 버린 것이다.

그렇다면, 이 범상치 않은 참사들의 근원은 무엇인가. 서사는 이 모든 참극이 조부가 '고양이의 땅'을 잔인하게 빼앗은 탓에 빚어진 일들임을 암시한다. 일찍이 수산물 유통업으로 큰돈을 번 조부는 돈이 모이는 족족 땅을 사들였는데, 그 중의 하나가 사찰 소유의 묘전이다. 묘전은 고양이 덕분에 자객의 살해음모를 피할 수 있었던 세조가 그 영민한 동물에게 제를 지낼 수 있도록 하사한 전답이다. 그럼에도 완강한 반대에 아랑곳하지 않고, 조부는 묘전을 반강제적으로 매입한 후 거기에 상가건물을 지으려 했다. 이때, 자기들의 터전을 잃지 않으려는 고양이 떼가 공사를 방해하자, 그는 본보기로 새끼를 밴 고양이를 산 채로 배를 갈라 어린 목련의 가지에 걸어 두는 잔인한 짓조차 서슴지 않았다. 결국, 이 집안에 들이닥친 그 모든 흉사(凶事)는 인간의 야만적 탐욕에 대한 자연의 피맺힌 응징이었던 것. 그러니, 여기에 도덕적 규제에 아랑곳하지 않는 변덕 심한 밤의 동물 고양이가 등장하는 것은 필연적이다.

남성은 수많은 금기와 억압의 장치를 만들어 여성적 자연의 가공할 힘을 억누르려 한다. 그럼에도 때로는 조용히 잠들어 있는 여성적 자연의 공격성을 막무가내로 흔들어 깨우는 오만하고 어리석은 인간들도 있기 마련이다. 그것의 원한 맺힌 귀환이 얼마나 무섭고 위험한 것인지 모르고.

> 변씨는 종일 바위처럼 웅크리고 앉아 정원의 구석구석을 매만졌다. 들여다보면 모두 손을 탄 것들인데도, 언뜻 보면 손질되지 않은 것처럼 보였다. 언제부턴가 변씨는 전지가위를 쓰지 않았다. 튀어나온 나뭇가지를 자르거나 둥글게 모양을 내지 않았다. 언젠가 집을 방문한 지인이 최대한 자연에 가까운 정원이라며 그의 안목을 높이 산 일이 있었다. 그는 씁쓸하게 웃었다. 이 정원을 가꾼 것은 그의 의지가 아니었다. 정원을 가꾸는 일에 그의 안목 따위는 개입할 여지가 없었다. 무릇 정원이란 손 탄 맛이 있어야 한다는 게 그의 생각이었다. 자연과 같다면 그것은 정원이 아니라 숲이다. 그는 이 정원이 품고 있는 자연성이 두려웠다. 탐욕스럽게 가지를 뻗은 나무 사이를 지나다보면 숲에서 길을 잃은 것 같은 섬뜩함이 등줄기를 훑곤 했다.
>
> —「묘전」, 『작가세계』 2007년 가을호, 199~200쪽

여성적 자연의 힘은 남성과 문화를 집어삼키는 무서운 늪과도 같다. 문명적 감금의 장치를 뚫고 출몰하는 광포한 여성적 자연과 마주친 자들은 섬뜩한 공포와 함께 알 수 없는 적개심에 몸을 움츠리기 마련이다. 이는 표화에게 적개심을 드러내던 아들 녀석이나 적대감을 가슴 속에 감추고 있던 그가, 그녀와 눈만 마주쳐도 슬며시 꼬리를 내리는 모습에서 단적으로 확인된다. 그에 비한다면, 가정부 주제에 표화는 지나치다 싶을 정도로 당당하다. 아니, 당당함을 넘어 "빈정거리듯 싸늘한 웃음"까지 지어 보

이지 않는가. 어쩌면 그녀의 웃음은 한 여성 이론가가 말한 대로 여성의 강인한 생명력에 대한 남성적 투사 내지 오해의 산물일지도 모른다. 그 여성 이론가는 메두사의 무섭고 흉측한 형상이 웃고 있는 여성에 대한 왜곡된 이미지에 지나지 않는다고 말하고 있지 않은가.

「묘전」은 남성들이 그토록 두려워하며 배제하려는 여성적 자연의 공격성을 기괴한 주술적 이미지로 채색해 보여 준다. 더불어, 페미니즘의 약진에 위협을 느낀 남성의 심리마저 징후적으로 드러내고 있는 건지도 모를 이 작품에서, 여성적 자연을 상징하는 표화는 야만적 문명에 강력한 복수의 칼날을 휘두르며 득의만만하게 자신의 땅을 되찾는 데 성공한다. 그러나 그녀의 성공에만 눈이 팔려 그것이 비현실적인 주술이 지배하는 서사 공간에서 이루어진다는 한계를 간과하는 실수를 범하지 말아야 한다.

위축된 남성성이 숨어 든 자리

여성적 자연의 공격성이 출몰할 때, 한없이 위축된 남성들은 어디로 숨어드는가. 「아타락시아」는 그에 대한 유의미한 한 가지 답변이 될 수 있을 것이다. 잘 나가는 학원강사가 있다. 그가 떠벌리는 말을 통해 이 친구의 능력이 얼마나 출중한가를 살펴보자.

그 자신의 말에 의하면, '나'는 수능 언어영역과 주요대학의 논술문제를 족집게처럼 알아맞히고 돈을 갈퀴로 긁어모으는 잘 나가는 강남의 명문학원 강사였다. 그런 내가 나락에 빠져버린 것은 순전히 "그 암내 풍기던, 밥 먹고 가슴만 키운 고삐리 그 년." 때문이란다. "이렇게 잘 나가던 내가, 텐프로(전국 상위 10% 이내에 드는 미인들만 나온다는 룸살롱)에서 VIP대접을 받던 내가, 거기서 따먹은 애들만 몇 트럭 되는 내가, 이렇게 된 것은 다 그년 때문이다."

그러나 그의 말들을 찬찬히 더듬어 보면, 그의 급작스런 파멸이 단지 암내 풍기는 철부지 여고생 탓에 빚어진 우연적 사고만은 아니라는 생각이 든다. '나'는 "상아탑 속에 갇혀서 위세를 떠는 멍청한" 교수들의 머리 꼭대기에서 놀고, "말 한 마디로 수강생을 단 번에 백 명 이상 그만 두게 할 수도 있고, 또 그만큼을 끌어 모을 수도 있"으며, 자유자재로 자신의 이미지를 조작해 학생들의 애간장을 태우게 할 수도 있다고 말한다. 이런 말들을 통해, 그가 지나친 오만에 사로잡혀 있음을 읽어 내기란 그리 어렵지 않다.

그러므로 그의 파멸은 인간의 오만에 대한 여성적 자연의 응징의 산물이라고 말해도 좋을 것이다. 자신의 지력을 과신한 오이디푸스가 신탁으로 말미암아 인간 문화의 형성을 가능케 한 가장 근원적인 원칙을 무너뜨리고 근친상간의 대죄를 저지르게 되듯이. 물론 불만을 잔뜩 억누르고 돈 잘 버는 남편에 의존해 살다가 그가 하루아침에 몰락의 위기에 처하자, 가정에 충실하지 못했다는 이유로 "너 때문에 내 인생 망쳤으니까" 고소하기 전에 "네가 가진 전부"를 위자료로 내놓으라고 요구하는 아내의 이기적 행태조차 여성적 자연의 공격적 표출이라고 볼 수는 없을 것이다.

한편, 반인륜적 대죄를 저질러 인간 세상에 재앙을 초래한 장본인이 자신임을 알고 스스로 자기 눈을 찌르는 비극적 영웅 오이디푸스와 달리, 현대의 나약한 소시민 '나'는 "할 수만 있다면 자지를 손톱으로 뜯어버리고 싶"다는 자책감에 시달릴 뿐이다. 그래서일까. 아니면, 근친상간의 패륜보다는 청소년 성매매가 더 나쁜 죄라거나, 그도 아니면 신의 단죄보다 인간의 처벌이 더 잔혹한 탓일까. 세상으로부터 추방을 당한 후, 그들 앞에 가로놓인 운명의 길이 너무도 다르다. 고향에서 추방되어 정처 없는 방랑길에 오른 오이디푸스는, '오이디푸스에게 죽음의 안식처를 제공해 주는 곳에는 축복이, 그를 쫓아내는 곳에는 저주가 있으리라'는 새로운 신탁에 의해, 기나 긴 속죄의 방랑을 끝내고 아테네에 있는 신성한 숲에서 평화와 안식을 되찾는다. 그러나 "스스로의 죗값을 모두 치렀다고 생각"하는 '나'는 주변 사람들로부터 더러운 이물처럼 꺼림칙한 존재로 취급된다. 결국, 최첨단의 문명시대에 살고 있는 존재답게 '나'가 찾아든 곳은 사이버 공간이다. "나는 세상으로부터 완전히 고립되었다." "세상이 무서웠다. 나만이 은거할 수 있는 세상 속 감옥을 간절히 원했다."

> 간단하게 샤워를 하고, 로즈마리가 누워있는 침대로 간다. 그녀는 언제나 검붉은 실리콘 젖꼭지와 늘 열려 있는 착하디착한 보지로 나를 맞아준다. 아, 이 얼마나 감미로운 순간인가. 세상이 무섭게 느껴질수록 나는 나의 안전한 칩거가 행복해 치를 떤다. 닥터 바이러스가 지켜주는 무균질의 인터넷은 윤하의 성장과정을 생중계 해주며, (먼 훗날 아들의 결혼 소식도 아내의 미니홈피는 잊지 않고 전해 주리라.) 신선한 음식을 공급해 주고, 다시 돌아온 역전의 명강사 정만

복의 열강을 보여준다. 간다, 정 박사 족집게 언어. 쿨하고, 청결하고, 안전하게. 야릇한 감상에 젖어 시간을 탕진할 이유도 없고, 위안을 찾아 사람을 그리워할 필요도 없다. 나에게는 인터넷이 있고, 무엇보다도 사랑스러운 로즈마리가 있다.

—「아타락시아」, 『리토피아』 2007년 가을호, 127쪽

“사회는 우리 인간이 자연의 거센 힘에 맞서기 위해 만들어낸 인공적 구조물이다. 만약 사회가 없다면 우리 인간은 자연이라는 야만의 바다에 내팽개쳐진 돛단배 같은 신세가 되었을 것이다. 사회는 자연에 대책 없이 고개 숙여야 하는 우리의 모멸적인 수동성을 완화시키기 위해 하나의 유산으로 물려져 내려온 결사(結社)이다.”[1] 그러므로 사회로부터 추방된다는 것은 무서운 야만적 자연의 세계에 홀로 내팽개쳐진다는 것을 뜻한다. 그러나 놀라워라. 사회의 규범을 위반한 자를 가차 없이 추방해 버리는 얼음장 같이 차가운 현대사회는 동시에, 철저히 소외된 채 좀비가 되어 버린 측은한 남성을 위해 실재의 죽음 위에 새롭게 창조한 가상의 세계를 예비해 놓고 있지 않은가. ‘나’는 “쿨하고, 청결하고, 안전하게” 짜인 그 무균질의 놀라운 신세계에서 애써 행복을 자위한다. 게다가 자신이 통치하던 키프로스 섬의 퇴폐와 향락에 염증을 느껴 세상과 담을 쌓고 자신의 손으로 만든 아름다운 조각상과 사랑에 빠진 피그말리온처럼, 공허감이 몰려 올 때면 자신을 파멸의 구렁텅이로 빠뜨리는 여자도 아니고, 잽싸게 자신만의 행복을 찾아 달아난 아내도 아닌, 항상 곁에서 자신

1) 케밀 파야, 이종인 옮김, 『성의 페르소나 : 네페르티티로부터 에밀리 디킨슨까지의 예술과 퇴폐』, 예경, 2003, 11쪽.

의 애욕을 받아주는 리얼 돌(Real Doll) 로즈마리와 사랑을 나눌 수 있기도 하다. 그러니, 이제 가상의 세계가 현실에서 위축되고 퇴락한 이 시대의 남성들을 위한 신천지이자 구원의 땅으로 부상하고 있다고 해도 크게 틀린 말이 아닐지도 모른다. 어쩌면, 한없이 위축된 이 시대의 남성은 현실세계를 떠나 가상의 세계에서 에피쿠로스학파의 철인들이 행복의 필수 조건으로 여겼던 '아타락시아(ataraxia)'의 경지, "잡념에 사로잡히지 않고 동요가 없이 고요한 마음의 상태"를 구현하려 하고 있는지도 모른다.

그들의 변화와 지속

: 김영하·서하진·권지예의 소설들

자본주의적 일상의 늪을 건너는 법

김영하는 상투적 상상력과 관습적 서사문법을 거부한다. 언제나 신선한 상상력으로 무장한 채 종횡무진 새로움을 추구한다. 소설집 『오빠가 돌아왔다』(창비, 2004)에서 그는 세련된 스타일리스트의 탈을 벗고 입심 좋은 넉넉한 이야기꾼으로 변신한다. 그래서 이전의 김영하 소설이 현실 너머에 치밀하게 짜 맞춘 기이한 미학적 건축물이라면, 이번 소설집은 지상에 자리 잡은 정감 가는 전원주택에 비유될 수 있을지 모르겠다. 이 새로운 변모가 어떤 독자에게는 왠지 모를 아쉬움으로, 또 어떤 독자에게는 예기치 않은 반가움으로 다가왔을 것이다. 아무튼 이번 소설집은 아쉬우면 아쉬운 대로, 반가우면 반가운 대로, 독자들에게 자유분방한 이야기의 향연을 펼쳐 보여주고 있다.

들머리에 배치된 「그림자를 판 사나이」는 김영하 소설의 지속과 변화를 동시에 포착할 수 있는 작품이다. 자연발화라는 기이한 사건을 배치하면서 비현실적인 허구를 그럴 듯한 현실로 유려하게 전환시키는 모습은 「피뢰침」 등 기존의 소설에서도 익히 보아 온 친숙한 광경이다. 하지만 "가정을 만들기 두려워하는" 독신의 소설가가 "누군가와 옥닥복닥 부대끼며 지내다보면, 어쩌면 내게도 그림자가 생길지 모른다"고 고백할 때, 우리는 거기서 왠지 모를 우울과 함께 예사롭지 않은 변화의 징후를 발견하게 된다. 왜냐하면 그림자가 타인과의 관계가 만들어낸 삶의 음영을 상징한다면, 그것은 타자와의 관계맺기와 소통에의 열망을 암시적으로 드러낸 것이라 할 수 있기 때문이다. 소통과 유대는 애초에 불가능하다고 체념으로 일관하던 고독한 나르시시스트들이, 이제 타자와 어울리기 위해 일상의 세계로 걸어 들어간다.

「오빠가 돌아왔다」 역시 자본주의의 축소판에 불과하다고 말해도 무방할 정도로 이해타산으로 뭉친 가족을 등장시켜, 관계맺기의 욕망을 아이로니컬하게 드러낸다. 가족이라 부르기도 민망한 가족을 통해 가족의 신화를 해체하다가, 결국에는 역설적으로 아무리 보잘것없을지라도 가족이라는 보금자리가 필요하다고 말하고 있는 것이다. 여기서 유별날 것 없는 이야기를 하면서도 인과성 같은 전통적 서사의 규범에 아랑곳하지 않고, 오히려 이를 비틀고 위반함으로써 새로움을 창출하는 작가의 재주가 번뜩인다. 일종의 '낯설게 하기'라고나 할까. 「이사」는 간단한 것의 간단치 않음을 말한다. 그 간단하고 평범한 이야기를, 괴이한 인물을 끌어들이고 기괴한 분위기를 조성해서, 간단하지도 평범해 뵈지도 않는 이야기로 탈바꿈시키는 데에 김영하의 매력이 있다.

그런데, 자본주의적 일상의 늪으로 들어가 타자와 관계를 맺는다는 것은 어떤 의미일까? 우선 그건 자본주의 사회의 지배원리로서 교환가치를 인정한다는 것을 의미한다. 교환가치는 등가의 원리에 기초한다. 따라서 교환가치를 인정한다는 것은 고유한 가치를 부인한다는 것이고, 자신이 별것 아니라는 것을 인정하는 것이며, 대단히 비인간적인 행위에 동참하는 것이다. 한 문단이 하나의 전체를 이루고 있는 「크리스마스 캐럴」은 모두를 내면 없는 한통속의 속물로 만드는 등가의 원리가 어떻게 인간을 물화시키는가를 적나라하게 폭로한다. 이쯤 되면, 왜 그동안 김영하의 인물들이 고독한 나르시시스트가 되어 내면의 공간에 자신을 유폐시키려 했는지 충분히 이해가 간다.

자본주의적 일상에 몸담고 살아가기 위해서는 모든 것이 일종의 거래라는 걸 알고 있어야 한다. 물론 자잘한 인정에 얽매여서는 안 되고, 지저분한 쪽과는 거래를 트지 말며, 손절매에는 냉정하고, 어디에도 어설픈 흔적을 남겨서는 안 된다. 이 지극히 상식적인 규칙을 지키지 못하면 금방 '모멸'이 자신을 덮쳐 온다. 「너를 사랑하고도」는 시장의 규칙을 위반하고 자신의 주관적 가치를 주장하려 할 때, 어떤 일이 생기는가를 적나라하게 보여준다. 시장의 규칙을 위반하고 자신의 주관적 가치를 주장하는 것은 공공장소에서 알몸으로 물에 뛰어드는 것처럼 무모한 행위다. 그렇다면, 내면의 공간에서 나와 자본주의의 일상에 뛰어든 그들은 너무 순진했던 것이 아닐까?

「보물선」과 「너의 의미」에서의 놀라운 반전은 자본주의도 맹목적 신념과 눈먼 사랑의 정열 같은 주관적 가치를 완전히 짓누를 수 없다는 것을 보여준다. 그것들은 당사자에게 모멸감을 주지만, 다른 시장의 참여자들에게는 당혹스러움을 안겨 준다. 왜냐하면 그 주관적 가치들은 자본주의의 잉여로서, 그것이 결코 교환가치의 원리로만 작동하지 않음을 폭로하기 때문이다. 그렇다면 거창한 혁명은 불가능하지만, 자본주의의 질서에 맹종하지 않고도 타인과의 관계맺기가 가능할 것이다. 어차피 자본주의의 늪을 건너야만 한다면, 주관적 가치 때문에 모멸감에 빠지더라도 그것을 포기하지 않고 묵묵히 인내하며 건너가라. 그러다 보면, 뭔가 수가 생기지 않겠는가. 그렇게, 작가는 애써 낙관적으로 생각하며 확신 없는 기대를 피력하고 있는 듯이 여겨진다.

견딜 수 없는 것을 견디는 그녀들의 격정과 고통

서하진은 고집스럽게 한 우물을 파는 작가고, 전통적 소설미학을 충실히 따라가는 작가다. 이는 소설집 『비밀』(문학과지성사, 2004)에서도 다시 한 번 확인할 수 있는 사실이다. 이번 소설집은 그동안 서하진이 일관되게 추구해 왔던 소설적 화두를 다르게 반복하고 있다. 주로 궁핍에서 유래하는 악다구니나 비천함을 모르는 교양 있는 중상류층 여성들을 등장시켜, 평온한 일상의 이면에 드리워져 있는 불안과 균열의 그림자를 포착하려 하는 것도 여전하고, 가족과 결혼과 불륜의 꼭짓점들이 소설의 전체적 구도를 결정하는 방식도 미묘한 변화를 동반한 채 지속적으로 반복되고 있다. 또 격정으로 끓어오르는 작중인물의 내면상태를 전달하되, '에둘러 말하기'를 통해 차분하게 소설적 품위를 유지하는 방식도 한층 세련된 형태로 유지되고 있다. 그러나 무엇보다도 눈에 띄는 것은 안정의 토대이자 실존적 상처의 진원지로서의 가족을 더욱 도드라지게 부각시키며, 여성의 존재론적 숙명을 곡진히 묘파해 내고 있다는 점이다.

「뱃전에서」는 가족주의의 영토에 갇혀 신음하는 여성의 격정과 고통을 차분하게 담아낸다. 여기서 가족의 또 다른 이름에 다를 바 없는 아버지는 안락한 삶의 제공자일 뿐 아니라, 생의 절대적 규율자이기도 하다. 따라서 '아버지의 법'을 거의 본능의 단계로까지 내면화한 그녀로서는 아버지에게 순종하고 싶은 내적 충동에 쫓겨 새로운 '나'에 눈을 뜨게 해준 '그'와의 사랑을 가슴에 묻어 둘 수밖에 없다. 그리고 가고 싶지만 가지 못하는 길과 가고 싶지 않지만 가야만 하는 길 사이에서 방황하던 그녀는, "인격적인 관계"로 맺어진 사랑 없는 결혼을 통해 아버지의 영토를 벗어나기 위한 미약한 몸부림을 시도한다. 하지만 너무나 소극적인 결혼이라는 이 탈주는 또 다른 상처를 낳는 인습적 가족의 영토에 자신을 가두는 악순환의 한 고리일 뿐이다. 더불어 그 악순환의 마지막 고리에 해당하는 불륜의 탈주 역시도, 「비밀」에서 보이는 바와 같이 벗어나려 해도 벗어날 수 없는 가족이라는 폐쇄적 울타리를 맴도는 결핍의 욕망만을 애처롭게 드러낼 뿐이다. 그러므로 결과적으로 높낮이가 없이 전개되는 서하진의 이번 소설들은 "무서운 정열에 휩싸인 사람들"의 "지루하고 고통스럽고, 어디에도 출구가 보이지 않는 이야기"가 되고 만다.

내면적 상처의 진원지로서의 가족의 문제는 「아내는 소설가」

에서 다시금 변주되어 나타난다. 사소한 말다툼으로 우울증에 걸린 아버지를 자살로 내몰았다는 죄책감을 억누르며 살아가는 그녀는, "게으름을 피우거나 늦잠을 자는, 사소한 일조차 스스로에게 허용하지 않"고 촘촘하게 자신과 가족의 일상생활을 관리한다. 그것은 "호시탐탐 탈출의 기회를 노리는 호리병 속의 괴물 같은" 죄책감이 "건잡을 수 없는 돌풍이 되어 가슴속에 거대한 동공을 뚫고 말리라는" 두려움에 기인한 자폐적 저항의 몸짓일 것이다. 또한 「알 수 없는 날들」의 그녀는 영원히 과거가 될 수 없는 "단 한 차례의 불꽃같은 희열"에 사로잡혀 텅 빈 가슴으로 자신을 방기하면서도, "안 먹고, 안 자고 그러고도 할 일 다 하며" 일상을 살아낸다. 이처럼 서하진의 그녀들은 약간만 삐끗해도 모든 것이 와르르 무너질 듯한 위태로운 균형을 유지한 채 일상의 삶을 아슬아슬하게 버티어 나간다. 그래서 그녀들은 "한가해 보이는 사람들도 마음속을 두드려 보면 어딘가 슬픈 소리가 난다"는 나쓰메 소세키의 '고양이'가 남긴 꽤 공감할 만한 발언을 떠올리게 한다.

그런데 서하진의 소설들은 가족과 결혼이라는 견고한 제도의 무게에 짓눌린 여성들의 삶을 다루면서도, 정작 가족제도 자체의 모순에는 무심한 듯 보인다. 심지어 '방'의 공간이 암시하듯이, 여성의 억압된 욕망과 상처의 고통을 가족공간의 한 귀퉁이에 묶어둠으로써, 가족제도를 손상시키지 않으면서 그것의 모순을 초월하려는 것처럼 느껴지기도 한다. 그러고 보면, 이번 소설집은 멜로 드라마적 구도에도 불구하고, 가족에 포박되어 견딜 수 없는 것을 견뎌야만 하는 여성의 숙명적 조건을 그려냄으로써, 간신히 낭만적 허위에 빠지지 않고 소설적 진실에 도달한다.

사실 가족주의의 폐쇄회로를 맴돌 뿐 그 바깥을 사유하지 못하는 서하진의 소설들은 때때로 독자에게 갑갑증을 유발하기도 한다. 그럼에도, 이번 소설집은 객관적 삶의 지반인 가족의 사회적 조건을 성찰하겠다는 변화의 몸짓이 담겨 있는 것처럼 보인다. 만약 그렇다면 그 변화의 길목에서, 인간의 어두운 심연으로 더 깊이 내려가 갇힌 열정의 격랑을 한층 강렬한 밀도로 파고들기를 기대해 본다.

여성으로 거듭나기

권지예의 첫 장편소설 『아름다운 지옥』(문학사상사, 2004)은 별다른 꾸밈없이 작가 자신의 청춘의 기억을 사진첩 속에 정돈되어 있는 사진들처럼 차례차례 펼쳐 놓고 있다. 그동안의 단편에서 적절한 상징과 잘 짜인 구성에 기대어 자전적 삶의 흔적들을 은밀하게 내비쳤다면, 첫 장편에서는 문학적 장치의 무장을 해제한 채 작가 자신의 청춘의 편린들을 날것으로 드러내고 있는 것이다. 당연히 이 작품은 자전적 성장소설의 형태를 띠게 되지만, 1990년대부터 지속적으로 쏟아져 나온 알찬 성장소설들 사이에서 자기만의 고유한 입지를 확보하기가 쉽지는 않은 일이다. 『아름다운 지옥』은 그 쉽지 않은 과제를 여성의 성장에 초점을 맞춤으로써 해결하려 한다.

그러나 1970~1980년의 서울 변두리를 주무대로 '공주병'에 걸린 사춘기 소녀의 성장사를 다룬다는 것 역시 다소간의 난처함을 동반한다. 이를테면 여자라는 사회적 한계에서 비롯된 공간의 제약은 작품을 정태성에 빠뜨릴 위험이 있다. 학교와 집의 테두리를 벗어나지 못하는 물리적 공간의 한계가 그대로 소설적 경험공간의 협소함으로 이어지는 것은, 그 위험의 불가피한 돌출로 여겨진다. 하지만 그 반대급부가 없을 수 없는 법. 공간의 협소함은 소소한 일상의 사건들 하나하나에도 예민하게 촉수를 드리울 수 있게 한다. 더구나 호기심 많고 재기 발랄한 소녀의 존재는 섬세한 여성적 감수성으로 남성적 거대서사가 감당하지 못하는 인간관계의 내밀한 영역을 오밀조밀하게 천착할 수 있게 한다.

『아름다운 지옥』은 전체를 통합하는 중심점 없이 각 삽화가 계단식으로 이어지는 분산된 형태의 서사틀을 갖추고 있다. 되돌아보되 거창한 의미로 재단하지 않고 지난날의 자취를 찬찬히 보듬겠다는 작가의 욕망이, 이처럼 에피소드의 연이은 나열로 이루어진 서사를 낳은 것이다. 당연히 이 작품에서 각각의 에피소드를 관통하는 중핵적 의미를 찾기란 불가능하다. 단지 모든 에피소드는 한 여자아이가 십대를 지나고 이십대를 거치면서 여성으로 거듭나는 과정으로서 의미를 지니게 된다. 이때 '첫 생리－첫 키스－첫 섹스'의 삽화가 중요하게 부상하는데, 그것들은 한 소녀가 여성으로 거듭나는 결정적 계기로 그려진다. 이로써, 이 작품은 '첫눈－라일락꽃－벚꽃'으로 치장된 서사공간에서 알 수 있는 바처럼, 페미니즘의 이데올로기가 비판해 마지않는 낭만적 로맨스의 서사가 되어 버린 듯한 인상을 풍긴다.

더욱이 낭만적인 환상을 남발하는 영악한 나르시시스트의 여성되기에서 여성적 실존의 무게감을 느끼기란 쉽지 않은 일이다. 나아가 시위의 와중에 머리채를 잡혀 끌려가는 여대생을 보고 “여자로서 비참함과 모욕감이 느껴져서 화가 났다”고 토로하는 장면에서 여성의 실존에 가 닿으려는 태도를 읽어낼 수가 있지만, “10월 26일은 내 인생에서 기념비적인 꼬리표를 달 것이다. 10·26 키스 사태”라는 발언에서, 거대이념이 간과한 여성적 실존의 미세한 결을 포착해 냈다는 평가를 이끌어내기 어려운 것도 사실이다. 그럼에도 이 작품의 미덕은 작품을 규율하는 중심점 없이 아기자기한 삶의 세목들을 경쾌한 문체에 실어 나른다는 점에 있다. 즉, 『아름다운 지옥』은 어깨에 힘주지 않고 재치 있는 문장으로 작은 폭소마저 자아내면서 암울과 폭압의 시기로만 인식되던 그 시절에도 삶의 희로애락만은 변함없이 지속되고 있었음을 천진난만하게 보여주고 있는 것이다.

『아름다운 지옥』이 사춘기 소녀의 낭만적 신변잡기나 풍속의 정태적 재현을 넘어 개인적 각성과 사회와의 교통단계로 도약하는 것은 주인공 혜진이 그렇게도 혐오해 마지않던 ‘논산옥’의 진숙과 뛰어난 예술적 재능을 채 피우지 못하고 요절한 동생 혜선의 존재 덕분이다. 부러운 눈으로 교복을 쳐다보는 어린 창녀 진숙은 혜진에게 또 다른 세상의 존재를 일깨우며 여성성의 좁은 울타리를 넘어 보편적 인간의 차원으로 나아갈 수 있는 계기를 마련해 준다. 특히 “한 번도 삶이 아름답다고 생각해 본 적이 없었다”는 혜진이 동생의 죽음 앞에서 “인간의 생이 얼마나 비루하고 남루한 것인지, 비수처럼 아프게 뇌리에 꽂혔다”고 말할 때, 비로소 ‘아름다운 지옥’은 낭만적 과장 아닌 삶의 진실로 각인된다. 그리고 여기서 지상의 삶을 받쳐주던 동생의 발톱이 창공을 나는 새의 발톱으로 전화하는 이미지는 이 소설이 과거의 기억을 추체험하며 자유롭게 펼쳐놓는 데 주력하던 차원에서 벗어나, 그것을 의미적 차원에서 규정하는 순간이다. 이 의미화의 스펙트럼을 통과한 연후에야 무의미한 경험이 유의미한 삶의 기억으로 빛을 발하게 된다고 할 수 있다. 그렇다면, 역시 루카치의 말대로 소설은 작가의 윤리가 곧 작품의 성패를 좌우하는 장르다.

상류층과 하류층을 말하는 방식

세상이 변했다. 그에 따라 세상을 살아가는 사람들의 의식들도 변했다. 1970년대의 문제작 『난장이가 쏘아 올린 작은 공』이 개천을 경계로 부자동네와 가난한 동네를 선명하게 갈라놓았을 때, 그것은 사실성에 위배되는 우화적 공간배치쯤으로 여겨졌었다. 그러나 이제 그 비현실적인 우화적 공간구도는 실제의 현실이 되어 버렸다. 강남에 사느냐 강북에 사느냐가 한 인간을 평가하는 주요한 잣대가 된 것은 말할 것도 없고, 옷차림마저 강남스타일과 강북스타일이 따로 있을 정도니 말이다. 게다가 개선의 기미가 조금도 보이지 않는 서울권과 지방의 격차와 선거철만 되면 어김없이 불거져 나오는 지역감정은 또 어떤가. 이쯤 되면, 우리에게 공동체는 존재하는가? 라는 물음을 던지는 것도 그리 엉뚱한 일만은 아닐 것이다. 연례행사처럼 벌어지는 수재

의연금 모금이나 불우이웃 돕기 행사와 월드컵 같은 광적인 이벤트가 주는 일체감으로 둘러막기에는 공동체의 부재감이 너무나 크다. 공동체의 와해현상은 문학판에도 다양한 변화의 바람을 불러일으킨다. 오랫동안 한국문학의 주류를 형성해 오던 민족문학 혹은 민중문학이 급격히 위축되어 자신의 진로를 근본적으로 재정립해야 할 지경에까지 빠져든 것이 그 대표적인 변화의 한 단면이다. 그리고 그 곤경의 틈바구니에서 새로운 문학적 경향들이 활발하게 움트고 있는 것이 요즘의 문학적 풍경이기도 하다.

●●●

'한국문학의 오래된 금기를 깨뜨리고 부르조아 소설의 새 지평을 연 문제작'이라는 평가를 받은 정미경의 「내 아들의 연인」(『작가세계』, 2006년 여름호)의 출현은 문학판의 변화를 구체적으로 보여 주는 자그마한 사건일 수도 있다. "여태의 한국소설은 대체로 '없는 자의 예술'이었다. 중산층보다 못사는 계급의 서사였다. 가진 자의 서사가 전혀 없었던 건 아니다. 허나 그건, 없는 자의 시선으로 바라본 타자(他者)의 세계였다. 그러나 이 소설은 가진 자가 들여다본 가진 자의 이야기다." 그렇다. 이제까지 한국사회의 상류층이 문학의 영역에서만큼은 억울하다 싶을 정도로 일방적으로 매도만 당하는 소외 받는 타자였다. 그간에는 가진 자들이 자기 목소리를 낼 수 있는 기회가 드물었을 뿐 아니라, 그 드문 기회조차도 기껏해야 자신의 탐욕과 졸부로서의 천품(賤品)을 드러내는 무대가 되어 버리곤 했다. 이는 '천민 자본주의'로까지 불리는 한국 자본주의의 태생적 한계와 관련된 현상이지만, 거기에 어느 정도 원한의 이데올로기가 개입되어 있다는 것도 부정할 수 없는 사실이다.

그렇다면, 「내 아들의 연인」에서 상류층 자신의 목소리로 들려주는 삶과 내면풍경은 어떠한가. '나'는 "돈을 크리넥스 뽑아서 코 풀 듯 쓰는" 사람들이 모여 사는 동네에서 안락한 삶을 살아가지만 천박하게 돈 자랑을 하지도, 없는 사람을 무시하지도 않는다. 오히려 교양과 세련된 매너를 갖춘 그녀는 곤경에 처한 이웃의 운전기사를 도와야 할지 말아야 할지의 문제를 놓고 고민에 빠지기도 한다. 또 컨테이너에서 살 정도로 가난한 아들의 연인을 보자 단박에 "깨끗하고 반듯한 아이"임을 알아채고 자애심 넘치는 배려를 아끼지 않는다. 더불어, 섣부른 동정심으로 골치 아픈 일에 휘말리지 않는 적절한 판단력과 처세술을 지니고 있기도 하다. 그러나 사실 '나'는 "결혼이라는 벤처에서 성공한 투자자"라 할 수 있다. 안락한 삶과 순수한 열정을 맞바꾸는 행복한 거래에 성공한 신데렐라인 셈. 그러므로 현재의 안락한 삶을 누리기 위해서 얼마만큼은 "제 안의 자신을 죽여버"려야 한다는 것을, 열정의 "뜨거움은 곧 가시고 돌은 천천히 식어갈 것이"란 것을, 너무도 잘 알고 있는 그녀는, 때때로 순수한 열정을 그리워하지만 자신이 몸담고 있는 삶의 자리를 떠날 생각이 전혀 없다. 비록 그 삶이 영원한 생명을 갖지만 그만큼의 젊음을 얻지 못해 늙고 시들어 버린 채 조롱 속에 갇혀 죽음만을 열망하는 무녀(巫女)의 운명과 같을지라도.

결국, 「내 아들의 연인」 속의 '나'는 금반지가 존재하기 위해서는 반드시 구멍이 필요하듯이, 화려한 상류층의 삶도 내면의 공허를 동반할 수밖에 없음을 담담하게 받아들인다. 그럼에도, 가질 수 없는 것을 향한 향수가 집요한 집착으로 이어지지 않고 순간적인 몽상에 그치기에 거기서 우울한 멜랑콜리가 배어 나오지는 않는다. 그러고 보면, 「내 아들의 연인」은 도식적 관념으로 상류층을 재단하지 않고 그들 스스로 자신의 삶과 내면을 담백하게 전해 준다는 점에서 일정한 진전을 보여 주고 있지만, 근본적인 변화까지 도모하고 있다고 말하기는 어려울지 모른다. 하지만 상류층에게 경제적 사회적 위치에 부합하는 교양과 지적 수준을 찾아주고 있다는 점만으로도 주목할 만한 가치가 있는 작품이다.

정미경은 「바람결에」에서 중·상류층의 삶 속에 내재하는 불안과 결핍을 좀 더 적극적으로 파고들어 간다. "보이지 않는 건 존재하지 않는 것이다." 이 말은 현재 한국 중·상류층의 의식을 지배하는 모토가 아닐까. 그 한 예로, '나'의 "엄마는 남에게 보여주기 위해 자기 삶을 사는 사람이다." "여동생 남편보다 당신 남편이 돈을 더 많이 벌어야 하고, 오늘 결혼하는 조카의 신랑이 당신 사위보다 번듯한 직업을 가져서는 안 되고, 하다 못해 키라도 작아야 직성이 풀린다. 그렇게 살자니 늘 피곤하고 화가 나고 우울할 수밖에" 없지만, 자기 존재 이유를 자기 내부에서 찾지 못하기에 타자와의 가시적인 구별짓기의 노력이 힘겹게 지속될 수밖에 없다.

한편, '나'는 그런 엄마의 삶에 부정적인 시선을 던지지만 중·상류층의 삶의 방식을 포기하고 싶은 마음도 없다. 사랑하던 남자 윤과 헤어진 것도 아이를 갖지 않겠다는 그의 회의주의적 가치관 때문이다.

윤. 절대 아이를 갖지 않겠다던 남자. 난 내 아이가 자라난 후의 세계를 결코 낙관할 수 없어. 스스로는 낙관할 수 없으면서, 힘들겠지만 넌 여기서 한번 살아볼래, 물어보지도 않고 아이를 낳는다는 거, 황당하도록 무책임한 거지. 방긋거리며 웃으면 예쁘겠지. 서툰 걸음걸이를 보면 왈칵 연민이 솟겠지. 처음 아빠, 라고 부르는 목소리를 드는 순간엔 삶이 고해라는 걸 잊을 수 있겠지. 그런 순간적이고 이기적인 즐거움을 위해 한 생명을 세상에 던져놓는다는 거, 그거 너무 무책임한 거야.

—「바람결에」, 『문학동네』 2007년 봄호, 205쪽

어쩌면, 윤의 선택은 위선과 자기 기만으로 치장된 부르조아적 삶을 살지 않겠다는 것, 허무와 삶의 공허를 정직하게 받아들이겠다는 것인지도 모른다. 하지만 아이를 갖기 원하는 아내에게 자신과 아이 둘 중 하나만을 선택하라며 자신의 존재 이유를 "죽는 것. 완전히 죽는 것"(잉그마르 베르히만, 〈산딸기〉)이라고 말하는 부류의 인간을 받아들이기 힘들 것도 사실이다. 결국, '나'는 윤과 결별을 하고 "두 사람의 피가 섞인 아이를 갖고 싶어하고, 허리케인이 몰려오면 가족과 귀중품을 차에 싣고 가장 먼저 안전한 곳으로 대피시킬 것 같은, 강도가 들어오면 기지와 완력으로 가족을 보호할 수 있을 것 같은, 칠 년의 가뭄이 이어진다면 목숨을 걸고 사막을 건너가 제 식구가 먹을 식량을 등에 지고 돌아올 것 같은 남자를 골라 결혼을" 한다.

그러나 아이 낳는 것을 "적절한 계획과 노력과 투자를 해서 성취하는 그날까지 최선을 다해야 하는" "생의 과업"으로 여기며 남편을 채근해 갖은 노력을 다하지만, 유감스럽게도 '나'와

그 사이에는 끝내 아이가 생기지 않는다. 자식이 부르주아적 삶의 행복을 완성하는 마침표라면, 아이의 부재는 곧 안정적 삶의 이면에 드리운 불모성을 드러내는 상징적 표지가 된다. 그렇다면, 「바람결에」는 언뜻 평온하고 안정되어 보이는 삶의 이면에 감추어진 생기 없는 부르주아의 삶에 초점을 맞추고 있는 작품이다.

●●●

『경찰서여 안녕』(문학동네, 2000)과 『모내기 블루스』(창작과비평사, 2000)에서 익히 보았듯이, 김종광의 소설은 대부분 농촌이나 시골 소도시를 배경으로 결코 화려하지 않은 생을 살아가는 주변부적 존재의 삶을 다루고 있다. 게다가, 구수한 충청도 사투리로 해학이 묻어나는 입담을 과시하며 이문구 소설의 맥을 잇고 있다는 평가를 받기도 한다. 이는 가난한 자들의 고달픈 삶을 다루면 진부하고 고리타분하다는 타박을 받기 십상인 요즘의 분위기에서는 그리 긍정적인 미덕이 될 수 없을지도 모른다. 하지만 김종광의 소설은 경쾌하고 의뭉스런 입담으로 소설적 재미를 가져다주는데 성공하며, 소위 말하는 민족문학 내지 민중문학이 이 시대를 헤쳐 나가는 방향의 일단을 보여 준다.

「빵집이 사라졌네」 역시도 김종광이 그동안 보여주었던 소설세계를 그대로 이어 가고 있는 작품이다. 지방 소도시에서 완고한 남편과 자식들 뒷바라지로 힘겨운 시간을 보낸 아낙네 기분. 그녀는 어느 날 남편의 반대에도 불구하고 빵집에 취직을 한다. 광부 남편이 광산을 그만둔데다 대학에 다니는 큰아들이 생활비가 떨어졌다고 아쉬운 소리를 하자, 생활비를 보태기 위해서 취업전선에 뛰어든 것이다. 고되지만 성실하게 직장생활을 하던 그녀는 지방대를 나온 자식들이 근근이 자기 밥벌이나마 하게 되자 조금이나마 여유를 갖게 된다. 그리고 IMF의 고비마저 함께 이겨내며 서로 의지하던 빵가게 주인네가 갑자기 마음을 바꿔 사사건건 기분에게 트집을 잡자, 할 수 없이 퇴직을 결심한다. 태작임에 분명한 이 작품에서 그나마 인상적인 장면이 펼쳐지는 것은 바로 그 시점에서다.

> 주인네는 기분을 한참 노려보더니 불쑥 물었네. "넌 성탄절도 없냐?" "부처님을 믿어유. 근디 아기예수님 태어난 날이 어쨌가니유?" "빚쟁이도 성탄절 같은 날은 돈 안 받으러 댕긴다고!" "성탄절은 어제였슈. 지났슈."
>
> 주인네는 돈 덩이 두 개를, 그러니까 이백만 원을 쥐더니 일어섰어. 그걸로 느닷없이 기분의 어깨와 뒤통수를 툭툭 내리치는 거야. "이게 돈이다, 쌍년아. 주고 만다. 주고 말아, 씨발 년 갖고 가. 갖고 가란 말이야!" 그리고는 돈 덩이를 휙 집어던지는 거야. "지금 사람을 때렸슈?" "그래, 년아. 돈으로 맞아보니까 좋으냐?"
>
> ―「빵집이 사라졌네」, 『실천문학』 2007년 봄호, 92쪽

악착같이 퇴직금을 받으려는 기분은 이 핑계 저 핑계로 차일피일 퇴직금 지급을 미루는 주인네와 치열한 실랑이를 벌인다. 이때, 얌전하면서도 의뭉스럽게 주인네의 횡포에 대응하는 기분의 모습에서 순박하지만 질긴 생명력을 지닌 민중상을 읽을 수도 있겠다. 또, 막무가내로 억지를 부리는 주인네에게서 그동안

의 문학에서 흔하게 볼 수 있었던 졸부상을 떠올리는 것도 어렵지 않다. 하지만 남편도 없이 사업을 해서 자식을 가르치려 바동거리는 주인네를 온전히 가진 자라고 볼 수만도 없을 것이다. 어쩌면 주인네 역시도 현실로부터 닦달을 당하며 고달프게 삶을 영위해 가는 존재에 불과할지 모른다. 결국, 「빵집이 사라졌네」는 부도가 나서 주인네의 빵집이 사라지고 기분이 그에 대해 아쉬움을 토로하는 걸로 지방 소도시의 서글픈 현실묘사를 끝맺는다.

●●●

입담이 강한 이야기꾼의 소설에서 그 입담의 매력이 사라지고 나면, 작품이 다소 밋밋해지기 쉽다. 김종광의 「빵집이 사라졌네」가 그렇듯 입담의 선배격인 성석제의 신작 「여행」도 특유의 입담이 현저히 약화된 모습을 하고 있다. 이는 눅눅한 현실을 경쾌하게 감싸 안으며 쾌활한 웃음을 유발하는 요소가 사라지고 대신 칙칙한 현실이 있는 그대로의 실상을 드러내게 만든다.

세 친구가 무전여행을 떠난다. 여행 중에 겪게 마련인 사소한 갈등과 번잡한 난관이야 으레 일어나기 마련이지만, 진짜 문제는 또 다른 여행객들의 친절한 초대로 참석한 저녁식사 자리에서 벌어진다.

"제가 무슨 결례를 했습니까? 이 친구가 잘못한 게 제 잘못인가요? 그럼 그쪽 친구 분은 뭘 잘 하신 겁니까? 여러분들은 양주 마시고 양담배 피우니까 우리와 수준이 다른 훌륭하신 분이라 같은 자리에 앉아 있는 것만으로도 우리가 잘못했다는 건가요?"

"그런 말이 아닌데. 우린 지금 나름대로 굉장히 힘들다구요. 힘들어서 우리끼리 조용한 데 놀러온 거예요. 더이상 방해받고 싶지 않다는 거죠."

"빨간 외제 스포츠카 타고 띵까띵까 놀러나 댕기민서 뭐가 힘들다고? 노는 기 힘들겠어, 먼지 먹는 기 힘들겠어?"

봉수가 놓치지 않고 틈을 파고들었다. 영훈이라는 청년 역시 재빨리 가세했다.

"그런 콤플렉스 가지고 남한테 피해주면서 살지 마쇼. 근데 아까부터 왜 반말을 하고 그러냐?"

"뭐, 콤플렉스? 이 새끼가 뒤질라고 지랄 떠네."

―「여행」, 『창작과비평』 2007년 봄호, 109쪽

무전여행으로 심신이 지친 그들을 초대해 준 여행객과 합석해 불고기와 캔맥주와 양담배로 허기진 배를 채운 것까지는 좋았는데, 사소한 실랑이가 발단이 되어 양자 사이에 패싸움이 벌어진다. 말 그대로 상류층 자제들과 하류층 자식들의 충돌이 발생한 셈이다. 그 와중에 하류층 주인공들의 콤플렉스와 맹목적 편견이 적나라하게 드러난다. 이는 그간 성석제가 보여 준 인물표현 방식과 상이한 측면이 있다. 이를테면, 한참 모자란 존재에 평범함을 뛰어넘는 인간적 면모를 부여하거나(「황만근은 이렇게 말했다」), 비천한 몸을 빌려 태어난 인물에게 세상 사람들을 혼란에 빠뜨릴 정도로 매력적인 남자로 만들거나(「천하제일 남가이」), 누추한 이력들을 지닌 계원들에게마저 삶의 활력을 불어넣곤(「쾌활 냇가의 명랑한 곗날」) 했다. 그런 그가 하찮은 인물들에 부여했던 독특한 아우라의 베일을 활짝 걷어 내고 비루한 존재의 현실적 실상을 있는 그대로 드러내고 있는 것이다.

본래 서사의 주인공은 신에서 영웅으로, 고귀한 신분에서 평범한 인간이나 그보다도 못한 인간으로 점진적으로 변천해 온 것이 사실이다. 특히, 한국문학에서 순박하지만 수난 받는 민중상과 부도덕한 상류층의 대립은 절대적 도식으로 통용되어 온 감이 없지 않다. 이제, 그 완고한 도식에 확연한 변화가 일어나고 있다.

역사의 진혼, 역사의 발견

어두운 죽음의 시대에 부르는 문학적 진혼곡

4월이다. 매년 어김없이 4월이 오고 가건만, 제주도민에게 올 4월만큼은 그 어느 때보다 남다른 감회에 젖어들었던 시간인 듯하다. "옛날에는 빨갱이라며 매도를 했는데 이렇게 세월이 흘러서 국가최고책임자인 대통령까지 참석했으니 정말로 감개무량하다"며 떨리는 목소리로 대통령의 위령제 참석을 반기는 한 유족의 모습에서 그 특별한 감회의 일단을 엿볼 수 있다. 유족들에게는 아무리 잊으려 해도 잊을 수 없는 아픈 상처인 4·3사건을 두고 벌어진 이 달라진 풍경 앞에서, 우리는 격세지감이란 단어를 떠올리지 않을 수 없게 된다.

'어두운 죽음의 시대'. 제주 4·3사건은 함부로 입에 담아서도 활자화해서도 안 되는 금기사항 중 하나였다. 그런데 비극적 참상이 발생한 지 얼추 반세기가 지날 때쯤, 제주출신의 작가 현기영이 4·3사건의 비극을 정면으로 다룬 작품, 「순이 삼촌」을 세상에 내놓으며 그 금기의 벽을 무너뜨리려 한다. 이어, 당연한 수순이라는 듯이 억울하게 죽어간 사람들의 넋을 달래려는 이 문학적 진혼곡은 필화의 수난에 휘말려 들어가게 된다.

「순이 삼촌」은 『창작과비평』 1978년 가을호에 발표되었다. 그때만 해도 이 작품을 둘러싸고 소소한 문제조차 제기되지 않았다. 이듬해 11월(정확히 1979년 11월 15일), 저자가 그동안 발표했던 작품들을 묶어 저자의 첫 창작집 『순이 삼촌』을 발간했을 때도 별다른 문제가 생길 기미는 없어 보였다. 그러나 문제는 엉뚱한 곳에서 발생한다. 창작집을 출간한 지 얼마 지나지 않은 11월 24일, 현기영과 같은 친목회에 몸담고 있는 고향후배 중 한 명이 YMCA 정치집회에 참석했다가 체포된 것이다. 이후, 친목회 회원들이 줄줄이 잡혀가는데 현기영 역시도 수업 도중 중부경찰서로 연행을 당한다. 다시, 합동수사본부 요원에게 인계되어 악명 높은 남산으로 끌려간 작가는 통과의례처럼 고문을 당하고 난 후, 집회 및 시위에 관한 법률 위반죄로 남부경찰서 유치장에 20일간 구금된다. 그리고 다음 해인 1980년 8월 21일, 공공연하게 작가의 뒷조사를 하고 다니던 경찰서 대공과 형사들이 수업 중이던 그를 다시 연행해 가지만, 당국은 끝내 작가를 기소하지 못하고 작품집을 판금조치하는 것으로 사건을 일단락 짓는다.

정황에 비추어 볼 때, 「순이 삼촌」이 기소단계까지 가지 않은 것은 관용적 조치의 결과라기보다는 재판과정에서 4·3의 문제성이 불거져 나올 것을 우려한 당국의 조치일 가능성이 높다.

즉, 조용히 억누르면 잠잠해질 것을 괜히 건드려 문제의 파급력만 더 증폭시킬 우려가 있다고 판단한 당국의 편이적 조치에 불과한 것이다. 그러나 그 의도와 달리, 「순이 삼촌」은 4·3사건이 학계와 문화계의 주요한 관심사로 부상하는 데 있어 획기적 출발점이 된다. 이 작품은 4·3에 대한 학계의 연구가 활발히 진행될 수 있는 계기가 되었을 뿐만 아니라, 이후 4·3을 다룬 작품들이 지속적으로 창작될 수 있는 원동력이 된다. 그 와중에 이산하의 장편 연작시 「한라산」이 1987년 또 하나의 필화사건을 낳고, 1997년에는 서준식의 다큐멘터리 영화 〈레드 헌트〉가 국가보안법 위반혐의로 피소되는 곡절을 겪기도 한다.

형식적 민주주의가 정착된 이후에도 4·3사건이 계속 문제가 되었다는 것은 그만큼 이것이 한국 현대사의 모순이 첨예하게 드러나는 장소임을 뜻한다. 그러나 「순이 삼촌」이 한국사회의 이데올로기적 지형 속에 4·3의 정치·사회적 위상을 확고히 정립시키는 데 목표를 두고 있는 것은 아니다. 이 작품을 통해 작가 현기영은 4·3의 역사적 의미를 묻기보다 역사의 잔인한 폭력에 속절없이 희생당한 사람들의 억울한 죽음을 증언하려 한다. 그런 측면에서, 「순이 삼촌」은 한국문학에 빈번히 등장하는 '수난 받는 민중상'의 계보를 잇는 소설이다.

작품은 북제주군 조천면 북촌리에서 실제로 일어났던 양민학살 사건을 중심으로 전개된다. 한 마을 사람들이 영문도 모른 채 국군에 끌려 가 '빨갱이'라는 억울한 누명을 쓰고 떼죽음을 당한다. 이때, 천운으로 유일하게 생존한 사람이 바로 순이 삼촌이다. 작품의 제목 '순이 삼촌'에는 작가의 문학적 의도가 고스란히 담겨 있다. '순이'라는 친숙하다 못해 흔해 빠진 이름은 당대의 평범한 한국인을 표상하는 기표로 선택되어진 것일 터이다. 반면 촌수를 따지기 어려운 먼 친척어른을 성구별 없이 부르는 제주풍습에서 따온 '삼촌'이라는 호칭은 제주의 특수성을 드러내는 기표다. 이 두 기표의 결합을 통해, 작가는 제주라는 특수한 공간에서 출발해 한국 현대사의 중심부를 관통해 들어가려 한 것이리라. 그리고 그 중심을 통과하는 도정에 가로놓인 요철이 바로 필화였던 셈이다.

> 그 시간이면 이 집 저 집에서 그 청승맞은 곡성이 터지고 거기에 맞춰 개짖는 소리가 밤하늘로 치솟아오르곤 했다. 한날 한시에 이 집 저 집 제사가 시작되는 것이었다. 이 날 우리 집 할아버지 제사는 고모의 울음소리부터 시작되곤 했다. 이어 큰어머니가 부엌일을 보다 말고 나와 울음을 터뜨리면 당숙모가 그 뒤를 따랐다. 아, 한날 한시에 이 집 저 집에서 터져나오던 곡성소리, 음력 섣달 여드렛날, 낮에는 이곳 저곳에서 추렴 돼지가 먹구슬나무에 목매달려 죽는 소리에 온 마을이 시끌짝했고 5백위도 넘는 귀신들이 밥 먹으러 강신하는 한밤중이면 슬픈 곡성이 터졌다.
>
> —「순이 삼촌」, 『순이 삼촌』, 창작과비평사, 1979, 49쪽

억울하게 죽은 자의 혼령을 위로하고 그들의 명예를 회복시켜 주고자 하는 간절한 바람이 낳은 1970년대의 문제작 「순이 삼촌」. 그것은 문학이 이 땅의 사람들을 위해 무언가를 해야 한다고 생각하고, 또 실제로 무언가를 할 수 있던 때, 그 소임을 충실히 수행한 아름다운 본보기가 아닐 수 없다.

4·3사건의 진상규명과 명예회복이 어느 정도 일단락되어 가

는 요즈음, 문학이 예전만큼 현실적 파급력을 발휘하지 못하는 요즈음. 아직도 문학이 역사를 위해 할 일이 남아 있음을 상기하며, 이쯤해서 사족을 달고픈 유혹에 슬며시 굴복하지 않을 수 없다. 무고한 양민의 희생은 이 땅에서만 벌어진 비극이 아니라 제3세계의 민중이 겪을 수밖에 없는 보편적 숙명인가보다. 현기영의 「순이 삼촌」에 방현석의 「랍스터를 먹는 시간」을 겹쳐 읽어보자. 놀랍게도 저 아시아의 이국 땅, 어느 마을에서 한국군에 의해 자행된 양민의 집단학살 이후 풍경이 제주의 비극을 그대로 반복하고 있지 않은가. 우리를 부끄럽게 만드는 이 슬프고 고통스런 증언 역시도, '어두운 죽음의 시대'였다면 필화의 수난을 피해가지 못했을 것이다.

"오늘 우리 마을은 모두 제사를 지내지. 단 한 집도 빠짐없이."

"……"

"이 제사를 뭐라고 부르는지 아나?"

건석이 알 리가 없는 질문을 던진 러이는 허공을 쳐다보았다. 다시 잔을 집어드는 그의 손을 떨리고 있었다.

"따이한 제삿날"

(…중략…)

심장을 가르고 예리하게 파고드는 징소리의 뒤끝에는 자신이 가르고 들어온 살을 마취시키는 얼얼함이 묻어 있었다. 끊길 듯 끊길 듯 이어지던 징소리 사이로 어느 순간 러이는 노래를 저며넣었다.

소떼들이 도시로 들어오는데 그것은 우리에게 너무너무 슬픈 소식이었네.

마을은 텅 비고 사람들의 얼굴은 모두 슬픔에 잠겼네

나의 고향은 황무지로 변했네

—「랍스터를 먹는 시간」, 『랍스터를 먹는 시간』, 창비, 2003, 140~141쪽

1979년생 세대의 독립선언 혹은, 영악한 그녀의 자그마한 반란

그녀들이 달라지기 시작했다. 그동안 정이현의 그녀들은 철두철미 주류사회로의 진입이라는 단 한 가지 목적에만 골몰하던 영악스런 존재이지 않았던가. 도덕이나 양심 따위의 거추장스런 옷은 다 벗어 던지고 오직 주류사회로의 편입이라는 절대절명의 목표를 달성하기 위해, 능수능란하게 자기를 연기하며 지나치다 싶은 정도로 경쾌하게 앞만 보고 내달리던 맹랑한 존재들이지 않았던가. 그런 그녀들이 달라지고 있는 것이다.

정이현의 그녀들이 변모하는 조짐은 지나간 과거의 존재를 반추하려는 서사적 몸짓에서 단박에 감지된다. 그건 초현대식 건물이 순식간에 폭삭 내려앉는 대형참사의 와중에 아스라이 사라져간 이름 없는 청춘을 되새겨 보는 작품 「삼풍백화점」에서 어렵지 않게 확인할 수 있는 사실이다. 날림 근대화의 상징 와우(臥牛)아파트가 어이없이 붕괴된 지 몇 년 지나지 않은 1972년 7월 7일에 태어난 '나'. 아마도 그녀는 세월의 마모작용에 의해 기억 속에서 희미하게 지워져 가는 참사의 희생자를 떠올림으로써, 주류사회를 향한 무반성적 질주를 멈추고 현재 자신의 모습을 반성적으로 되돌아보고 싶었던 건지도 모른다. 「1979년생」의 그녀는 아예 거기서 한 발 더 나아가 근대화의 총지휘자격인 박정

희의 망령까지 불러들여 현재 자신이 딛고 사는 현실의 정신적 기원을 더듬어 보고자 한다. 물론 그렇다고 해서 「1979년생」의 그녀가 발랄하다 못해 발칙해 보이기까지 한 정이현 특유의 발성법마저 상실하고 있는 것은 아니다.

'나'는 인터넷 홍보회사의 비정규직 직원으로 상품의 사용 후기를 허위로 작성하는 일을 맡고 있다. 적나라하게 말해서 거짓말을 밥벌이로 하고 있는 셈인데, 그녀는 거짓말이 자신에게 "밥일뿐만 아니라 커피이자 담배이며 맥주이고 또한 교통 카드"임을 인정하는 데 조금의 주저함도 없다. 그녀로서는 "나를 벌어 먹이는 사람"의 축에는 든 셈이니 "그 정도면 족하다고" 생각하고 있는 것인데, 그에 반해 어머니와 애인은 그녀와 견해를 달리한다. 그 둘은 서로를 탐탁지 않게 여기고 있음에도 불구하고 "놀고 먹는 인간을 혐오한다는 것과, 허투루 돈 쓰는 행위를 죄악으로 치부한다는" 점에서는 놀라우리만치 견해가 일치한다. 애인은 비정규직의 꼬리표를 달고는 자기 부모의 결혼 승낙을 받기도 어려울 뿐 아니라 "모름지기 사회생활은 크고 안정된 조직에서" 해야 하는 법이니, 어설픈 직장일랑 당장 때려 치고 공무원 시험이나 준비하라고 재촉한다. "값싸고 영양가 높고 빨리 먹을 수 있고, 세상에 김밥 같은 음식이 어디 있겠"느냐며 김밥 예찬론을 펼치는 어머니 역시도, 김밥체인점을 두 개나 소유하고 있으면서도 억척을 떨며 헤프게 낭비를 일삼는 그녀를 타박한다. 결국, 어머니와 애인은 서로에 대한 달갑지 않은 감정에도 불구하고 근대화의 도정 속에서 알게 모르게 내면화된 능률과 생존의 논리를 뼈 속 깊이 체득한 사람들이라는 점에서 동일한 부류의 인간이라고 단정 지을 수 있다.

그에 비추어 본다면, 어머니와 애인보다 "인생의 목표 같은 건 한 번도 세워본 적 없는 인간"일 뿐 아니라 "하면 된다!"는 구호의 진실을 전혀 믿지 않는 그녀와 그 둘 사이에 훨씬 커다란 정신적 간극이 존재한다. 그럼에도 그들과 그녀를 끈끈하게 이어주는 매개체가 존재하니, 놀랍게도 그건 바로 사랑이다. 그동안 정이현의 그녀들에게 사랑이 주류사회로 진입하기 위한 낭만적 정치학의 계략쯤으로 치부되었던 것을 감안한다면, 이는 의미심장한 변화라 할 만하다. 이제, 그녀는 사랑이 허튼 감정의 분비물이 아니라 지극히 현실적인 힘을 지닌 그 무엇임을 자득하고 있는 것이다. 쿨하게 냉소에 부치던 그것이 실은 별 볼일 없는 자신을 지탱시켜 주는 소중한 버팀목임을 자각하고 있다는 점에서, 1979년생 그녀는 정이현의 이전 인물들과 확실히 구별되는 존재다. 그렇다면, 이 작품의 주제를 1979년생 세대의 자기 성찰과 독립선언이라고 바도 무방할 것이다. 드디어 "시간과 시간의 틈새에서 내가 알지 못하는, 감당할 수조차 없는 무수한 일들이 벌어지고 있"음을 깨닫고 다소 겸허해진 정이현의 그녀가 자신을 둘러싸고 있는 현실의 심층적 구조에 눈뜨며 주체적으로 자기를 삶을 정립해 나가려 한다.

1979년은 한 시대가 저물고 또 다른 시대가 시작되는 전환점에 해당한다. 개발독재의 비전과 권위주의로 무장한 지도자가 10·26사태로 비명에 가고 "자의건 타의건 간에, 부주의하건 무신경하건 간에 타인이 가진 권리를 강제로 침해하는 것, 당하는 사람이 속수무책이라는 측면에서 본다면 그런 게 다 극심한 폭력 행위"라고 생각하는 신세대, 그녀가 태어난 해이니 말이다. 그런데 아주 우연찮게 공통점이라고는 찾아보래야 찾아볼 수 없이 이질적인 두 사람의 만남이 이루어진다. "똑같은 시간에 똑같은 패턴으로 반복"해서 들려오는 윗층의 소음을 견디지 못하고 항의를 하러 간 그녀를 맞은 사람이 바로 1979년에 죽은 줄 알고 있던 그 지도자였던 것. 이들의 만남이 현상적으로는 다소 황당해 보이고 구조적으로는 다소 어색해 보이는 것이 사실이지만, 그것이 바로 정이현다운 서사적 발상법이기도 하다.

1979년생 그녀의 눈에 비친 1979년에 몰(沒)한 지도자의 모습은 어떠했을까. 그녀는 그가 노인이 되었음에도 불구하고 절도가 있는데다가, 규칙적으로 런닝머신을 달리는 부지런함이 타인에게 피해를 주자 기꺼이 그 일을 그만두는 자상함마저 지니고 있다고 증언한다. 그러나 여기서 정작 중요한 것은 지도자의 모습이 아니라 그가 살고 있는 집의 구조다. 그녀의 집 1102호와 그가 살고 있는 집 1202호는 "한 치의 오차도 없이 구조가 일치"하고 있는 것. "1202호의 초인종은 아래층 우리집과 똑같은 모양으로 똑같은 곳에 달려 있었어." 아파트라는 건축물의 속성을 감안한다면 너무나 당연해 보이는 이 사실이, 그녀에게 예상치 못한 발견으로 다가오는 이유는 자명하다. 그녀는 집의 구조적 동일성으로부터 자신이 딛고 사는 현실의 구조가 과거의 그것과 근본적으로 동일하다는 사회구조적 상동성의 통찰을 이끌어 내고 있는 것. '아직도 개발독재 시대의 메커니즘이 우리의 삶을 지배하고 있다.' 그건 고리타분한 위계와 권위를 가볍게 뛰어넘어 쿨하고 자신만만하게 자신의 삶을 구가하고 있다고 믿는 신세대에게 커다란 충격이 아닐 수 없다.

낭만적 사랑이란 것이 실상 철두철미 자본의 논리에 장악되어 있음을 누구보다도 잘 알고 있는 정이현의 그녀가, 이제 개발독재의 시대를 뒤로하고 민주주의와 화려한 소비자본주의를 구가하고 있는 한국사회가 표면적 변화에도 불구하고 근본적으로는 예전과 별반 달라진 게 없다는 슬픈 실상마저 확인하기에 이른 것이다. 그렇다면 이전 정이현의 그녀들이 그랬듯이, 1979년생 그녀도 어머니와 애인의 말에 순응하며 현실에서 살아남기 위해 영악한 노력을 경주하게 되지 않을까. 그러나 예상을 깨는 진짜 '쿨한' 독립선언으로 1979년생 그녀는 또 한 번 우리를 놀라게 한다.

우선 그녀는 거짓말을 해서 먹고사는 일을 그만두는 동시에, 부모에게 의존하는 삶 역시 과감하게 청산하고자 한다. 물론 그녀의 경제력으로는 기껏해야 옥탑방에 자신만의 안식처를 구할 수 있을 뿐일 테지만, 자신을 닦달하는 삶의 순환고리로부터 벗어나기 위해서는 현재 상황에서 이보다 더 현명한 방법을 찾을 수 없을 듯싶다.

> 그곳에서 하루 종일 무얼 하며 시간을 보낼지는 아직 결정하지 못했어. 아무거나, 하고 싶어지는 걸 할래. 무위도식과 허송세월의 시간은 헛되다는 충고라면 사양할게. 헛되고 헛되니 모든 것이 헛되면 좀 어때. 우선 방바닥에 길게 엎드려 쉴래. 그러다 심심해지면 가까운 지하철역 앞으로 가서, 택시에서 내려 지하철로 갈아타는 사람들을 구경하지 뭐. 그러다가 또 너무 심심해지면 아작아작 팝콘을 씹으면서, 내가 태어난 해에 씌어진 한국어로 된 책들을 모조리 읽게 될지도 몰라.
>
> —「1979년생」, 『문학과사회』 2005년 가을호, 126쪽

여기에는 철부지 신세대의 당당한 독립선언을 넘어 다소 거창한 정치·사회적 의미를 부여하게 하는 무언가가 있다. 게으를 수 있는 권리의 주장. 그건 아직도 '하면 된다'는 구호로 무장한 채 앞만 보고 달리는 삶을 최고의 미덕으로 예찬하는 사회에 대한 은근한 저항을 담고 있다. 더구나 생산과 능률을 생명으로 하는 자본주의 체제에 효율적인 생산에의 기여를 멈추려는 삶의 방식은 자그마한 교란이자 커다란 위협이 아닐 수 없다. 그렇다면, 자본주의의 정점을 향해 치닫기만 하던 정이현의 그녀가 드디어 자본의 외부를 사유하게 된 건지도 모른다. 한편, 근엄하기 이를 데 없는 강력한 카리스마의 지도자를 '당신'으로 지칭하며 그에게 보내는 편지글의 형태를 띠고 있는 이 작품의 형식 자체도, 미약하나마 엄숙주의를 경쾌하게 허물어 버린다는 점에서 신세대다운 반란이라고 볼 수도 있겠다.

발칙한 악녀의 매력을 조금 잃고 있는 대신 어딘가 모르게 젊은이다운 패기를 되찾고 있는 1979년생 그녀. 앞으로 그녀가 자신의 처지를 비관하거나 자기 연민에 빠지지 않고 얼마나 경쾌하게 약육강식의 논리가 지배하는 이 무섭고 촘촘한 자본의 세상을 헤쳐 나갈 수 있을지 지켜 볼 일이다.

비평의 비평

경계에 선 비평, 그리고 역사를 채취하는 비평을 위하여

'문학의 죽음?' 그러나 설령 그 말이 사실일지라도 어찌 비평가가 문학을 향한 사랑 고백이랄 수 있는 비평쓰기를 멈출 수 있단 말인가. 최근, 문학과 사랑에 빠진 소장 평론가 김형중이 비평의 연서(戀書)들을 『켄타우로스의 비평』(문학동네, 2004)이라는 이름의 책으로 묶어 세상에 내놓았다. 비평이 "그 자체로도 훌륭한 문학작품이" 되기를 열망하는 김형중의 이 첫 평론집은 1990년대 비평의 미덕과 한계가 어디에 있는가를 잘 보여준다.

평론가를 자신의 눈으로 작품의 비밀을 엿본 뒤 그에 관해 자신의 이야기를 만들어 내는 자라고 한다면, 김형중은 평론가답다. 그에게는 작품에 매혹된 상태에서도 창조물의 미로 속에서 길을 잃지 않고 도리어 풍성한 이야기꽃을 피어 내는 뛰어남이 있다. 작가 심상대의 필명 '마르시아스 심'을 단서로 출발해 열한 개의 단장을 엮어내는 유려한 글쓰기(「마르시아스를 불러오기 위한 열한 개의 단장(短章)」). 작품에 달린 제사(題詞)에 기대거나 직접 제사를 달아, 이를 작품에 들어가는 문의 열쇠로 활용하는 능란한 글솜씨(「≪봄날≫ 이후」, 「가지 않은 길」). 라틴 아메리카 열대 우림 속 어디인가에 존재하는 '마콘도'와 대한민국 수도 서울의 위성도시 변두리에 위치한 '머꼬네 집' 사이를 종횡무진 오가며, 작품들 사이의 상호 관련성을 작품 이해의 첩경으로 활용하는 글쓰기(「머꼬네, 혹은 '마콘도' 그 이후」) 등.

그런데 김형중 비평의 미덕은 풍성한 이야기를 빚어내 읽는 재미를 선사하는 데에만 있지 않다. 그는 경계지대에 서서 시대와 문학이 조우하여 만들어 내는 문학판의 변화를 예민하게 포착하려 든다. 그 같은 김형중의 비평적 포부는 야심 찬 비평집의 제목에 자연스럽게 녹아 있다. '반인반마(半人半馬)의 비평'. 역사의 말을 갈아 탈 때마다 그 위에 올라 탄 문학의 표정은 제각기 달라질 수밖에 없다. 게다가 어느 누구도 직접적으로 역사의 실재를 포착할 수 없으며, 오직 서사의 형식을 통해 징후적으로 그것에 다가갈 수 있을 뿐이다. 그러니 반은 형식주의적 비평가가 되고, 또 반은 사회학적 비평가가 되는 수밖에. 모두가 열망하지만 어느 누구도 완벽히 성취하지 못한 이 비평적 야망은 그를 시대의 모퉁이에 서게 한다. 모퉁이는 지나 온 길과 가야 할 길이 만나고 헤어지는 접점이며, 상이한 것들이 충돌하고 갈라지는 경계지대다. 거기서, 그는 1980년대적인 것과 1990년대적인 것이 어우러져 변전을 거듭하는 문학적 풍경을 바라본다(김연수의 작품에서 "각각 전혀 상이한 두 개의 인식론, 완전히 대립하는 두

개의 예술관, 그리하여 전혀 패러다임을 달리하는 두 시대 간의 대립"을 포착해 내는 모습을 보라). 작품 내재적 분석과 문학의 변화를 유발하는 시대적 양상 탐문으로서의 사회학적 분석이 조우하는 비평적 풍경을 연출한다. 알튀세르와 교우하는 완고한 프로이트주의자가 되어, 근대 이성에 비판적이었음에도 끝내 이성에 대한 희망을 버리지 않았던 아도르노에 강한 애착을 드러낸다.

평론집 〈2부 '봄날' 이후〉에 담긴 두 평문은 그 같은 비평적 태도가 구체적으로 어떠한 비평적 궤적을 그려 나가는가를 잘 보여준다. 광주항쟁을 소재로 한 소설들을 다룬 이 두 편의 글은 생물학적 출생지이자 비평의 출발공간인 '5월 광주'에 대한 그 나름의 실존적 고뇌의 산물로 여겨진다. 거기서, 그는 암암리에 과거완료형으로 치부하려 드는 '5월의 광주'를 '오래 지속될 미래'로 우리 가슴 속에 영원히 각인시키기 위해 문학이 무엇을 해야 하는가의 문제를 진지하게 고민한다. 「세 겹의 저주」에서는 「저기 소리없이 한 점 꽃잎이 지고」가 역사의 상흔을 고통의 문학적 심상으로 승화시키는 모습을 섬세하게 고찰하면서, 자연스레 이 작품이 '5월 광주'의 만고절창(萬古絶唱)임을 드러낸다. 그리고 「『봄날』 이후」에서는 광주문제를 다룬 소설의 어제와 오늘을 점검한 후, 과도하게 이념성에 침윤된 리얼리즘 계열 소설의 문학적 상상력의 빈곤을 질타하고, 점점 화석화되어 가는 '5월 광주'를 앞으로도 생생한 실존으로 살아 숨쉬게 하기 위해서는 다양한 문학적 시도가 요구됨을 제언한다. 여기서 역사와 문학형식의 만남을, 과거와 미래의 접속을 시도하는 그의 노력이 과거와의 단절적 인식만이 팽배한 오늘날 흔치 않은 미덕임을 기꺼이 인정할 필요가 있다(단, 이념 과잉 소설의 한계를 곧바로 재현과 총체성의 원리 자체의 한계로 몰아가는 데는 선뜻 동의하기가 힘들다. 문제는 재현과 총체성의 원리 자체가 아니라 제대로 된 문학의 창작을 가로막는 이념의 맹목에 있는 것이 아닐까. '인식의 한계가 곧 형식의 한계다.' 이념에 짓눌린 창작은 문학적 형상화 원리보다 이념의 논리를 우선하게 되고, 이는 김형중의 지적대로 문학 아닌 '사회과학'을 낳게 된다. 그러나 이와 같은 문제의 해결이 반드시 재현과 총체성의 원리 자체의 부정으로 이루어질 필요는 없을 것이다).

2부가 김형중 비평의 뿌리에 해당한다면, 백민석·류소영·김경욱·김연수 네 작가에 대한 글들의 묶음인 1부는 그의 현재적 관심사가 투영되어 있는 비평의 넝쿨처럼 보인다. 특히 1부는 1990년대의 비평적 흐름에 유연하게 동참하는 모습을 보여준다는 점에서 자못 흥미롭다. 1980년대의 비평에 대한 반발 때문일까? 1990년대 비평은 작가론과 작품론이 풍성한 대신 이론비평이나 총론 격의 비평이 상대적으로 빈곤한 편이다. 그런데 김형중은 평론집의 1부를 주제론 한 편 없이 아예 작가론과 작품론으로 채우면서도, 그것들이 모여 저절로 하나의 일관된 주제적 범주를 형성하게 만든다. 각론들이 쌓이자 뚜렷하게 윤곽을 드러내는 '끼인 세대론'이 바로 그것인바, 거기에는 현재와 미래의 문학판에 대한 김형중 나름의 비평적 진단과 예측이 담겨 있다. 그에 의하면, 기존의 신세대론은 "그들만의 고유한 역사적 경험"을 고려하지 않고 "너무나 다양한 연령에 속한 작가들을" 하나의 세대로 포괄함으로써 "공소한 선언에 불과한" 것이 되어 버렸다. 이처럼 기존 신세대론의 허점을 비판하고 "70년대 초반 태생으로, 80년대 끝자락 혹은 90년대 초입에 대학을 다닌 세대"라는 역사적 체험의 공통성을 근거로 성립한 김형중의 '끼인 세대론'은 좀 더 정교한 문학적 지형도를 그려보려는 비평적 고심의 산물이다. 다시 말해, 새로운 문학적 경향을 보여주는 일군의 작가들을 지칭하기 위해 편의적으로 사용되는 용어인 '신세대론'을 보다 엄밀한 내포를 지닌 실체적 개념으로 대체하려는 것이 '끼인 세대론'의 요체다. 그러나 그의 세대론이라고 해서 작품 외적 기준에 의해 만들어지는 세대론의 약점을 완벽히 피해 가는 것은 아니다. 작품 내적 근거가 탄탄하게 뒷받침되지 못하는 세대론은 자칫 개별 작가나 작품의 개성 있는 날개짓을 가로막는 어설픈 그물망이 되기 쉽다. 따라서 그 유용성에도 불구하고 '끼인 세대론'이 보다 보편적인 공감을 확보하기 위해서는, 앞으로도 그들 세대의 역사적 체험이 개개의 작품 속에서 어떤 식으로 발현되는가를 섬세하게 고찰하며, 동질성과 이질성을 추출하는 치밀한 보완작업이 지속적으로 이루어져야 할 것이다.

켄타우로스적 비평의 거침없는 질주가 펼쳐 보이는 글쓰기의 풍경을 보다 보면 왠지 아쉽게 느껴지는 점들이 있다. 이를테면 작품 이해의 디딤돌이 되어야 할 "소설 이전의 날것"들에 대한 관심이 때로는 "더러 현학을 즐기"며 작품에 "질서를 부여하고" 비평의 "틀거리를 마련하"려는 방편이 되버린 듯한 점. 김형중만큼 작품을 둘러싼 정보에 예민하게 반응하면서, 이를 작품 이해의 적절한 단서로 활용할 줄 아는 평론가도 드물다. 하지만 그건 작품으로 향하는 지름길이자 작품의 심연으로 가는 길을 가로막는 장애물이다. 예를 들면, 해럴드 블룸(Harold Bloom)의 『시적 영향에 대한 불안』에 의지해 윤대녕 초기 소설들의 또 다른 측면을 논한 「가지 않은 길」의 경우가 그렇다. 여기서 그는 윤대녕의 초기 소설들을 김승옥과 카프카와 푸코와 서정주의 '영향'의 산물로 파악한다. 이때 글의 의도를 십분 고려하더라도, "작품이 산출된 맥락을 무시하고" 표면적 유사성에 집착해 작품의 고유한 자질을 손상시킬지도 모른다는 우려를 완전히 불식시키지 못한다. 진실한 비평은 잘 읽히는 글을 빚어내기 위해 매끄러움을 방해하는 작품의 낯선 돌기들을 함부로 쳐내지 않는다. (그런 면에서, 김형중의 글에 자주 등장하는 괄호는 보다 섬세하게 말하려는 의도의 표출로서 사유의 속살을 엿보는 듯한 재미를 준다. 반면, 페쇠(Michel Pêcheux)의 '역동일시'와 '반동일시'의 개념을 혼동할 때, 작가 '한동림'을 『목화밭 엽기전』의 인물 '한창림'으로 잘못 적을 때, '제사(題詞)'를 '제사(題辭)'로 오기할 때, 그것들은 읽는 재미를 반감시키는 글의 종기다.) 한편, 화려하고 풍성한 해설에 가려 냉철한 비판적 성찰이 상대적으로 약화된 듯한 느낌을 지울 수가 없다는 점도 아쉬움으로 남는다. (가령, 그는 김경욱의 소설이 영화적 소재나 영화적 비유를 즐겨 사용하는 수준을 넘어 "영화 장면에 따라 오히려 현실을 재구성하고 있다"고 진단하는 데에서 멈춘다. 하지만 정작 궁금한 것은 그러한 소설쓰기가 어떤 의의를 지니는가의 문제일 것이다. 그것은 소설서사의 고유성을 훼손하는 자해행위인가? 아니면 소설문법의 갱신을 도모하는 진지한 모색인가?)

그러나 이 모든 아쉬움에도 불구하고 앞으로 김형중의 비평이 작품의 시원을 향한 가없는 회귀가 되기를, 역사로부터의 도피가 아니라 역사 속으로의 질주가 되기를 기대해 본다. 앞으로만 나아가려 하지 않고 "머물러 있고 싶어하고, 죽은 자들을 불러 일깨우고 또 산산이 부서진 것을 모아서는 이를 다시 결합시키고 싶어"하는 벤야민의 '역사의 천사'처럼, 김형중이 미래를 선취하는 개성 있는 비평가가 되기를 희망한다.

시적 정치성을 탐문하는 비평

무릇, 모든 비평가는 불꽃의 화학적 성분을 무미건조하게 분석하는 화학자가 아니라 불꽃 그 자체의 살아 있는 수수께끼를 탐문하는 연금술사를 꿈꾸기 마련일지 모른다. 작품에 예속된 비평이 아니라 텍스트를 견인하며 자기 사유를 펼치는 비평, 텍스트에 소극적으로 주석을 다는 수동적 비평이 아니라 해석을 통해 세계에 적극적으로 개입하는 능동적 비평 역시도 연금술사적 비평의 꿈을 고이 간직하고 있다. 그렇다면, 신진비평가 함돈균은 그와 같은 비평의 꿈을 어떻게 실천하고 있는가?

그는 동시대의 문학에 내장되어 있는 전복적 측면을 적극적으로 발굴함으로써, 자칫 잘못하면 부정적 낙인이 찍힐 수도 있는 시적 경향에 긍정적 의미를 부여한다. 이것은 그가 표면적 전언에 의거한 정치성을 뛰어넘어 새로운 차원에서 이 시대 문학의 정치성을 사유하려는 비평적 몸짓이다. 기존의 문학에서 찾아볼 수 없는 이질적 감각과 낯설고 모호한 파열음에서 유의미한 정치성 이끌어내기. 그건 지나치게 현실에 예속되고만 지난날의 문학적 정치성을 반성하고, 혁명은커녕 개혁조차 쉽지 않는 현재적 상황을 돌파하기 위한 비평적 고투다. 현실 정치공간으로의 함몰을 지나치게 경계한 나머지 현실세계 속에 터를 잡고 있는 특수공간이라는 시적 공간의 존재론적 지반을 짐짓 외면하고 있음에도 불구하고, 그와 같은 작업이 보다 창조적인 정치성을 발명하려는 노력으로 인정되어야만 하는 이유도 바로 거기에 있을 것이다.

그런데 함돈균 비평의 개성과 매력은 시의 존재태에 비평의 촉수를 들이대는 순간보다 시적 분석을 위한 사전정지 작업의 일환으로 특정한 비평적 구도를 설정할 때 더욱 빛을 발한다. 때론 시 자체의 존재태에 다다르기 위한 이론적 우회의 길이 지나치게 멀고 긴 것이 아닌가 하는 생각이 들기도 하지만, 그것은 변혁이 불가능한 시대의 문학 속에서 새롭게 미시적 정치성을 발굴하기 위한 불가피한 도정일 것이다. 또한 균열, 결핍, 잉여, 침묵, 여백, 그리고 아이러니에 초점을 맞춘 비평 역시도 실재의 윤리에 기초해 새롭게 정치성을 정립하기 위한 매우 효과적인 접근법이라 여겨진다.

하지만 상징적 질서의 견고함과 단일하고 중심적인 의미의 안정성을 교란 내지 무화시키는 미시적 정치성을 사유하기 위해, 첨예한 정치성의 진원지인 '지금 현재'를 비평적 클리셰로 폄하하는 데에는 논란의 여지가 없지 않다. 그 역시도 현실의 정치로부터 시적 공간의 독자성을 보호하려는 몸짓으로 인정할 수 있지만, 그로 인해 미시적 정치성과 거시적 정치성의 연계를 차단한 채 미시적 정치성 자체를 절대화 내지 신비화하는 것이 아닌가 하는 의심을 자아낸다. 이를테면, 『안티고네』를 우화로 이해하고 이를 2000년대 한국시와 연결짓는 탈역사화의 장면은 그 문제성의 일단을 그대로 노출하고 있다. 과연 이 시대 이 땅의 시인들은 안티고네처럼 상징적 질서 자체를 온몸으로 거부하고 자살적 행위마저 서슴지 않는 영웅적 존재성을 체현하고 있는가. 오히려 그것은 2000년대 시에 대한 과잉 의미화이자 미적 정치성을 침소봉대한 결과에 불과한 것이 아닐지. 차라리 자신에게 느닷없이 부와 명예를 가져다 준 소설창작을 기꺼이 포기하고 정치 에세이에 자신의 모든 문학적 재능을 투여함으로써 스스로 비난과 혐오의 대상이 되기를 마다하지 않은 '작가—활동가' 아룬다티 로이(Arundhati Roy)야말로 이 시대의 진정한 안티고네가 아닐까. 심지어 비문과 선정적 언사의 난무에도 불구하고 만만치 않은 인문적 교양과 경제적 안목이 녹아든 흡입력 있는 글쓰기를 통해 '21세기 정보 의적(義賊)'이라는 소리까지 들으며 기괴한 필화사건을 낳은 익명의 사이버논객 '미네르바'야말로 이 시대의 크레온을 진노케 한 얼굴 없는 목소리가 아닐까.

만약 그렇다면, 함돈균 비평의 문제틀과 실제의 시비평 사이에는 미묘한 간극이 존재한다고 볼 수 있다. 한편으로 시적 공간과 정치적 공간을 분별치 못하는 비평을 향해 냉소와 회의의 시선을 던지면서, 또 다른 한편으로 시적 공간으로부터 보다 급진적인 정치성 발굴하기. 이 지극히 포스트모던한 분열은 텍스트 자체에 더욱 밀착하는 '공감의 비평'에 의해서도 쉽사리 봉합될 것 같지 않다. 차라리 이 분열과 간극은 아무리 버릇없고, 도발적이고, 외설적이며, 위험하게 굴어도 도리어 그와 같은 문학의 전복성을 고무·격려하며, 때로는 상징자본으로 때로는 경제자본으로 그것을 관리·활용하는 '지금 여기'의 기이한 현실을 탐문할 때 비로소 메워지게 되지 않을까……

차분한 목소리로 도모하는 복합성의 페미니즘 비평

심진경은 "진짜 '여성' 평론가"이고 싶어 한다. 그건 리타 펠스키(Rita Felski)의 『근대성과 페미니즘』(1998)을 번역하여 여성과 근대적 현실 사이의 복합적 관계에 대한 이해를 도모하고, 박사논문을 '여성 섹슈얼리티' 연구(2001)로 취득한 사실만으로도 알 수 있다. 그런 그녀가 이번에는 여성을 화두 삼아 한국문학의 산천을 횡단한 비평적 노력의 결실을 『여성, 문학을 가로지르다』(문학과지성사, 2005)라는 제목으로 세상에 내놓았다.

이 첫 평론집에서, 심진경은 페미니즘의 투시경을 통해 이전의 비평이 미처 세심하게 눈여겨보지 못한 문학의 심연을 새롭게 조명해 나가고자 한다. 때문에 전체적으로 여성주의적 입장에서, 남성작가가 낳은 문학이 억압하거나 왜곡한 여성의 삶을 세심하게 들여다보거나, 여성작가가 생산한 문학의 공과를 찬찬히 따져 보는 글들이 주류를 이루고 있다. 특히 총 5부로 구성된 책 속 대부분의 글들이 근자의 비평서로는 드물게 주제비평을 지향하고 있는 점이 눈에 띈다. 이는 그만큼 여성이라는 화두가 비평집을 관통하는 일관된 문제의식으로 승화된 결과겠지만, 그렇다고 해서 책 전체가 완고한 페미니즘의 이데올로기에 무겁게 짓눌려 있는 것은 아니다. 오히려 평문들은 균형감각을 갖추려는 유연한 이론적 입장에 의해 견인되는 것으로 보이는데, 이는 수행성(performativity)과 담론의 효과를 극단적으로 강조하는 주디스 버틀러에 의존하면서도 그녀의 이론을 맹목적으로 추종하지 않는 데서 잘 나타난다.

계몽주의 시대 이전까지만 하더라도 남자의 몸을 표준으로 하는 '한 가지 성 / 육체 모델(one sex / flesh model)'이 과학의 이름으로 남성 우월주의를 합리화하는 역할을 했다는 토머스 라커의 지적에서도 알 수 있듯이, 남녀의 육체조차 흔히 생각하는 바와 달리 그리 자명한 실체가 아니며, 생물학적 섹스도 사회·역사적 맥락 속에 행해지는 담론의 효과에 불과할지 모른다. 하지만 생물학적 성이 철저한 부정의 대상이 될 수는 없으며, 모든 것이 담론적 실천의 효과로 환원될 수 있는 것도 아니다. 이와 같은 난점들을 떠올릴 때, 심진경의 유연성이 빛을 발한다. 그녀는 성을 고정불변의 인간 내재적 본능으로 간주하는 본질주의나 성을 사회·문화적 관계망 속에서만 파악하는 구성주의의 허점, 혹은 양자의 모순과 충돌을 적절히 피해 나가며 자신의 견해를 개진한다. 그녀의 글이 대체로 섹스(sex)와 젠더(gender)와 섹슈얼리티(sexuality)가 이루는 삼각형의 꼭짓점을 모두 통과하는 원환적 궤적을 그려 나가는 것도 유연한 절충주의와 무관치 않은 현상으로 여겨진다. 그렇다면, 도식적 페미니즘의 한계를 극복해 나가려는 의도의 소산으로 여겨지는 균형 잡힌 페미니즘의 투시경을 통해 본 문학은 어떤 모습일까.

평론집의 1부는 소설 속에서 여성의 섹슈얼리티가 재현되는 방식들을 짚어 본 세 편의 글들로 채워져 있다. 여기서 단연 눈길을 끄는 평문은 근대 초기 '신여성'을 둘러싸고 떠도는 '소문'이 소설화되어 사실효과를 발휘하는 과정을 추적하고 있는 「문학 속의 소문난 여자들」이다. 이 글에서 그녀는 공적 담론의 장이랄 수 있는 소설이 여성에 대한 왜곡된 이미지를 사실인양 전파하는 소문의 메가폰이자 남성이 여성에 대해 품은 원한감정을 분출하는 배설구 역할을 하고 있음을 은연중에 드러낸다. 이는, 여성의 섹슈얼리티를 감시·통제하는 사회적 메커니즘의 억압성을 폭로하는 데 그치지 않고 한국소설사에서 중요하게 거론되는 작품들의 가치를 의문에 부친다는 점에서, 차분한 어조와 달리 범상치 않은 전복성을 내장하게 된다. 한편 2부는 여성성과 육체를 핵심어로 여성작가의 미학적 특성을 해명하는 글들이 주류를 이루고 있다. 여기서 심진경은 여성성과 몸이 기초한 물질성과 거기에 기입된 이데올로기성을 함께 고려하는 입장에 서서, 여성의 몸을 지나치게 신비화하는 문학적 입장을 비판하고 여성의 현실적 경험에 기반해 해방의 전망을 제시하는 문학을 옹호한다. 이때 다소 아쉽게 생각되는 것은 공선옥, 이혜경 등 리얼리즘 계열에 속하는 여성작가들까지 분석의 대상에 포함시켰더라면, 좀 더 다채로운 논의가 펼쳐질 수 있지 않았을까 하는 점이다. 더구나 김혜순, 오정희 등 2부의 대상작가가 3부에서 재등장하고 있는 점을 감안한다면, 분석의 대상이 되는 작가층의 확대는 더욱 긴요한 문제로 다가온다.

1부와 2부가 평론집을 떠받치는 중심기둥이라면, 모성성에 집중하는 3부 '모성의 상상력'은 중심기둥을 보좌하는 보조기둥이고, '문학의 환영(幻影)'이라는 제목을 단 4부는 페미니즘 비평의 시선이 외부로 확대되는 바깥기둥에 해당한다고 볼 수 있다. 그중 3부는 가부장제를 합리화하는 기제라 해서 초기 페미니즘이 배제하려 했던 모성성을 화두로 여성소설의 주요한 변화점을 짚어보며 그 성과와 한계를 논하는 자리다. 한편 4부는 '환상 문학' '생태학' '농담' 등의 용어가 전경화되어 있는 데서 짐작할 수 있듯, 페미니즘의 범주에 머물지 않고 논의의 시야를 좀 더 넓은 국면으로 확장하고 있다. 그럼에도 여기서 눈길을 끄는 평문은 「경계에 선 남성성」인데, 이 글은 '남성성'을 여성주의적 맥락에서 고찰함으로써 단독적인 고찰의 한계를 넘어 상호 관계적 맥락에서 여성성을 탐색하려는 시도의 일환으로 여겨진다.

거친 일별에서도 감지되지만, 심진경의 비평적 발걸음은 부드러우면서도 확고하며, 뜨거운 열정에도 불구하고 차분하다. 설령 페미니즘을 정적주의자의 정치학으로 환원한다는 비판이 가해질지도 모르겠지만, 여성을 둘러싼 현실을 세심하게 성찰하며 조용히 페미니즘 비평을 견지해 나가는 그녀의 태도에 배어 있는 성실함이 은근한 신뢰감을 자아낸다. 그러나 심진경 비평의 미덕은 뒤집어 보면 비평적 약점이 노출되는 경계지대이기도 하다. 때로 차분하고 촘촘한 진술이 다소간의 지루함을 유발할 정도로 정태적이다. 그건 꼼꼼한 텍스트 분석이 페미니즘의 범주 안에서만 해석될 뿐, 이를 다시 거시적인 역사적 지평과 연결지어 그 의미를 되묻는 비평적 작업이 거의 이루어지지 않기에, 더 그렇다. 어떤 비평적 입장을 취하건 간에, 다중적이고 유동적인 관계들이 교차하는 역사적 현실의 맥락 속에 자신의 해석을 던져 넣고 총체적으로 의미화하는 과정을 거쳐야 하는 것이 아닐까. 그러나 총체적인 의미화가 위계와 중심을 지향하는 논리라고 생각한 탓인지 몰라도, 심진경 역시도 리타 펠스키가 그러하듯이 애써 그와 같은 작업을 비껴간다. 이때 문제는 평문이 쌓여 가면서 텍스트의 다층적 측면이 열리는 동시에 그것을 둘러싸고 있는 복합적인 현실의 단면들이 자연스럽게 드러나, 논의에 깊이가 더해지는 것이 아니라 동일한 논지가 반복되는 양상을 보인다는 점이다. 그렇다면, 동심원을 그리듯 논의가 확산되면서 다채로운 깊이를 더해가기 위해서, 또 의미 있는 관계망을 도출하기 위해서, 최소한 총체화를 지향하는 의식이나마 요구되는 건지도 모른다. 아울러 페미니즘 비평이 텍스트의 미적 형식보다 이데올로기적 국면에 더 초점을 맞추는 접근법임을 감안한다면, 페미니즘적 논의를 미학적 범주와 연관지어 재성찰하려는 노력이 좀 더 보강되었으면 하는 아쉬움도 덧붙여 본다.

그리고 빈틈없이 균형 잡힌 비평이라기에는 여전히 이데올로기의 장력에서 자유롭지 못해 보이고, 복합성의 비평이 되기에는 아직도 가야 할 길이 더 남아 있는 듯한 인상을 주는 점도 지적할 필요가 있겠다. 이를테면, 미묘한 견해차일 수도 있겠으나 김훈 소설이 "일관되게 여성을 배제하는 전략을 선택함으로써 남성성을 극대화"한다고 말할 때, 페미니즘 비평의 문제설정을 위해서 남녀의 대립과 위계의 구도 파악에 골몰한 나머지 그 안에 존재하는 내적 균열과 모순을 소홀히 하는 것이 아닌가 하는 의문을 자아낸다. 왜냐하면 그녀도 지적하듯이 여성이 "주체의 가장자리에서 주체를 동요시키는 매혹적인 존재인 동시에 영원히 삼켜버릴 수도 있는, 즉 주체의 경계를 허물어버릴 수도 있는 위험한 존재로 나타난다"면, 이는 김훈 소설에서 여성이 배제의 대상이기에 앞서 남성 자신의 일부로서 남성 주체의 형성을 가능하게 하는 핵심적인 '그 무엇'이자 동시에, 견고한 남성 주체의 성립을 불가능하게 하는 파열적 불순물이기 때문이다. 그녀의 절충주의가 대립적인 입장이 맞부딪치고 상호 작용하면서 하나의 관점으로 융합된 변증법적 시각으로까지 도약하지 못하는 이유도, 그처럼 내재적 모순과 균열을 너무 가볍게 처리하기 때문에 빚어지는 현상이라 여겨진다. 물론 이는 아직도 남녀의 위계적 젠더 구조의 해체와 전복에 집중해야 하는 한국적 현실에 기인한 탓이지, 그녀 자신에게서 유래한 문제만은 아닐 것이다. 그러므로 "어쩌면 여성이 대문자 문학을 가로질러 수많은 이질적인 소문자 문학들에 가 닿기 위해서는 페미니즘이라는 이데올로기조차 벗어던져야 할지도 모른다"는 발언도 서슴지 않는 그녀의 이번 평론집에서 느껴지는 다소간의 허전함은, 앞으로의 충만함을 위한 비워둠이라고 믿어도 좋을 듯싶다.

지은이 이정석

1968년 경기도 안양에서 태어나 자란 안양 토박이다. 1987년 숭실대학교 국문과에 입학해서 이런 저런 책들을 읽으며 인문학의 매력에 빠져 들었다. 그리고 1996년에 「김승옥 소설의 욕망구조 연구」로 석사학위를, 2003년에 『한국 전후소설의 담론 연구』로 박사학위를 취득하면서, 광막한 학문의 세계로 들어서게 되었다. 이후, 2004년 「브리콜라주로 빚은 잡설의 지형학: 『신을 죽인 자의 행로는 쓸쓸했도다』와 박상륭의 구도적 글쓰기」로 ≪경향일보≫ 신춘문예 평론에 당선되어, 비평의 세계에 입문을 하게 된다. 지금까지 펴낸 책으로는 『전후소설 담론의 이데올로기와 유토피아』(새미, 2005)와 『재일조선인 문학의 존재양상』(인터북스, 2009, '2010 문화체육관광부 우수학술도서 선정')이 있다. 현재 숭실대학교 베어드학부 조교수로 재직 중이다.

멜랑콜리아의 윤리

1판 1쇄 인쇄_2011년 04월 20일
1판 1쇄 발행_2011년 04월 30일

지은이_이정석
펴낸이_양정섭
책임편집_김현아

펴낸곳_작가와비평
등 록_제2010-000013호
주 소_경기도 광명시 소하동 1272번지 우림필유 101-212
블로그_wekorea.tistory.com
이메일_wekorea@paran.com

공급처_(주)글로벌콘텐츠출판그룹
대 표_홍정표
기획·마케팅_최관호 노경민 주재명
디자인_김미미
경영지원_최정임
주 소_서울특별시 강동구 길동 349-6 정일빌딩 401호
전 화_02-488-3280
팩 스_02-488-3281
홈페이지_www.gcbook.co.kr

값 15,000원
ISBN 978-89-955934-6-2 93810